AF528993

तंत्र एक ऐसा कल्पवृक्ष है, जिससे छोटी-से-छोटी और बड़ी-से-बड़ी कामनाओं की पूर्ति संभव है। श्रद्धा और विश्वास के बल पर लक्ष्य की ओर बढ़ने वाला तंत्र साधक अतिशीघ्र निश्चित लक्ष्य प्राप्त कर लेता है। भावों को प्रकट करने के साधनों का आदिस्त्रोत यंत्र-तंत्र ही है। यंत्र-तंत्र के विकास से ही अंक और अक्षरों की सृष्टि हुई। अतः रेखा, अंक एवं अक्षरों का मिला-जुला रूप तंत्रों में व्याप्त हो गया। साधकों ने इष्टदेव की अनुकम्पा से बीज मंत्र तथा अन्य मंत्रों को प्राप्त किया और उनके जप से सिद्धियां पायीं तो यंत्र-तंत्र में उन्हें भी अंकित कर लिया। तंत्र का विशाल प्राचीन साहित्य इसकी वैज्ञानिक सत्यता का प्रमाण है।

षोडशी एवं भुवनेश्वरी तांत्रिक साधनाएं

पं. राधाकृष्ण श्रीमाली

डायमंड बुक्स

प्रकाशक : **डायमंड पॉकेट बुक्स (प्रा.) लि.**
X-30 ओखला इंडस्ट्रियल एरिया, फेज-II
नई दिल्ली-110020
फोन : 011-40712200
ई-मेल : sales@dpb.in
वेबसाइट : www.diamondbook.in
मुद्रक : रेप्रो (इंडिया)

Sodashi Evam Bhuwaneshwari Tantrik Sadhanayen
By : Pt. Radha Krishna Shrimali

अनुक्रमणिका

प्रस्तावना

मानव बुद्धि के विकास का इतिहास चार अलग युगों से होता हुआ पूर्णता तक पहुंचता है। हमारे तांत्रिकों ने वह पूर्णता प्राप्त की थी। दर्शन और तंत्र का संबंध बुद्धि विकास के अंतिम स्तर से है। वह साधक के उपलब्ध वैज्ञानिक ज्ञान से बहुत आगे है। बात से अनभिज्ञ होने के कारण मनुष्य ने तंत्र को पिछड़ा हुआ और समय से बहुत पीछे कहकर उसका उपहास किया। परिणामतः मानव विकास की गति कुंठित हो गई और आज वह अवरुद्ध होकर हंसी की वस्तु बनी दिखाई दे रही है।

भारत की प्राचीनतम व गूढ़ विद्या है तंत्र शास्त्र। भारतीय विद्वानों, देवज्ञों, ऋषि–महाऋषियों का मानना है कि तंत्र शारीरिक, दैहिक, भौतिक कृत–कर्तव्यों का पालन करते हुए आध्यात्मिक क्षेत्र में प्रगति कर सकने का एक सर्वोत्तम साधन है। धीरे–धीरे लोग कालांतर में इस शक्ति का, इस देव विद्या का, आध्यात्मिक शक्ति का दुरुपयोग करने लग गए, फलस्वरूप तंत्र बदनामी की डगर पर बढ़ने लगा। व्यक्ति दोष हावी हो गया। आज तंत्र के क्षेत्र में दो नाम प्रायः सुनने में आते हैं (1) कौल (2) वाम मार्ग। सर्वसाधारण में यह धारणा फैलती चली गई कि तंत्र का मंतव्य मांस– मदिरा–मैथुन आदि पंचमकार के उपयोग में लिप्त रहकर जीवन व्यतीत करना है। उन तथाकथित तांत्रिकों के व्याभिचार व कामुकतापूर्ण क्रिया–कलापों के अनेकानेक सच्चे–झूठे किस्से सुनने में आते हैं।

विकास के प्रारंभ में मनुष्य बुद्धि और ज्ञान की अपेक्षा प्रवृत्तियों और भावनाओं से संचालित होता था। वह वर्षा और बिजली से डरता था, जीवन और मृत्यु आदि प्रकृति के विविध रूपों का वह केवल दर्शक मात्र था। उसका यह देखना पशुओं जैसा ही था, क्योंकि दोनों की ही बुद्धि बाहरी संसार से कोई प्रतिक्रिया न करती थी। जब पर्यावरण और वस्तुएं सुखद और अनुकूल होती थीं तो वह उनका आनंद लेता था, किंतु उनके दुखद और प्रतिकूल होने पर उन्हें मौन रहकर सहन करता था। वह जो कुछ देखता था, उसमें कोई सुधार करने का प्रश्न ही उसके मन में न उठता था। 'यह जैसा है, ठीक है।' उसके दिमाग में यही था।

इसके पश्चात् मानवता आगे बढ़कर 'निरीक्षण के युग' में पहुंची। मनुष्य अब देखने मात्रा से ही संतुष्ट न रहा। वह विचार करने लगा कि हमारे आसपास की प्रकृति की घटनाएं क्यों और कैसे घटित होती हैं? इस प्रकार उसकी बुद्धि क्यों और कैसे खोजने लगी।

तंत्र का वास्तविक अर्थ तो यह है कि तंत्र में जीवन संबंधी अत्यंत गंभीर और तथ्यपरक

स्वस्थ विचारों का समावेश होता है। जिस प्रकार हम अपने भौतिक शरीर में गुर्दे की उपयोगिता और उसकी वास्तविकता को तब तक नहीं समझ सकते, जब तक सजीव शरीर की संचालन क्रिया में अन्य भागों के साथ उसके संबंध का अर्थ न समझ लें, उसी प्रकार मानव जीवन के संपूर्ण क्रिया–कलापों का विचार किए बिना हम तंत्र की वास्तविकता को नहीं समझ सकते। तंत्र वास्तव में कोई काल्पनिक गल्प नहीं है अथवा सच्चे–झूठे किस्सों का नाम तंत्र नहीं है। वास्तव में संपूर्ण व्यावहारिक और जीवन की समस्याओं पर वास्तविकता का दिग्दर्शन कराने वाला साहित्य ही तंत्र है।

वैज्ञानिक युग अब भी समाज के कल्याण के लिए प्रकृति की शक्तियों का खोज कर रहा है। सभी लोग इसी दिशा में प्रयत्न कर रहे हैं और प्रकृति के नियमों की अनंत खोज में निमग्न हैं। संक्षेप में, यही युग है जिसमें हम लोग आज हैं। जब वैज्ञानिक अपने–अपने क्षेत्र में खोज करने में लगे हों, तो एक समय ऐसा आता है, जब वे अपनी परिपक्वता में पहुंचकर देखते हैं कि प्रकृति के सभी नियमों में एक विचित्र सामंजस्य है। वे इस प्रश्न पर विचार करने के लिए विवश हो जाते हैं कि इन शाश्वत नियमों का निर्माता कौन है, इन नियमों को ठीक–ठाक कार्य करने का आदेश कौन देता है। इस प्रकार उनका वस्तुगत परीक्षण आत्मा के चिंतन में बदल जाता है और वे उन सब वस्तुओं का मूल कारण खोजने लगते हैं, जो प्रकृति में विद्यमान होते हैं। इस खोज और चिंतन के युग में मनुष्य का प्रवेश है।

तंत्र व्यक्ति को, निश्चित रूप से मनुष्य जीवन को अथवा प्राणिमात्र को अपनी ओर तो आकर्षित करता ही है, परंतु कालांतर में कुछ स्वार्थी साधकों ने अपने स्वार्थ के लिए इसमें कुछ वीभत्स साधनाओं का भी समावेश कर लिया, जिससे जन–साधारण में इसके प्रति धीरे–धीरे घृणा का भाव पनपता चला गया और वास्तविकता से तंत्र दूर होता चला गया। धीरे–धीरे इन स्वार्थी साधकों ने ऐसे साहित्य का निर्माण कर लिया जिससे वास्तविक साहित्य में सड़ांध पैदा हो गई। वास्तविकता से दूर मिलावटी साहित्य समाज में आने लगा। ऐसे साहित्य और ऐसे श्लोकों का निर्माण हो गया जो भ्रष्ट साधनाओं का समर्थन करते थे। कुलार्णव तंत्र में इन तथ्यों को स्वीकार किया गया है।

पारस्परिक ज्ञान से शून्य और झूठे ज्ञान का ढोंग रचने वालों ने धीरे–धीरे कौल धर्म में अपनी बुद्धि की कल्पनाएं समाविष्ट कर दीं। आज के परिप्रेक्ष्य में भी कुछ लोग तंत्रवेत्ता होने का ढोंग रचकर कुशलतापूर्वक सत्साहित्य के विपरीत अर्थ करते दिखाई देते हैं। अनेक धूर्तों ने इधर–उधर से झूठा–सच्चा, सत्य–असत्य, कूड़ा–करकट एकत्रित करके अपने तंत्र को प्रकाशित करा लिया। यही कारण है कि आज बाजार में इंद्रजाल जैसे रूप में भी तंत्र की पुस्तकें दिखाई देती हैं।

मूल रूप से तंत्र के दो भेद माने गए हैं, एक वैदिक और दूसरा अवैदिक। वेदानुकूल और वेद बाह्य प्रामाणिक और अप्रामाणिक है। श्रुति के भी दो भेद हैं। एक वैदिक श्रुति और दूसरी तांत्रिक श्रुति। इसमें वेदों के अनुकूल सिद्धांतों के प्रतिपादन करने वाले तंत्रों

की ओर ध्यान आकृष्ट किया गया है और उन्हें वेद के अनुकूल मान्यता प्रदान की गई है। पांचरात्र और वैशानक जैसे तंत्र और पशुपति, शैव सिद्धांत आदि जैसे तंत्र वेद के अनुकूल माने गये हैं। फिर भी इनमें कुछ अवैदिक विचार होने के कारण अवैदिक कहा जाता है। शाक्त तंत्रों पर तो विशेष प्रकार से अवैदिक होने के आरोप या आक्षेप लगाए जाते हैं। सात प्रकार के आचारों में से एक वामाचार ही ऐसा है जो उन्हें अवैदिक ठहराता है। वैसे इनमें अनेक वेदानुकूल तंत्र उपलब्ध हैं। परंतु भ्रष्ट आचार का निर्देशन करने वाले तंत्रों की भी कमी नहीं है। शाक्त मत में भी दो प्रकार के आचार हैं, एक कौलिक और दूसरा समयी। कौलिक पंचमकारों का प्रत्यक्ष प्रयोग करते हैं, परंतु समयी उनके प्रतीकों की उपासना करते हैं और प्रत्यक्ष आराधना को शास्त्रविरुद्ध मानते हैं।

तंत्र शास्त्रों के अध्ययन करने से प्रतीत होता है कि उनके उद्देश्य विकृत नहीं हैं। कालक्रम से जिस प्रकार अन्य शास्त्रों और जाति संप्रदायों में अनेक प्रकार के दोष उत्पन्न हो गये, उसी प्रकार तंत्रों में स्वार्थी व्यक्तियों ने मिलावट करके अपने मतों का समर्थ करने के लिए ऐसे सिद्धांतों का प्रचलन किया जिन्हें घृणित समझा जाता है। तंत्र का उद्देश्य कभी भी साधक को निम्नगामी प्रवृत्तियों में उलझाना नहीं है, अपितु उसे एक ऐसा व्यवस्थित मार्ग सुझाना है जिससे वह जीवन में कुछ आदर्श कार्य कर सके।

धीरे–धीरे तंत्र मार्ग का भी अधिकांशतः रूपांतर हो गया है और सामान्य लोगों ने उसे मारण, मोहन, वशीकरण जैसे निकृष्ट और दूषित कार्यों का ही साधन मान लिया है, परंतु मूल रूप से यही इसका उद्देश्य जान पड़ता है कि जो लोग घर–गृहस्थी को त्याग कर तप और वैराग्य द्वारा आत्मसाक्षात्कार करने में असमर्थ हैं, वे अपने सामाजिक और सांसारिक जीवन का निर्वाह करते हुए भी आध्यात्मिक दृष्टि से उन्नति कर सके।

श्रद्धा और विवेक के साथ तंत्र शास्त्र का अध्ययन किया जाए तो पता चलता है कि तंत्र और साक्त धर्म का ध्येय जीवात्मा की परमात्मा के साथ, व्यष्टि की समष्टि के साथ अभेद सिद्धि ही है और तांत्रिक उपासना का भी यदि आलोचनात्मक अध्ययन किया जाए तो सही अवगत होता है कि इसके भिन्न–भिन्न विधानों की सृष्टि भी इसी उद्देश्य को सिद्ध करने के लिए हुई है। कुछ विद्वानों की यही धारणा कि तंत्रों ने व्याभिचार को बढ़ावा दिया है, सत्य नहीं है। इनके उद्देश्य तो उच्च हैं।

क्या है तांत्रिक साधना?

तंत्र की साधना करना तलवार की धार पर चलने के समान है। कुलार्वण तंत्र का कथन है कि 'कृपाण की तीक्ष्ण धार पर तो चला जा सकता है, व्याघ्र को गले लगाया जा सकता है, फणिधर नाग के फन पर वार किया जा सकता है, किन्तु तंत्र की साधना इन सबसे कठिन है'–

कृपाणधरागमनादू व्याघ्रकण्ठावलम्बनात्।
भुजंग धारणान्नूममशक्यं कुलसाधनाम्।।

फिर इतनी दुष्कर साधना की ओर प्रवृत्त होने में कौन–सा आकर्षण है, इस जिज्ञासा का समाधान करते हुए रुद्रयामल तंत्र कहता है कि 'तंत्र' की साधना करने से साधक को भोग और मोक्ष दोनों करतलगत हो जाते हैं'– भोगश्च मोक्षश्च करस्थ एव।

तांत्रिक साधना में वैराग्य या संन्यास लेकर घर–गृहस्थी छोड़ने की आवश्यकता नहीं है। गृहस्थाश्रम में रहते हुए साधक साधना का चरम लक्ष्य–मोक्ष प्राप्त कर सकता है। तांत्रिक साधना का पथ बहुत ही अगम, दुरूह और कण्टकाकीर्ण है। इस अगम पथ को सुगम बनाने के लिए तंत्र–साधना में सद्‌गुरु की प्रधानता स्वीकार की गई है। तंत्र की साधना अमृत का अनुसंधान करती है। सद्‌गुरु साधक को अनुसंधान की प्रक्रिया बताता है, उसका निर्देशन प्राप्त कर साधक स्वयं 'शिव' बना जाता है।

तांत्रिक–साधना में वर्ण भेद, आदि कुछ भी नहीं है। सभी मनुष्य एक परमशक्ति माँ की सन्तान हैं, न कोई ऊँचा है, न कोई नीच है। प्रत्येक व्यक्ति को तंत्रशास्त्र का अध्ययन करने और तांत्रिक साधना करने की पूरी स्वतन्त्रता है। इतनी उदारता और इतना अधिकार प्राप्त होने पर भी तांत्रिक साधना में दक्ष साधकों की बहुत कमी रहती है। इसका कारण यह है कि तंत्रशास्त्र का सिद्धान्त है 'देवता' बन कर देवता की उपासना करनी चाहिए अदेव बनकर नहीं।

देव एव यजेद्देवं नादेवो देवमर्चयेत्

तात्पर्य यह है कि साधक को पहले अन्तबाह्य शुद्धि करके दिव्य भाव, दिव्य गुण सम्पन्न बनना पड़ता है। यह सर्वसाधारण के लिए सम्भव नहीं होता है।

जीवन के प्रत्येक क्षेत्र में तांत्रिक साधना की अभिव्याप्ति है। यह केवल व्यक्तिगत लाभ के लिए नहीं, बल्कि समाज, राष्ट्र और पूरे विश्व के लिए लक्ष्य रखती है। तांत्रिक साधना के अंतर्गत रासायनिक क्रियाओं द्वारा धातुओं को बदल देने, नवीन कल्पित रत्नों का निर्माण करने, अमूल्य यन्त्रों के निर्माण करने और अन्नवृद्धि कारक, पुरुषार्थ वृद्धि तथा आयु वृद्धि के अनेक प्रयोग हैं। शत्रु राष्ट्र पर विजय प्राप्त कराने तथा अतिवृष्टि,

अनावृष्टि, उत्पात, महामारी, महर्घता आदि के निवारण के लिए तांत्रिक साधनाएँ अमोघ सिद्ध हुई हैं।

साधना के चार योग होते हैं—मंत्रयोग, हठयोग, राजयोग और लययोग। तांत्रिक साधना में इन चारों योगों का उपयोग किया जाता है। मंत्रयोग में किसी देव प्रतिमा का, हठयोग में ज्योति का, राजयोग में अद्वैत ब्रह्म का और लययोग में बिन्दु का ध्यान किया जाता है। अपने इष्टदेव में लीन हो जाना ही तांत्रिक साधना का चरम लक्ष्य है। इस लक्ष्य की सिद्धि उक्त चार योगों द्वारा की जा सकती है, किन्तु लययोग से सुगमतापूर्वक लक्ष्य सिद्धि प्राप्त होती है। राजयोग की कोई साधना नहीं होती, वह एक अवस्था विशेष है, लययोग की साधना के द्वारा जब साधक अपने इष्टदेव में लीन हो जाता है, तब वह अद्वैत ब्रह्म में रमण करता है। राजयोग की यही सिद्धावस्था है। साधक जिस देवता की साधना करता है, साधना सिद्ध होने पर वह उसी देवता का स्वरूप बन जाता है।

शाक्त–तंत्र दर्शन के अनुसार साधनावस्था को द्वैत और सिद्धावस्था को अद्वैत माना गया है। द्वैत (शिव और शक्ति) को अद्वैत रूप में अनुभव का तद्रूप हो जाना ही तांत्रिक साधना का उद्देश्य है।

तन्त्र मुख्यतया तीन भागों में विभक्त है– कादि, हादि और कहादि। इन्हें तांत्रिक भाषा में कूटलय कहते हैं। जो तंत्र आदि महाशक्ति आद्या–महाकाली के विषय का प्रतिपादन करता है वह कादि है, जो श्री विद्या के रहस्य का प्रतिपादन करता है वह हादि है और जो तंत्र द्वितीया महाविद्या तारा का रहस्य प्रतिपादित करता है वह कहादि है।

कादि, हादि और कहादि तंत्र–साधना के क्षेत्र में मत मान लिए गए हैं, तदनुसार कादिमत, हादिमत और कहादिमत के अलग–अलग मंत्र और यंत्र विभक्त कर दिए गए हैं, इन मंत्रों और यंत्रों की साधनाएँ भी अपने–अपने मत के अनुसार भिन्न–भिन्न हैं। जैसे कादिमत (महाकाली) के संबंधित यंत्र केवल शक्ति त्रिकोणों से बनते हैं, हादिमत (श्री विद्या) से संबंधित यंत्र शिव–शक्ति त्रिकोणों से बनते हैं और कहादिमत (तारा) से संबंधित यंत्र उभयात्मक होते है अर्थात् शक्ति–त्रिकोणों और शिव शक्ति त्रिकोण का मिश्रण इन यंत्रों की रचना में होता है।

संप्रदाय भेद से तांत्रिक साधना 'शैव, शाक्त, वैष्णव, सौर और गाणपत्य' भेद से पाँच प्रकार की है। शिव की साधना करने वाला संप्रदाय शैव, सूर्य की साधना करने वाला संप्रदाय सौर और गणपति की साधना करने वाला सम्प्रदाय गाणपत्य कहलाता है।

तंत्रों में संप्रदाय भेद, आम्नाय भेद, महाविद्या भेद होने से विभिन्न तंत्र शास्त्र और विभिन्न तांत्रिक साधनाएं हैं। इन शास्त्रों, ग्रंथों की गणना संभव नहीं है। शाक्त सम्प्रदाय में ही ज्ञात ग्रंथ, उपलब्ध तांत्रिक सामग्री सैकड़ों–हजारों की संख्या से अधिक हैं। काल पर्यय मार्ग से शाक्त तंत्र 64 हैं, उपतंत्र 321 हैं, संहिताएँ 30 हैं, चूड़ामणि 100 हैं, अर्णव 9 हैं, यामल 8 हैं। इनके अतिरिक्त डामरतंत्र, उड्डामर तंत्र कक्षपुटी तंत्र, विभीषणी तंत्र, उद्यालाप तंत्र आदि हजारों, लाखों की संख्या में हैं। यदि यह कहा जाए कि तंत्र शास्त्र किनारा रहित सागर है तो अत्युक्ति न होगी।

विविध प्रकार के ये तंत्र अधिकारी भेद से भिन्न–भिन्न कोटि में नियोजित होते हैं। 'यान', 'काल' आदि भिन्न–भिन्न पर्यायों से इनकी गणना अलग–अलग होती है, इसलिए कोई भी यह कहने का दावा नहीं कर सकता कि तंत्र विद्या केवल इतनी ही है।

तांत्रिक साधना में मंत्र–यंत्र–अन्तर्योग बाह्य पूजन की जो साधनाएँ हैं, इन सबमें परस्पर विलक्षण सामंजस्य है। यह सामन्जस्य तभी समझा जा सकता है जब तंत्र के चारों महावाक्यों का पूर्ण रूप से चिन्तन किया जाए। चारों महाकाव्य निम्नांकित रूप से मंत्र का सामंजस्य प्रकट करते हैं।

1. परा–पश्न्ती–मध्यमा–बैखरी।
2. स्पन्दन–मात्रा–कम्प–अक्षर
3. विश्व–तेजस्–प्राज्ञ–पुरुष
4. जाग्रत–स्वप्न–सुषुप्ति–तुरीय
5. चतुरस्र–वृत्त–त्रिकोण–बिन्दु
6. कामरूप–जालन्धर–पूर्णशैल–उड्याण
7. स्थूल–सूक्ष्म–कारण–महाकरण
8. अग्नि मंडल–सूर्य–सोम–परतत्व

तांत्रिक साधना में मुख्य रूप से यही भूमिकाएँ महत्त्व रखती हैं और इन भूमिकाओं का रहस्य समझने के लिए पूर्ण महादीक्षा के महाकाव्य सहायक होते हैं। तांत्रिक–साधना में दीक्षा की आवश्यकता साधक को विशुद्ध, अम्लान बनाने के लिए है। दीक्षा रूपी अग्नि कुंडलिनी के जाग्रत होने से साधक का आर्णवमल, मायामल विनष्ट हो जाता है, कर्ममल समाप्त हो जाता है और वह शिवतत्वमय बन जाता है। इसलिए तंत्र साधना में दीक्षा और अभिषेक अनिवार्य संस्कार माने गए हैं।

दीक्षा, अभिषेक, भूत शुद्धि, तत्व शुद्धि प्रत्येक तांत्रिक साधना के प्रारम्भ का ऐसा विधान है, जो विज्ञान–सम्मत है। भावना और क्रिया द्वारा साधक का अन्तबाह्य निर्मल हो जाना ही इन विधानों का मुख्य उद्देश्य है। निर्मलता प्राप्त होने पर साधक को सहज अवस्था प्राप्त होती है और सहज अवस्था प्राप्त होने पर शक्ति–बोध होता है। जो वेदान्तियों का परब्रह्म है, शैवों का शिव है, वैष्णवों का विष्णु है, इस्लाम का अल्लाह है, ईसाईयों का स्वर्ग–पिता है, बौद्धों का निर्वाण है, जो सभी धर्मों का सर्वशक्तिमान ईश्वर है वही पराशक्ति महाशक्ति है, वही महाकाली, महालक्ष्मी, महासरस्वती है, वही दुर्गा है, त्रिपुर सुन्दरी है, ललिता है और वही मूल–प्रकृति, चित्त शक्ति है।

तांत्रिक साधना अत्यधिक सिद्धियों को देने वाली है, इसमें तनिक भी सन्देह नहीं, किन्तु यह साधना तभी सिद्धि, सफलता प्रदान करती है जब साधक पवित्रता, नम्रता, उदारता, श्रद्धा आदि गुणों से सम्पन्न होकर किसी गुरु के निर्देशन में अभ्यास करें। यदि ये गुण साधक में न हों तो वह प्राप्त सिद्धि, शक्ति का दुरुपयोग करता है। इन्द्रजालिक चमत्कार, जादूगरी तंत्र–साधना के अन्तर्गत नहीं है। तन्त्र एक गुप्त विद्या है, जो पुस्तकें पढ़कर नहीं आचार्यों और गुरुओं के समीप जाने पर प्राप्त होती है।

तंत्र, योग और ध्यान

महाश्री गायत्री की कृपा से इस पुस्तक में हमने महाकाली एवं तारा की तांत्रिक साधनाओं के ध्यानों, स्तोत्रों, कवचों और मंत्रों को प्रस्तुत किया है, जो स्वयंसिद्ध है। अतः इनके साधन हेतु न्यास, विनियोग, देश–काल, जाति–धर्म, शुद्ध–अशुद्ध आदि का विशेष विचार करने की आवश्यकता नहीं है। यहाँ दिये मंत्रों के प्रयोग हेतु दीक्षा भी अति आवश्यक नहीं है, क्योंकि ये मंत्र कीलित और अभिशप्त नहीं है। श्रद्धा और भक्तिपूर्वक इनके प्रयोग से महाश्रीयों की कृपा शीघ्र होती है।

यह ध्यान देने योग्य है कि किसी भी जाति अथवा देश की उन्नति महाविद्या (ज्ञान–विज्ञान), महाशक्ति (बल–पौरुष), महाश्री (धन–ऐश्वर्य) और योग के आधार पर होती है। प्राचीन काल में हम साधनाओं, महाशक्तियों और महाश्रीयों और योगबल से ही जगद्‌गुरु बने थे और इक्किसवीं शताब्दी में हम महाविद्याओं, महाश्रीयों और योगबल का अवलम्बन कर पुनः जगद्‌गुरु बन जाएंगे।

यह आश्चर्यजनक तथ्य है कि इन साधनाओं का विषद् वर्णन शाक्तप्रमोद, रुद्रयामल तंत्र आदि ग्रंथों में दिया गया है, परन्तु उनका पूजन–अर्जन लुप्त प्राय हो गया है। उससे भी आश्चर्यजनक तथ्य यह है कि श्री महाशक्ति नौ दुर्गाओं का पूजन–अर्चन हम बिना उनके स्तोत्र, कवच, मंत्र यंत्रों आदि के कर रहे हैं। परन्तु सबसे अधिक आश्चर्यजनक तथ्य यह है कि महाश्री गायत्री विद्या तंत्र के साथ साथ दस महाश्री गायत्रियों का पूजन–अर्चन भी लुप्त हो गया है।

श्री दस महाविद्याओं से समबद्ध श्री दस महाशक्तियों, महाश्रीयों, ग्रहों और ध्यान चक्रों की तालिका दी जा रही है :–

महाविद्या महाशक्ति महाश्री ग्रह ध्यान चक्र
काली आदिदुर्गा श्वेता शनी सहस्रार
तारा शैलीपुत्री नीला गुरु मूलाधार
षोडषी ब्रह्मचारिणी गौरा अग्नि वायु स्वाधिष्ठान
भुवनेश्वरी चन्द्रघण्टा अरुणा शुक्र मणिपूर
भैरव कूश्माण्डा सिंदूरा रवि अनाहत
छिन्नमस्ता स्कन्दमाता छिन्ना राहू केतू विशूद्ध
धूमावती कात्यायनी धूमा चन्द्र आज्ञा
बगलामुखी कालरात्रि पीता मंगल भानु
मातंगी महागौरी श्यामा बुध सोम
कमला सिद्धिदात्री कंचना करुण निर्वाण

प्राचीन भारत के अनेक श्री दस महाविद्या शक्तिपीठों में श्री दस महाविद्याओं के साथ श्री दस महाशक्तियों, दस महाश्रीयों और नवग्रहों को स्थापना श्री शिवलिंग को मध्य में स्थापित करके की गई थी। क्योंकि शिवत्व की रक्षा बिना महाविद्याओं (ज्ञान–विज्ञान), महाशक्तियों (बल–शौर्य), महाश्रीयों (धन–ऐश्वर्य) और नव ग्रहों के समन्वय के बिना नहीं हो सकती है।

तंत्र, योग और ध्यान भारतीय दर्शन के प्रमुख अंग हैं।

'तंत्र' संस्कृत के दो शब्द 'तनोति' (विस्तार) और 'त्रायति' (मुक्ति) से बना हैं अतः तंत्र वह विज्ञान है, जिसके द्वारा साधक के त्राण हेतु ज्ञान का विस्तार किया जाता है, इस विज्ञान को आगम भी कहा जाता है। तंत्र का सहज अर्थ तकनीक, प्रविधि, प्रणाली, प्रक्रिया अथवा विद्या होता है। प्रायः कर्म, उपासना और ज्ञान के स्वरूप को 'निगम' (वेद) कहते हैं, और उसके साधनभूत उपायों को 'अगम' कहते हैं।

'योग' संस्कृत की 'युज' धातु से उद्भूत है, जिसका अर्थ 'मिलन' है। अर्थात् 'योग' आत्मा और परमात्मा के मिलन का विधान है।

श्री गायत्रीसहस्रनाम के अनुसार गायत्री के 365वें से 370 वें नाम क्रमशः डामरी (तंत्र शास्त्र की अधिष्ठात्री), डाकिनी, डिम्बा (बाल रूपा), डुण्डुमारैकानिर्जिता (डुण्डुमार नामक राक्षस को परास्त करने वाली), डमरी तंत्र मार्गस्थिता (डामर तंत्र के साधन में स्थिता) और डमड्मड़ृ डमरू नादिनी (डमड्–डमड् ध्वनि से डमरू बजाने वाली) हैं। तथा–

डामरी डाकिनी डिम्बा डुण्डुमारैनिर्जिता।
डामरीतन्त्रमार्गस्था डमड्डमरूनादिनी।।

तांत्रिक साधनाओं का मुख्य उद्देश्य कुंडलिनी शक्ति को जाग्रत कर सहस्रार में पहुँचाना है। इसलिए इन साधनाओं की सिद्धि से धर्म, अर्थ, काम और मोक्ष अर्थात् चारों पुरुषार्थों की प्राप्ति होती है, जबकि अन्य तंत्रों से केवल धर्म, अर्थ और काम अर्थात् तीन पुरुषार्थों की प्राप्ति होती है।

कुंडलिनी जागरण से ब्रह्माण्ड के सभी रहस्यों का ज्ञान संभव है। परा, पश्यन्ती, मध्यमा और बैखरी वाणी के रूप में उसके प्रकट होने पर मंत्रात्मक जगत् की सृष्टि होती है। योगचूड़ामण्युपनिषद् के अनुसार–

कुण्डलिन्यां समुद्भूता गायत्री प्राणधारिणी।
प्राणविद्या महाविद्या यस्तांवेत्त स वेदवित्।

भावार्थ

प्राणधारिणी, गायत्री का उद्भव कुण्डलिनी है। गायत्री को प्राणविद्या (महाशक्ति) और महाविद्या भी कहते हैं। जो इन साधनाओं को जानते हैं, वे वेदज्ञ हो जाते हैं।

साधना शक्ति के रूप में ब्रह्म की उपासना विद्या है, अतः साधना विद्या ब्रह्मविद्या है।

सनातन धर्म में शक्ति की उपासना परब्रह्म और परब्रह्म से तत्व की उपासना मानी जाती है। वृन्दावन वासिनी राधारानी, चित्रकूटनिवासिनी सीता, शैवों की उमा, शाक्तों की (दस दुर्गा), ब्रह्म योगियों और तांत्रिकों की दस साधनाओं और श्रीविद्या उपासकों की षोडषी (त्रिपुरसुन्दरी) शक्ति उपासना की प्रमुखता के प्रमाण हैं। आचार्य शंकर ने सौन्दर्य–लहरी में भगवती उमा के इस शक्ति उपासना की साधना की विषद व्याख्या की है, जो श्रीविद्या के ब्रह्म तत्व को निरूपित करता है।

महाश्री गायत्रीविद्या की उपासना तंत्रों की आधारभूत है, जो महाश्री रूपा कुण्डलिनी के जागरण द्वारा अर्थात् सुभगोदय (सुभग–कुंडलिनी, उदय–जागरण) द्वारा सिद्ध की जा सकती है। यह उपासना वैदिक से चली आ रही है। परन्तु अब लुप्तप्राय है।

यह बात प्रसिद्ध है कि महर्षियों ने भी अपने गोपनीय महाधन (गायत्री तंत्र) का बखान नहीं किया। यदि करते तो क्या अनेक तंत्रों की तरह गायत्री विषयक विद्या किसी स्वतन्त्र ग्रन्थ (गायत्री तंत्र) की रचना न हुई होती? परन्तु जब मूर्ख मनुष्य भी माया के वशीभूत अपने धन को गुप्त रखना जानते हैं, तो फिर महर्षिजन महामाया के वशीभूत अपने अत्यन्त कष्ट से उपार्जित, मोक्षैकसाधनभूत महाधन को कैसे प्रकाशित कर सकते थे?

हमारे अनेक योग, ध्यान और तंत्र के ग्रंथ हमारी अकर्मण्यता और विदेशियों के कुचक्र से नष्ट हो गये हैं। जो ग्रन्थ बचे–खुचे हैं, वे हमारे ऋषियों द्वारा कीलित और अभिशप्त हैं। जिनके अनेकों बार पारायण से भी कोई सिद्धि प्राप्त नहीं होती है, इसी कारण साधकों में धर्म ग्रन्थों में वर्णित पूजा–पाठ के प्रति शनैः शनैः श्रद्धा कम हो रही है। हमें अपनी इस भूल का परिमार्जन करना है, तभी हम अगली शताब्दी में पुनः जगद्गुरु बन सकेंगे। कहा जाता है कि–

मृत और जीवित जाति का साहित्य जीवन चित्र है।
वह नष्ट–भ्रष्ट है, तो जान लो वह जाति भी अपवित्र है।।

गोस्वामी तुलसीदासजी भी लिखते हैं–

हरित भूमि तृण संकुलित, समुझि परय नहि पंथ।
जिमि पाखण्ड विवाद से, लुप्त होय सद् ग्रन्थ।

श्री गायत्री सहस्रनाम से श्री गायत्री का 99वाँ नाम 'लुप्तधर्मप्रवर्तनी' है। यथा–

ऋग्वेदनिलया ऋज्वी लुप्तधर्मप्रवर्तिनी।
लूतारिवरसम्भूता लूतादिविषहारिणी।।

महाश्री गायत्री ने लुप्त गायत्री तंत्र को प्रकट करने की मुझे आज्ञा प्रदान की है। अतः मैं उनकी आज्ञा को शिरोधार्य करके, प्रसाद स्वरूप लोक कल्याण हेतु महाश्री गायत्री तंत्र प्रकट कर रहा हूँ।

महाश्री गायत्रीविद्या तंत्र की लुप्त देवी रुद्राणी गायत्री हैं जिनके सतरूप का वर्णन इस प्रकार है–

मध्याह्ने सरस्वती, रविमण्डलमध्यस्था, शुक्लवर्णा, चतुर्भुजा, त्रिशूलडमरूषपात्रकरा,

वृषासनमारूढ़ा, युवती, रुद्राणी, रुद्रदैवस्था, सामवेदोदाहृता ध्येया।

अर्थात् मध्य काल में गायत्री का युवती, सामवेद स्वरूपणी, रुद्ररूपा, वृषभासना, शुक्लवर्णा, चतुर्भुजा, त्रिशुल, डमरुख, पाष और पात्रधारिणी तथा रविमण्डलमध्यस्थाके रूप में ध्यान करें।

श्रीमद् देवीभागवत के दकादश स्कन्ध के अनुसार गायत्री के निम्नलिखित तीन स्वरूपों का वर्णन है–

प्रातर्बाला च मध्याह्ने यौवनस्था भवेत्पुनः।
वृद्धा सां भगवती चिन्त्यते मुनिभिः सदा।
हंसस्था वृषभवाहिनी तथा गरुड़ारूढा,
ऋग्वेदाध्यायिनी भूर्मा दृष्यते या तपस्विभिः।।

अर्थात् प्रातः सन्ध्या के समय कुमारी हंसारूढ़ा, मध्याह काल में युवती वृषभारूढ़ा और सायंकाल में वृद्धा गरुड़वाहना के ध्यान का वर्णन आया है। वे ऋग्वेद का पारायण करती हैं, ऐसी मुद्रा में तपस्वीगण भूमण्डल पर उनका दर्शन करते हैं। यद्यपि श्रीमद् देवीभागवत के द्वादश स्कन्ध में गायत्री को प्रातः हंसारूढ़ा, मध्याह में गरुड़वाहना और संध्याकाल में वृषभारूढ़ा माना गया है। कल्याण के शक्ति अंक में 'गायत्री तत्व' विवेचन करते हुए परिव्राजक ब्रंह्मचारी श्री गोपाल चैतन्य देव लिखते हैं–

साधक त्रिसंध्या के समय गायत्री के इन्हीं तीन रूपों की साधना करते–करते धीरे–धीरे साधन मार्ग के उच्चतर सोपान में अग्रसर होने पर चतुर्थवा निशा संध्या का अधिकार पाते हैं। यही निवृत्ति–मार्ग का परम धर्म है। इस निशा सन्ध्या की बात आज ब्रह्मज समाज एकदम ही भूल गया है। साधन मार्ग के गुप्त रहस्य सम्पूर्ण रूप से शिक्षा के अभाव के कारण एकदम लुप्त हो गये हैं। यह बात कहने में भी कोई अत्युक्ति न होगी। कर्म मार्ग ब्रह्म–शक्ति की पृथक्–पृथक् आराधना करने से जब चित्त सुसंयत तथा एकनिष्ठ हो जायेगा तभी तुरीया या निशा संध्या की व्यवस्था की जा सकेगी। वेदान्त–शास्त्र में उसी तुरीया संध्या की विधि का वर्णन है। अतः वेद में कर्म काण्ड एवं वेदान्त में ज्ञानकाण्ड प्रकाशित किया गया है।

साधक पहले कर्म मार्ग में दृढ़ रहकर गायत्री देवी की त्रिशक्ति उपासना भिन्न–भिन्न भावों से करें। ऐसा करते–करते जब गुणों का क्षय हो जायेगा तभी गुणातीत निशा संध्या के समय उस त्रिशक्ति का समन्वय (एकता) करके एकाधार में पूर्ण 'महाश्री गायत्रीविद्या' की आराधना करें।

अ–कार को सत्वगुणात्मिका वैष्णवी, उ–कार को रजोगुणात्मिका ब्रह्मी, म–कार को तमोगुणात्मिका रुद्राणी और इन तीनों की समष्टि को ओंकार वा प्रणव–स्वरूपिणी परमा–प्रकृति दक्षिण कालिका कहते हैं। यही तुरीयावस्था है–महाप्रलय की प्रतिकृति है। अतः निबिड़ जलदावृत महा अमा–निषा की घोर सान्द्रान्धकार–परिपूरित महानिशा में, नर–कंकाल–शम–मुण्ड–परिवृता शिवा की वापदसंकुल भीषण मशान–भूमि में आराधना करने की व्यवस्था है। सर्वसाधारण के क्षुद्र हृदयागार में अनन्त–ब्रह्म–महासमुद्र

को धारण करने का स्थान बिल्कुल ही नहीं हो सकता, इसी कारण साधक गुणातीत तुरीयशक्ति की आराधना करने के लिए गुणमयी त्रिगुणात्मिका महाशक्ति ही आराधना करते हैं। साधना की उच्च समाधि अवस्था में जब साधक जल–कण (बिन्दु) के रूप में महासमुद्र में विलीन हो जाता है, तभी अचिन्त्य तथा अनिर्वचनीय तुरीयभाव से उसे तुरीयावस्था प्राप्त होती है और सच्चिदानन्द लाभ होता है। यही जीव की जीवनमुक्ति अवस्था है।

निशा–संध्या के समय त्रिशक्ति का समन्वय एक ही आधार में करके पूर्ण गायत्री शक्ति की साधना ही साधकों के लिए एकमात्र काम्य विषय है। इसीलिए वह साधक मण्डली में अब तक पूर्णतः गुप्तरूप में संरक्षित रहा है। आसक्ति–विरक्ति–रहित निष्काम योगी महाश्री गायत्री देवी की तुरीयावस्था की साधना करते हैं। अतः ब्रह्मज्ञ का श्रेष्ठ धर्म ही योग है। एक दिन ऐसा था जब सागर धरा का राजदण्ड भी ब्रह्मज्ञ के सम्मुख हेय हो गया था। ऐसे ब्रह्मज्ञ व्यक्ति के लिए समझ कर्म का अनुष्ठान तथा विसर्जन दोनों ही एक समान हैं केवल महाश्री गायत्री देवी की आराधना करके ही पुराकाल में ब्रह्मज्ञों ने 'एकमेवाद्वितियम्', 'अयमात्मा ब्रह्म', 'सर्व खल्विदं ब्रह्म', 'सोऽहम्', 'तत्वमसि' आदि महावाक्यों की सृष्टि की थी, जिनकी अमृतधारा पाकर आज भी हम तृप्त और कृतार्थ हो रहे हैं।

श्रीमद् देवीभागवत के बारहवें स्कन्ध में कहा गया है–शिव–शक्ति के हाथ, नेत्र, अश्रु और स्वेद से प्रकट हुयीं दस दुर्गा भी गायत्री हैं।

श्री गायत्री सहस्त्रनाम के अनुसार श्री गायत्री का 133वाँ नाम कुण्डली (कुण्डलिनी शक्ति के रूप में विराजमान देवी) हैं।

महाश्री गायत्री विद्या मन्त्र के जप से कुण्डलिनी शक्ति का जागरण होता है, शक्ति के जागरण से आत्मज्ञान का उदय होता है, इसलिए मंत्र को देवता का अधिष्ठान कहा गया है। शक्ति–दीक्षा से शक्ति का जागरण होने पर मंत्रयोग, लययोग, हठयोग और राजयोग–चारों का विकास होते देखा गया है। इसलिए शक्ति–जागरण को ही महायोग कहते हैं।

सौन्दर्य लहरी में आचार्य शंकर ने भगवती उमा के ध्यान पर अत्यधिक बल दिया हैं इसका कारण यह है कि यद्यपि कुण्डलिनी का जागरण योग और उपासना की अन्यान्य पद्धतियों से हो सकता है, परन्तु उनमें भी ध्यान का कुछ न कुछ समावेश अवश्य रहता है। इसलिए ब्रह्म अथवा आत्मसाक्षात्कार की उपलब्धि हेतु ध्यान सर्वोपरि होता है यथा–

पूजा कोटि सम स्तोंत्रं, स्तोत्र कोटि सयोजपः।
जप कोटि सम ध्यानं, ध्यान कोटि समोलयः।।

भावार्थ

करोड़ों पूजनों के समान स्तोत्र, करोड़ों स्तोत्रों के समान जप, करोड़ों जपों के समान ध्यान तथा करोड़ों ध्यानों के समान लय (समाधि) होती है।

श्री गायत्रीविद्या साधना

महाश्री गायत्रीविद्या की साधना वैदिक, पौराणिक, तांत्रिक, दक्षिणामार्ग, वाममार्ग, ब्रह्मतंत्र आदि अनेक विधियों से की जाती है। जैसे कि वैदिक विधानों में तांत्रिक–पद्धति का आश्रय लेने पर ही उनकी व्यवस्थित पद्धति बनती है, उसी प्रकार तांत्रिक विधानों में वैदिक मंत्रों का प्रयोग और विहित है। महाश्री गायत्रीविद्या का साधन मिश्रित पद्धति अर्थात् वैदिक, तांत्रिक और पौराणिक विधियों के मिश्रण से भी किया जा सकता है। अन्य देवताओं की साधना के समान महाश्री गायत्रीविद्या साधना में भी मंत्र जाप के साथ–साथ ध्यान, स्त्रोत व कवच आदि के पाठ से तत्काल सिद्धि प्राप्त होती है।

महाश्री गायत्रीविद्या की वाममार्गी तांत्रिक साधना और ब्रह्मयोगिक तांत्रिक साधना के अधिकारी वही साधक हो सकते हैं, जिन्होंने शक्ति मार्ग से, तांत्रिक सिद्धि प्राप्त कर ली हो अर्थात् जो मन और इन्द्रियों के नियंत्रण द्वारा संभोग में समाधि लगाने में समर्थ हों दूसरे शब्दों में जिन्हें शुक्रस्तंभन और दीर्घ संभोग तंत्र में सिद्धि प्राप्त हो गयी हो। यद्यपि महाश्री गायत्रीविद्या साधन हेतु, अनेक मंत्रों, ध्यान, स्तोत्र और कवच हैं, परन्तु इस पुस्तक में हम उन्हीं सिद्ध मंत्रों, स्तोत्रों और कवचों आदि को दे रहे हैं, जिन्हें तत्काल सिद्धि हेतु महाश्री गायत्रीविद्या ने हमें अधिकृत किया है।

उपासना के दो भेद बहिरंग और अंतरंग होते हैं। जब तक कुंडलिनी का जागरण नहीं होता है, तब तक बहिरंग पूजा की आवश्यकता होती है। जब कुंडलिनी का जागरण हो जाता है, तब अंतर्पूजा का प्रारंभ हो जाता है। महाश्री गायत्रीविद्या की बहिरूपासना गायत्रीविद्या यंत्र पर अथवा विग्रह अथवा चित्र पर की जाती है, तथा अंतरूपासना के लिए साधक को अपनी देह ने ही महाश्री गायत्रीविद्या के किसी विग्रह का आवाहन करना चाहिए। ब्रह्म–योग में ब्रह्मयोगी शक्ति–संगम (संभोग) के समय स्वयं में शिव का आवाहन करता है, और अपनी पत्नी में शक्ति का आवाहन करता है तत्पश्चात संभोग अवस्था में दोनों (पति–पत्नी) के एकाकार स्वरूप में महाश्री गायत्री यंत्र की अवधारणा की जाती है। तंत्र–योग में भी भैरव और भैरव के एकत्व (संभोग अवस्था) रूप पर महाश्री गायत्री यंत्र की परिकल्पना की जाती है। ब्रह्म–योग और तंत्र–योग में शक्ति–संगम के समय बाह्य भाव अथवा अंतर्भाव अथवा मिश्रभाव (बाह्य और अंतर) से उपासना की जा सकती है।

महाश्री गायत्रीविद्या का सूक्ष्म महाश्री गायत्रीविद्या के मंत्र और स्थूल शरीर महाश्री गायत्रीविद्या यंत्र अथवा विग्रह हैं, महाश्री रुद्राणी अथवा गायत्री निवास करती हैं। इसलिए गायत्रीविद्या यंत्र ब्रह्मांड का प्रतीक है। चूंकि ब्रह्मांड और पिण्ड (मानव शरीर) की रचना तात्विक रूप से एक है। इसलिए मानव शरीर को महाश्री गायत्रीविद्या का रूप माना जाता है। शक्ति–संगम के समय ब्रह्म–योग और तंत्र–योग द्वारा ब्रह्म एकत्व की अनुभूति होती है। अतः शिव–शक्ति अथवा भैरव–भैरवी के इस संयोग (एक पिण्ड, एक प्राण, एक मन) से भी महाश्री गायत्रीविद्या यंत्र की आवधारणा की जाती है।

टिप्पणी– यह ध्यान देने योग्य है कि श्री महाश्री रुद्राणी, नीलश्री, गौरश्री, अरुणश्री, सिन्दूरश्री, छिन्नश्री, धूमश्री, पीतश्री, यामश्री और कंचनश्री के यंत्र क्रमशः महाविद्या दक्षिण कालिका, तारा, षोडषी, भुवनेश्वरी, भैरवी, छिन्नमस्ता, बगलामुखी, मातंगी और कमला के यंत्रों के समान होते हैं।

समय (शिव–शक्ति का साम्य) और समयाचार

'समय' शब्द अनेक अर्थवाची है। 'समय' का पर्यायवाची शब्द 'साम्य' है, तदनुसार शिव और शक्ति का साम्य ही 'समय' कहलाता है। इस सिद्धांत के अनुसार शक्ति समया और शिव समयः है शिव–शक्ति का साम्य अधिष्ठान (यंत्र का पूजन–अर्चन), अनुष्ठान, अवस्थान (भजन, कीर्तन, नृत्य आदि), नाम, रूप, ध्यान आदि के द्वारा किया जाता है।

ग्यारहवीं सदी में आचार्य भास्कर राय ने ललिता सहस्त्रानाम के भाष्य में उल्लेख किया है कि दहराकश (चक्रों पर) में जो ध्यान साधना की जाती है, उसे समयपदवादी (समयाचारी) कहा जाता है। समयाचार के प्रतिपादक शुक, सनक, सनन्दन, सनतकुमार, विश्वामित्र और वशिष्ठ हैं, जिनके द्वारा समयाचार पर विरचित ग्रन्थ 'पंच शुभागम' है, जो वैदिक मार्ग का अनुसरण करता है। आचार्य शंकर ने श्रीविद्या की साधना समयाचार पद्वति से की थी।

संक्षेप में साधक जब दहराकाश में महाश्री गायत्रीविद्या यंत्र अथवा शिव–शक्ति का मानसी पूजन ओर ध्यान करता है, वह समयाचार पूजन कहलाता है। दहाराकाश की यह मानसी पूजा यद्यपि साधक की रुचि के अनुसार किसी भी चक्र की जा सकती है, तथापि हमारे विचार से यह मानसिक पूजन, अनाहतचक्र, आज्ञाचक्र और व्योमचक्र पर अत्यधिक फलदायी होती है।

कौलाचार, वामाचार, दक्षिणाचार व मिश्राचार

कौलाचार पद्धति में बाह्याकाश पूजन को महत्त्व दिया जाता है। भोजपत्र, स्वर्णपत्र, रजतपत्र अथवा ताम्र पत्र पर यंत्र का निर्माण कर उसमें सावरण देवता का पूजन बाह्याकाश पूजन कहलाता है।

कौलाचार मार्ग में महाश्री गायत्रीविद्या यंत्र के केन्द्र बिन्दु में महाश्री रुद्राणी गायत्री का पूजन किया जाता है, इस प्रकार का पूजन 'पूर्व कौलाचार' अथवा दक्षिण मार्ग कहलाता है। 'उत्तर कौलाचार' अथवा 'वाम मार्ग' में स्त्री (भैरवी अथवा शैवेशी) को शक्ति का स्वरूप मानकर उसकी योनि की पूजा की जाती है। इस प्रकार की साधना में पंचमकार अर्थात् मद्य, मांस, मत्स्य, मैथुन और मुद्रा का प्रत्यक्ष प्रयोग किया जाता है। 'समयाचार' से पराशक्ति का मानसी पूजन किया जाता है। इस मार्ग में मद्यपान साधक के सहस्त्रदल कमल से निःसृत अमृत बिन्दु का पान है। काम, क्रोध आदि पशुओं का ज्ञान खड्ग से विनाश ही मांस भक्षण है। इन्द्रियों का निग्रह ही मत्स्य है। सात्विक आहार ही मुद्रा है। सहस्त्रार चक्र में कुंडलिनी का शिव से मिलन ही मैथुन है।

यह ध्यान देने योग्य है कि जिस प्रकार वाममार्ग में मद्य, मांस, मत्स्य, मैथुन और मुद्रा प्रत्यक्ष सेवन पंचमकार हैं, उसी प्रकार दक्षिणमार्ग में मनन, मंत्र, मन, मौन और मुद्रा का अवलम्बन पंचमाकार हैं। यद्यपि वाममार्ग और दक्षिणमार्ग की प्रारंभिक साधना बाह्यांतर होती है, परंतु जैसे–जैसे साधक अपनी साधना में उन्नति करता है, वैसे–वैसे उसकी साधना अभ्यांतरिक होती जाती है और धीरे–धीरे वह बाह्यांतरिक साधना को कम करता जाता है, और अंत में पूर्णरूपेण अभ्यांतरिक साधना का अवलम्बन कर वह साक्षात्कार करने में सफल हो जाता है। कुछ साधक प्रारंभ से ही बाह्यांतरिक और अभ्यांतरिक साधनों का अवलम्बन साथ–साथ करते हैं, ऐसी साधना को मिश्राचार अथवा बाह्याभंयातर कहते हैं।

महाश्री गायत्रीविद्या यंत्र की आराधना में संलग्न वाममार्गी साधक पंचमाकार की महती उपयोगिता स्वीकार करते हैं। कल्पसूत्र में पंचमाकार को ब्रह्मानन्द का अभिव्यंजक माना गया है। यथासंभव पंचमाकार से महाश्री गायत्रीविद्या का पूजन गुप्त रूप से करना चाहिए। परन्तु कुछ अवसरों (चक्र पूजा) पर प्रकट रूप से भी पंचमाकार से महाश्री गायत्रीविद्या के पूजन का विधान है।

वेदमार्गी आचार्य, वाममार्गी साधना को अत्यन्त निकृष्ट मानकर उसकी निन्दा करते हैं। वाममार्गी कौलों और वेदमार्गियों का यह विरोध ऋग्वेद में भी दृष्टिगोचर होता है।

महाश्री गायत्रीविद्या साधना का अधिकार

महाश्री गायत्रीविद्या साधना में प्रयोजन के अनुसार साधना हेतु किसी विशेष ऋतु, तिथि, मुहूर्त आदि की विशेष अपेक्षा नहीं होती है। महाश्री गायत्रीविद्या की साधना कौलाचार (कर्मकाण्ड सहित) और समयाचार (कर्मकाण्ड रहित) भी की जा सकती है। हमारे अनुभवानुसार महाश्री गायत्रीविद्या की साधना, मंत्रों तथा महाश्री गायत्री यंत्रों द्वारा भी बना कर्मकाण्ड के पूर्ण सफल होती है।

यह ध्यान देने योग्य है कि तंत्र साधना में जाति, धर्म, देश आदि का कोई बन्धन नहीं है। चाण्डाल से लेकर ब्राह्मध तक सभी भगवती गायत्रीविद्या की सन्तान हैं, अतः उनकी उपासना का अधिकार सबको है। इस शाश्वत तथ्य की पुष्टि आचार्य शंकर के जीवन की निम्नलिखित घटना से होती है।

वर्ण–व्यवस्था निरर्थकता

एक दिन आचार्य शंकर गंगास्नान के लिए चले और जब वे मणिकर्णिका घाट के निकट आए, तब उन्होंने देखा कि सामने से एक कुरूप चांडाल चला आ रहा है। शंकर ने चांडाल को सम्बोधित करते हुए कहा– 'अरे चाण्डाल! कुत्तों के साथ तुम एक ओर खड़े हो जाओ और हमें निकल जाने दो।'

चांडाल को अपनी बात अनसुनी कर आगे बढ़ते देखकर आचार्य शंकर ने किंचित उत्तेजित होकर कहा– 'अरे रूको! रोको अपने कुत्तों को, और हमारा मार्ग छोड़ दो।'

आचार्य शंकर की बात को पुनः अनसुनी कर उस चाण्डाल ने एक विकट अट्टहास के साथ आचार्य शंकर को सम्बोधित करके लोकबद्ध संस्कृत भाषा में कहा– 'तुम किसे हट जाने को कह रहे हो? आत्मा को या देह को? आत्मा तो सर्वव्यापी और सतत् शुद्धस्वभाव है। यदि देह को एक ओर हटने को कह रहे हो देह तो जड़ है, वह कैसे हट सकता है? और तुम्हारी देह से मेरी देह किस अंश में भिन्न है? तुम "एकमेवाद्वितीयम्" इस ब्रह्मतत्व में प्रतिष्ठित होने का मिथ्या अभिमान करते हो। सत्वदृष्टि से ब्राह्मण और चाण्डाल में कोई भेद नहीं है। गंगा जल में प्रतिबिम्बित सूर्य और सुरा में प्रतिबिम्बित सूर्य में क्या भेद है? क्या ये ही तुम्हारा ब्रह्मज्ञान है?

चाण्डाल के इन ज्ञानयुक्त वचनों को सुनकर शंकर स्तम्भित और लज्जित हो गए उनके मन में आया कि निश्चय ही यह दैवी लीला है। वहां पर उन्होंने हाथ जोड़कर स्तुति प्रारम्भ कर दी– 'जो सब भूतों के प्रति सम्यज्ञानी है, तदनुरूप ही जिनका व्यवहार है, वही मेरे गुरु हैं। उनके चरणों में कोटि–कोटि प्रणाम करता हूँ।'

सहसा चाण्डाल और कुत्ते अन्तर्हित हो गये।

उपर्युक्त आख्यान से सिद्ध होता है कि भगवान शंकर ने आचार्य शंकर को सनातन धर्म में व्याप्त जाति–पाति के कृत्रिम आवरण को नष्ट करने का आदेश दिया था। परन्तु ब्राह्मणों के भय से आचार्य शंकर जाति–पाँति की प्रथा का विरोध करने का नैतिक साहस नहीं जुटा पाये, जो हिन्दू धर्म के लिए बड़ा दुर्भाग्यपूर्ण रहा। हमारे विचार से यदि आचार्य शंकर अपनी शक्ति बौद्ध धर्म के विरोध में न लगाकर जाति–पाँति की प्रथा के समूल उन्मूलन में लगाते तो वे वैदिक धर्म के सच्चे उद्धारक होते। बौद्धधर्म, जैनधर्म, कौलधर्म आदि तो वैदिक धर्म के ही रूप हैं। उनके उद्‌गम और विकास का कारण वैदिक धर्म में आई कुरीतियों और विकृतियां थीं। बौद्धधर्म, जैनधर्म, कौलधर्म आदि तो सदैव वर्ण व्यवस्था का विरोध करते रहे हैं। अतः वे साधुवाद के पात्र हैं।

वैदिक धर्मों का समन्वय

गंभीरता से विचार करने पर यह तथ्य स्पष्ट होता है कि हिन्दू धर्म के अतिरिक्त बौद्धधर्म, जैनधर्म, कौलधर्म आदि का आधार भी वैदिक दर्शन है, और उनकी संस्कृति भी वैदिक संस्कृति से मिलती–जुलती है। आचार्य शंकर ने जिस प्रकार वैष्णव, गाणपत्य, शैव, शाक्त और सौर सम्प्रदायों का समन्वय किया था, यदि वे उसी प्रकार वैदिक दर्शन पर आधारित सभी धर्मों अर्थात् हिन्दू, बौद्ध, जैन आदि के समन्वय करने का प्रयत्न करते, तो यह उनकी महान उपलब्धि होती।

भारतीय संस्कृति का संयोजन

भारतीय संस्कृति सप्त–संस्कृतियों का महान संयोजन है। भारत में विश्व के 7 महान धर्म (हिन्दू, मुस्लिम, बौद्ध, ईसाई, जैन, पारसी और सिख) विद्यमान हैं। जिस प्रकार विश्व के सप्त खण्ड (एशिया, यूरोप, अफ्रीका, उ. अमेरिका, आस्ट्रेलिया, ग्रीनलैण्ड

आदि) सप्त सिंधुओं (उ. प्रशांत, द. प्रशांत, उ. अटलांटिक, द. अटलांटिक, पू. आर्कटिक, प. आर्कटिक, हिन्द महासागर आदि) पर आधारित हैं, उसी प्रकार भारतीय संस्कृति भी सप्त धर्मों पर आधारित है। हमारी संस्कृति सप्त सरिताओं का संगम है। सप्त पदों का दिव्य गीत है। विश्व को इस संगम में स्नान करके पवित्र होने दो और दिव्य गीत का आनन्द लेने दो। भारत में प्रचलित सप्त धर्म भारतीय संस्कृति के सप्त स्वर एवं सप्त आयाम हैं जिस प्रकार आकाश में सप्त ऋषियों का बड़ा महत्व है, उसी प्रकार भारत में सप्त संस्कृतियों का बड़ा महत्व है और ये संस्कृति भारत की सनातन संस्कृति में इस प्रकार घुलमिल गई हैं कि इनके बिना भारतीय संस्कृति की परिकल्पना अधूरी होगी। हम बड़े भाग्यवान हैं, क्योंकि हमारी संस्कृति विश्व की एक महान संस्कृति है। हमारा कर्त्तव्य है कि हम हमारी महान संस्कृति का विश्व में प्रचार–प्रसार कर मानव जाति को सत्य–अहिंसा और सुख–शांति का दर्शन देकर कृतार्थ करें।

तंत्र योग विषय भ्रांतियाँ

उत्तर कौलाचार (वाममार्ग) अर्थात् तंत्र योग में काम ऊर्जा का विकास कर ब्रह्म से एकत्व (शिव–शक्ति का साम्य) स्थापित किया जाता है, इसमें काम शक्ति को योजनाबद्ध रूप से आध्यात्मिक रूप से आध्यात्मिक शक्ति में रूपान्तरित कर शिव–शक्ति (ब्रह्म) के एकत्व का साक्षात्कार किया जाता है। इसमें संभोग उद्देश्य न होते हुए शिव–शक्ति के एकत्व की अनुभूति का साधन मात्र होता है।

इस योग के संबंध में अनेक भ्रांतियाँ है, इनमें से प्रमुख भ्रातियाँ निम्नलिखित है–

1. साम्प्रदायिक मतभेद।
2. कुछ वाममार्गियों का पथ भ्रष्ट होकर असंयमित और उन्मुक्त यौनाचार में लिप्त हो जाना।

वाम मार्ग (तंत्र योग), शैवमार्ग और शक्ति मार्ग कोई नये मार्ग नहीं है। इनकी आयु वैदिक काल (3500 ईसा पूर्व) से अधिक है। ऋग्वेद काल में बहुत से ऐसे समृद्ध नगर थे, जिनके निवासी लिंग की पूजा करते थे और वेदज्ञ आर्य उनसे द्वेष करते थे। श्रीमद्भागवत आदि ग्रंथों में शिव और दक्ष के वैर कथा का वर्णन है। शिव को शाप देते हुए, दक्ष ने जिस मार्ग का उल्लेख किया है, वह वाममार्ग पर घटित होता है। धीरे–धीरे आर्यों ने तंत्र मार्ग की महत्ता और शिव–शक्ति की आराधना और महत्व को स्वीकार कर लिया था। परन्तु आज भी अनेक विद्वान बिना तंत्रयोग के ज्ञान को समझे हठधर्मिता और साम्प्रदायिक द्वेष के कारण तंत्रयोग की निन्दा करते रहते हैं।

कुछ वाममार्गी पथ भ्रष्ट होकर उन्मुक्त यौनाचार में लिप्त हो जाते हैं। जिसके कारण विरोधियों को तंत्रयोग के विषय में भ्रांतियाँ फैलाकर उसकी निन्दा करने का सुअवसर प्राप्त हो जाता है, जो सर्वथा अनुचित है। क्योंकि यदि किसी सम्प्रदाय कुछ संत अपनी काम कुंठाओं के कारण यौनाचार में लिप्त हो जाते हैं, तो हमें बिना सोचे समझे उस सम्प्रदाय की निन्दा करने का नैतिक अधिकार नहीं होता है। यहां पर हम

स्वर्गीय कवि मैथलीशरण गुप्त की प्रसिद्ध पुस्तक 'भारत–भारती' की निम्नलिखित पंक्तियां प्रस्तुत कर रहे हैं–

तन मन तथा धन भक्त जन अर्पण किया करत जहाँ।
भण्ड साधु सुकर्म का तर्पण किया करत वहाँ।।
चीर हरणादिक वहां प्रत्यक्ष लीला जाल हैं।
भक्त स्त्रियाँ हैं गोपियाँ, गोस्वामी ही गोपाल हैं।।
श्री कृष्ण की आड़ में करते अनंगोपासना।
धन्य ऐसे भक्तजनों को धन्य उनकी वासना।।

उपर्युक्त पंक्तियों से सनातन धर्मावलम्बियों को शिक्षा लेनी चाहिए, परन्तु अन्य धर्मालम्बियों को हमारे धर्म का पूर्ण अध्ययन किए बिना पूरे सनातन धर्म की निन्दा करने को नैतिक अधिकार प्राप्त नहीं होना चाहिए।

खेद का विषय है कि हमने महाभारत और गीता के कृष्ण को भुलाकर विदेशियों के कुचक्र से कुछ पौराणिक कथाओं को आधार बनाकर श्री कृष्ण–भक्ति को शृंगारिक बनाकर अपने मनोरंजन का सस्ता साधन बना लिया है। सनातन धर्म की रक्षा के लिए हमे अपनी इस भूल का परिमार्जन करना चाहिए और गीता और महाभारत के श्री कृष्ण की छवि को पुनः प्रतिष्ठित करना चाहिए।

आगम-निगम-रहस्य

विचार–कक्षा के अन्तरतल पर पहुँचे हुए विदितवेदितव्य महामहिमाशाली महामहर्षियों ने सम्पूर्ण शब्दराशि को आगम–निगम भेद से दो भागों में विभक्त किया है। कारण इसका यही है कि प्रकृति सिद्ध नित्य–शब्द ब्रह्म इन्हीं दो भागों में विभक्त है। यद्यपि 'अथो वागेवेदं सर्वम्' (ऐ0 आ0 3/1/6) 'याचीमा विश्वाभुवनान्यर्पिता' (र्त0 ब्रा0 2/7/7/4/5) इत्यादि श्रौत–सिद्धांत के अनुसार वाक्–तत्व से प्रादुर्भूत होने वाले शब्द–प्रपंज से कोई भी स्थान खाली नहीं है, तथापित स्तम्बरूप तमोविशालसर्ग; यक्ष, राक्षस, पिशाच, गन्धर्व, पिंय, ऐन्द्र, प्रजापत्य, ब्राह्म भेद भिन्न अष्टविध सत्वविशालसर्ग नाम से प्रसिद्ध 14 प्रकार के भूत सर्ग के साथ प्रधानरूप से अग्निवाक् और इन्द्रवाक् का ही सम्बन्ध है। 'यथाग्निगर्भा पृथ्वी तथा द्यौरिन्द्रेण गर्भिणी' (शत0 14/9/7/20) के अनुसार पृथ्वी अग्निमयी है। द्युलोकोपलक्षित सूर्य इन्द्रमय है। यद्यपि इन दोनों लोकों से अतिरिक्त तीसरा अन्तरिक्ष (भुवः) लोक और है। भू: (पृथ्वी), भुवः (अंतरिक्ष), स्वः (द्यौः–सूर्य)। इन तीनों लोकों से प्रजा–निर्माण होता है। पृथ्वी में अग्नि की सत्ता है। इससे मनुष्य लोक कहा जाता है। अंतरिक्ष में चन्द्रमा की सत्ता है। इससे पितर–प्रजा का संबंध है। इसी आधार पर 'विधूर्ध्वभागे पितरो वसन्ति' (सिद्धांत–शिरोमणि) यह कहा जाता है। यही दूसरा पितृलोक है। द्युलोक में सूर्य की सत्ता है। इससे देव–प्रजा का संबंध है। इसी आधार पर 'चित्रं देवानामुदगात्' यह कहा जाता है। यही तीसरा देवलोक है। तीनो ही 'वागिति पृथ्वी' (जै0 उ0 4/22/11) 'वाग्ध चन्द्रमा भूत्वोपरिष्टत्तिस्थौ' (शत0 10/5/1/4) के अनुसार वाङ्मय है, तथापि प्रधानता पृथ्वी और सूर्य–वाक्क्री ही मानी जाती है। कारण इसका यह है कि पार्थिव एवं सौर अग्नि अन्नाद (अन्न खाने वाले) है। मध्यपतित चन्द्रसो– 'एष वै सोमो राजा देवानामत्रं य चन्द्रमाः' (श0 1/6/4/5) के अनुसार इन अग्नियों का अन्न बन रहा है। अन्न जल अन्नाद के उदर में चला जाता है तो केवल अन्नाद सत्ता ही रह जाती है। अन्न की स्वतंत्रता हट जाती है। जैसा कि श्रुति कहती है–

'द्वयं वा इदम्–अत्ता चैवाद्यञच।
तद्यदोभयं समा गच्छति–अतैवाख्यायते नाद्यम्।
स वै यः सो'त्ताग्गिरेव सः।।

(शत0 10/6/3/1) इति।

इसीलिए त्रैलोक्य के लिये 'द्यावापृथ्वी' व्यवहार ही होता है। इस प्रकार प्रधान रूप से पृथ्वी लोक, सूर्य लोक, दो ही लोक रह जाते हैं। दोनों अग्निमय हैं। पार्थिकवाग्नि गायत्राग्नि हैं। सौर–अग्नि सावित्राग्नि हैं। 'तस्य वा एतस्याग्नेवार्गवोपनिषत्' (श0

10/51/1) के अनुसार दोनों ही अग्नियों को हम 'वाक्' कहने के लिए तैयार हैं। वैज्ञानिक परिभाषानुसार पृथ्वी की 'वाक्' 'अनुष्टुप्' कहलाती है। सूर्य की वाक् से क–च–ट–त–प आदिरूपा वर्णवाक् का प्रादुर्भाव होता है। बृहतीवाक् से अ–आ–इ आदिरूपा स्वरवाक् का विकास होता है। दूसरे शब्दों में वर्णवाक् का अनुष्टुप है। स्वरवाक् बहती है। 'स्वरो'क्षरम्' (प्रातिशाख्य) के अनुसार स्वर अक्षर है। अविनाशी है। वर्णक्षर है। विनाशी है। अर्थ–सृष्टि में भौतिक क्षरकूट की प्रतिष्ठा जैसे अक्षर तत्व है, एवमेव–

शाब्दे ब्रह्मणि निष्णातः परं ब्रह्माधिगच्छति।

के अनुसार अर्थ–ब्रह्म की समान धारा में प्रवाहित होने वाले शब्द–ब्रह्म में भी क्षर रूप वर्ण की प्रतिष्ठा अक्षर रूप स्वरतत्व ही है। अर्थ–ब्रह्म में जैसे अक्षर रूप सूर्य–सत्ता को छोड़कर क्षररूपा पृथ्वी स्व–स्वरूप प्रतिष्ठित नहीं रह सकती, एवमेव सूर्यवाङ्मूलक स्वरतत्व के बिना पृथ्वी मूलिका वर्णराशि भी स्व–स्वरूप में प्रतिष्ठित नहीं रह सकती। बिना स्वर के सहारे आप कदापि व्यंजन का उच्चारण नहीं कर सकते। बस, स्वर मूलक इस सूर्य विद्या का ही नाम त्रयी विद्या है, सूर्यबिम्ब ऋग्वेद है। सूर्य का अर्चिमण्डल (रश्मि मण्डल) सामवेद है। सूर्य में रहने वाला अग्निपुरुष यजुर्वेद है। सूर्य क्या तप रहा है, त्रयीविद्या तप रही है। इसी आधार पर 'सैषा त्रय्येव विद्या तपति' (शत0 10/5/2/2) यह कहा जाता है। 'त्रयीमयाय त्रिगुणात्मने नमः' का भी यही रहस्य है। यह वेदतत्व नियतत्व है। स्वयं प्रादुभूर्त है। स्वयं ब्रह्मा के मुख से विनिर्गत है। अतएव ऋषियों ने इसे 'निगम' नाम से व्यवहृत किया है। निर्गत ही परोक्ष भाव से निगम कहा जाता है। निष्कर्ष यही हुआ, कि त्रयी विद्या नाम से प्रसिद्ध सूर्य बिद्या का नाम ही 'निगम–विद्या' है। दूसरी है, आगम विद्या। शनि, मंगल, बृहस्पति, शुक्र, बुध, पृथ्वी आदि सूर्य के उपग्रह हैं। सूर्य का ही प्रवर्ग्य भाग (अलग निकला हुआ भाग) शनि आदि रूप में परिणत होकर सूर्य–विद्या का अंश भूत पृथ्वी–लोक सूर्य के चारों ओर घूम रहा है। पृथ्वी विद्या सूर्य विद्या से आयी है। इसी रहस्य को समझाने के लिए ऋषियों ने पृथ्वी विद्या का नाम 'आगम' रखा है। सूर्य–विद्यावत् पृथ्वी विद्या स्वयं निर्गत नहीं है, अपितु निगम से आयी है, अतएव 'निगमात् आगतः' इस व्युत्पत्ति से पृथ्वी विद्या 'आगम' नाम से प्रसिद्ध हुई। हम बतला आए हैं, कि पृथ्वी की वाक् वर्णवाक् है। स्वर से भिन्न है। अतएव आगमशास्त्रोक्त प्रयोगों का उदात्तादि स्वरों से विशेष संबंध नहीं माना जाता। वहाँ केवल शब्द की आवृत्ति (जप) से ही सिद्धि हो जाती है, परन्तु निगम विद्या (वेदविद्या) में यह बात नहीं है। वहाँ स्वर वाक् की प्रधानता है। अतएव निगमोक्त (वैदिक) प्रयोगों में उदात्त अनुदात्तादि स्वरों पर पूरा ध्यान रखना पड़ता है।

दुष्टः शब्दः स्वरतो वर्णतो वा
मिथ्याप्रयुक्तो न तमर्थमाह।
स वाग्वज्रो यजमानं हिनस्ति
यथेन्द्रशत्रुः स्वरतो'पराधात्।।

के अनुसार बिना स्वर के निगम काण्ड निरर्थक है। अनिष्टकर है। क्योंकि स्वरवाक् ही

उसका मूल है। सूर्य विद्या निगम विद्या है, पृथ्वीविद्या आगमविद्या है, इसका यह तात्पर्य नहीं है कि निगम में केवल सूर्य का ही निरूपण है, आगमविद्या में केवल पृथ्वी का ही निरूपण है, अपितु दोनों में सारे विश्व का निरूपण है। लक्ष्यभेदमात्र है। निगमशास्त्र सूर्य को प्रधान मानकर सारे विश्व का निरूपण करता है एवं आगमशास्त्र पृथ्वी को मूल मानकर आगे चलता है। 'द्यूलोकोपलक्षित सूर्य पिता है। पृथ्वी माता है। पिता पुरुष है। माता प्रकृति है। पुरुष रेतोधा है। प्रकृति योनि है। पुरुष शास्त्र निगम है। अतएव निगम को वेद–पुरुष कहा जाता है। प्रकृतिशास्त्र आगम है। अतएव आगम को आगमविद्या कहा जाता है। बिना आगम के निगम अप्रतिष्ठित है। जैसा कि अनुपद में ही स्पष्ट होने वाला है। निगम में भी आगम का साम्राज्य है। अतएव पुरुष–वेद को वेदविद्या भी कहा जाता है। सूर्य साक्षात् रुद्र है एवं सूर्य की अनन्त रश्मियाँ अनन्त रुद्र हैं। अनन्तर रुद्र विट्रुद्र (प्रजारुद्र) है। सूर्य रुद्र क्षेत्ररुद्र है। जहाँ वैज्ञानिक रश्मिगत त्रैलोक्यव्यापक अनन्त रुद्रों का 'असंख्याताः सहस्त्राणि ये रुद्राः' 'ये चैनं रुद्रा अभितो दिक्षुश्रिताः' –इत्यादि रूप से निरूपण करते हैं, वहाँ उस सूर्यरूप एकाकी क्षत्ररुद्र को लक्ष्य में रखकर–

एको हि रुद्रो न द्वितीयाय तस्थु
र्य इमाँल्लोकानीशत ईशनीभिः।।

(श्रेवता0 3/2)

यह कहते हैं, इस रुद्ररूप सौर–अग्नि के–'अग्निर्वारुद्रः। तस्यैते द्वौ तन्वे घोरान्या च शिवान्या च।' के अनुसार घोर–शिव भेद से दो शरीर है। आप अपने अध्यात्म जगत् में दोनों मूर्तियों का साक्षात्कार कर सकते हैं। प्रारम्भ में अग्नि को अन्नाद बतलाया गया है। अन्न खाना अग्नि का स्वाभाविक धर्म है। अग्नि प्रज्वलित हो रहा है। जब तक प्रतिष्ठित रहेगा अग्नि का इन्धन (प्रज्वलन) काष्ठाहुति पर निर्भर है। अतएव काष्ट को इन्धर (ईंधन) कहा जाता है। यही अवस्था शरीराग्नि की है। लोम, केश, नखों के अग्रभाग को छोड़कर सर्वांग शरीर में वैश्वानर–अग्नि धधक रहा है। जहाँ स्पर्श करते हैं, वहीं उष्मा पाते हैं। यही इस अग्नि का प्रत्यक्ष दर्शन है। नाक, कान बंद कर लेने पर जो नाद सुनायी पड़ती है, वही इसकी श्रुति है। इस अन्नाद–अग्नि की सत्ता के लिये सायं–प्रातः अन्न खाना पड़ता है। बस, जब तक इस अन्नाद में अन्न की आहुति रहती है, तब तक शरीर स्वस्थ रहता है। कारण इसका यही है कि अन्न सोमतत्व हैं। सोमशान्ततत्व हैं। इसकी आहुति से रुद्राग्नि शान्त होता हुआ शिव बन जाता है। यदि अन्नाहुति बंद कर दी जाती है तो वह रुद्र घोर रूप में परिणत होकर पहले रसासृगमांसमेदादि शरीर–धातुओं को खाने लगता है, एवं उनके नष्ट हो जाने पर स्वयं भी उत्क्रान्त हो जाता है। निष्कर्ष यही हुआ, कि अन्नाहुति से रुद्र–तनू शिवभाव में परिणत होकर पालन करती है, एवं अन्नाभाव में वही घोर–तनू बनकर नाश का कारण बनती है। हम जो प्रतिदिन अन्न खाते हैं, उससे उग्र रुद्र शान्त होते हैं, इसीलिए वैज्ञानिकों ने इस अन्न का नाम 'शान्तदेवत्य' किंवा शान्तरुद्रिय (जिस अन्न से रुद्र–देवता शान्त होते हैं वह अन्न) रखा है। परोक्षप्रिय देवताओं की परोक्ष भाषा में वह शान्तरुद्रिय अन्न 'शतमद्रिय' नाम से प्रसिद्ध है, इसी

पूर्व–विज्ञान को लक्ष्य में रखकर याज्ञवल्क्य कहते हैं–

अन्नैष सर्वोऽग्निः संस्कृतः। स एशोऽत्र रुद्रो देवता।
स दीप्यमानोऽतिष्ठदन्नमिच्छमानः।
तस्माद्देवा अबिभयुःद्वै नोऽयं न हिंस्यात् इति।
तस्मै एनदन्नं समभरत् शान्तदेवत्यम्। तेनैनमशयन्।
शान्तदेवत्यं ह वै शतरुद्रियमित्याचक्षते परोक्षम्। परोक्षकामा हि देवाः।

(श0 9/1/1/1)

माता के गर्भाशय में अग्नि की क्रमिक चिति से क्रमशः प्रवृद्ध होने वाला गर्भ नौ माह के अनन्तर जब पूर्णभाव को प्राप्त होता है तो सर्वात्मना संस्कृत रुद्राग्नि के आघात से, एवयामरुत् की प्रेरणा से गर्भ गर्भाशय से जननेन्द्रिय द्वारा डरने लगते हैं। अपनी रक्षा के लिए वे उसमें अन्नाहुति डालते है। अन्न के आहुत होते ही रुद्राग्नि संताप से रोता संबंध से शिव बनकर संसार की रक्षा करते है। अन्नाभाव में वही नाश के कारण बन जाते हैं। यही दोनों भाव सूर्य में समझिए। सूर्य साक्षात् रुद्र है। प्राणियों को संतप्त करने वाला है। परन्तु पार्थिव औषधि, वनस्पत्यादि अन्न इसमें निरन्तर आहुत होते रहते हैं। पार्थिव रस को सूर्य रश्मियों द्वारा लिया करता है, अतएव वह शिव बन रहा है। पूर्वकथनानुसार पृथ्वी माता है, शक्ति है। सूर्य पिता है, शिव है, परन्तु इस शिव का शिवत्व शक्ति–समन्वय पर ही निर्भर है। जिस दिन पार्थिवान्न–संबंध हट जाएगा सूर्य रुद्र घोर रूप में परिणत होता हुआ सम्पूर्ण विश्व को भस्मसात् कर डालेगा। सौर–तेज़ हिरण्मय है। इसकी सत्ता सोमवार (अन्न पर) निर्भर हैं। इसमें प्रविष्ट महदक्ष रूपा चित्–शक्ति ही हेमवती उमा है। वल्लभ इसे ही भगवच्छिक्ति कहते हैं। यही अद्वैतवादियों की माया है। उपासकों की राधा हैं। रामानुजियों की लक्ष्मी हैं। वैज्ञानिकों की हैमवती उमा है। 'मम योनिर्महद् ब्रह्म' के अनुसार पारमेष्ठ्य महत् सोम ही चिदात्मा (अव्यय पुरुष) की प्रतिष्ठा है। वह सोम सौर–मण्डल में आकर हैमवती चिच्छक्ति से युक्त हो जाता है। अतएव 'उमासहितस्त्वः' के अनुसार वह पारमेष्ठ्य तत्त्व 'सोम' कहलाने लगता है। यही उमा ब्रह्माण ग्रन्थों में विषय भेद से अम्बिका, अम्बा, माता, जनि, धारा, जाया, आप आदि नामों से व्यवहृत हुई हैं। सौर इन्द्र शिव हैं। इसकी शक्ति पार्थिव प्राज्ञ–सोमरूपा हेमवती उमा हैं। सोम स्वस्वरूप से कृष्ण हैं। परन्तु सौर विज्ञान मण्डल में आकर अग्निदाहकता से वही चमकीला बन जाता है, आप सूर्य में जो प्रकाश देख रहे हैं, वह इसी सोमाहुति का प्रभाव है। इसी आधार पर 'त्वं ज्योतिषा वि तमो ववर्थ' (ऋक्0 1/91/22) कहा जाता है। 'त्वमा ततन्थोर्वान्तरिक्षम्' (ऋक् 1/91/22) के अनुसार वह सोम विशाल आकाश में सर्वत्र व्याप्त हो रहा है। यह सोममयी शक्ति उसी चिद्घन अव्यय पुरुष की प्रकृति है। इन्द्रादि देवताओं को उसका ज्ञान आकाशस्थ इसी महामाया की कृपा से होता है। बिना शक्ति को आगे किये ब्रह्मज्ञान असम्भव है। इसी शक्ति–विज्ञान को लक्ष्य में रखकर उपनिषच्छ्रुति कहती है–

स तस्मिन्नेवाकाशे स्त्रियमाजगाम बहुशोभमानामुमां हैमवतीम्। ताँहोवाच किमेतद्यक्षमिति।। सा ब्रह्मेति होवाच। ब्रह्मणो वा एतद्विजये महीयध्वमिति।

ततो हैव विदांचकार ब्रह्मेति।।

(केन0 3/12/;4/1)

उपनिषद्–विद्या का सारभूत गीताशास्त्र भी ब्रह्मज्ञान के लिए शक्ति की आराधना को ही प्रधान बतलाता है।

दैवी ह्मेषा गुणमयी मम माया दुरत्यया।
मामेव ये प्रपद्यन्ते मायामेतां तरन्तिते।।

(7/14)

–से स्पष्ट ही शक्तिवाद की प्रधानता सिद्ध है। युद्धकाल में विजय–प्राप्त्यर्थ अर्जुन भगवान् श्रीकृष्ण के आदेश से पहले उसी शक्ति की आराधना करता है। यह है कि शिव–शक्ति का मौलिक रहस्य। सौर प्राण की प्रधानता से पुरुष–सृष्टि होती है। सम्पूर्ण स्त्रियाँ शक्तिरूपा हैं। सम्पूर्ण पुरुष शिवरूप है। सारा विश्व शिव–शक्तिमय है, दोनों अविनाभूत हैं, चूँकि आगमशास्त्र माता पृथ्वी से संबंध रखता है, अतएव उसमें शक्ति की ही प्रधानता है। आज इसी आगमविद्या की ओर आपका ध्यान आकर्षित किया जाता है।

❐❐❐

साधना-शब्द-रहस्य

हम पहले ही स्पष्ट कर चुके हैं कि आगम का आगमन निगम से हुआ है। यही कारण है कि आगम के सारे सिद्धांत निगम–सिद्धांतों पर ही प्रतिष्ठित है। जैसे निगमशास्त्र के लिए निगमाचार्यों ने 'सैषा त्रयी विद्या' इत्यादि रूप से विद्या–शब्द प्रयुक्त किया है, एवमेव आगमाचार्यों ने 'विद्यासि सा भगवती' इत्यादि रूप से आगम के लिए भी विद्या–शब्द का प्रयोग किया है। इस प्रकरण में विद्या–शब्द ही निर्वचन किया जायेगा।

निगम में 'त्रयं ब्रह्म', 'त्रयी विद्या', 'त्रयो वेदाः' इत्यादि रूप से ब्रह्म, विद्या, वेद तीनों को अभिन्नार्थक माना है। परमार्थ–दृष्टि से तीनों अभिन्न हैं। विश्वदृष्टया तीनों भिन्न हैं। शक्तितत्व 'विद्या' किंवा 'महाविद्या' शब्द से क्यों व्यवहृत हुआ? इसका उत्तर इन्हीं तीनों के स्वरूप ज्ञान पर निर्भर है। अनन्त ज्ञान धन, क्रियाधन, अर्थधन तत्त्वविशेष का नाम ही अक्षर ब्रह्म है। वह सर्वज्ञानमय है, सर्वक्रियामय है, सर्वार्थमय है। दूसरे शब्दों में वह अक्षरतत्व मनः प्राण–वाङ्मय है। जैसे क्षर पुरुष का आलम्बन अक्षर पुरुष है, एवमेव सबका आलम्बन पुरुषोत्तम–नाम से प्रसिद्ध अव्यय पुरुष है। वह स्वयं ज्ञान–क्रिया–अर्थशक्तिरूप है। अव्यय की ज्ञान–शक्ति का (प्रभाव) मन है। क्रिया शक्ति का उक्त प्राण है। अर्थ–शक्ति का उक्त वाक् है। इन तीन कलाओं के अतिरिक्त आनन्द–विज्ञान–नाम की दो कलाएँ और हैं। इन पाँचों कलाओं में पांचवीं वाक्कला उपनिषदों में 'अन्नब्रह्म' नाम से प्रसिद्ध है। तैत्तिरीय उपनिषद् में इन पाँचों (आनन्द, विज्ञान, मन, प्राण, अन्न) ब्रह्मकोषों का विस्तार से निरूपण किया गया है। सुप्रसिद्ध आनन्दादि अव्यय पुरुष की पाँच कलाएं है। दूसरे शब्दों में वह अव्यय पंचकल है। पंचकलात्मक वह अव्यय पुरुष स्वयं शक्तिरूप है। 'सामान्ये सामान्याभावः' के अनुसार आनन्द में आनन्द नहीं। विज्ञान में विज्ञान नहीं। मन में मन नहीं। प्राण में प्राण नहीं। वाक् में वाक् नहीं। अतएव अक्षर से भी परे रहने–वाले इस तत्त्व का–

दिव्यो ह्यमूर्तः पुरुषः स बाह्याभ्यन्तरो ह्यजः।
अप्राणो ह्यमनाः शुभ्रो ह्यक्षरात्परतः परः।।

–इत्यादि रूप से निरूपण किया जाता है। अप्राण एवं अमन में क्रिया नहीं, अतएव वह अव्यय पुरुष कर्तृत्वकरणत्वादि धर्मों से रहित होता हुआ सृष्टि विद्या के बहिर्भूत है। न वह करता है, न लिप्त होता है। इसी भाव का निरूपण करती हुई श्रुति कहती है–

न तस्य कार्य करणं च विद्यते.
न तत्समश्र्चाभ्यधिकश्र्च दृश्यते।

परास्य शक्तिर्विविधैव श्रूयते।
स्वाभाविकी ज्ञानबलक्रिया च।।

(श्वेता0 6/7)

इन्हीं कारणों से हम अव्यय पुरुष को निधर्मक मानने के लिए तैयार है। अव्यय पुरुष है पुरुष चेतन है। चिदात्मा है। ज्ञानमूर्ति है। अतएव निष्क्रिय है। अतएव च क्रियासापेक्ष सक्रिय विश्व की निर्माण–प्रक्रिया विश्व की निर्माण–प्रक्रिया से बहिर्भूत है। सृष्टि संसृष्टि है। योषा, वृषा नाम से प्रसिद्ध रयि, प्राण नाम के दो तत्वों का रासायनिक संयोग ही संसृष्टि है। संसर्ग व्यापार है। व्यापार क्रिया है। इसका उसमें अभाव है। अतएव वह अकर्ता है। यद्यपि पंचकलाव्यय पुरुष प्राणरूप होने से क्रिया शून्य नहीं कहा जा सकता, परन्तु कोरी क्रिया कुछ नहीं कर सकती। क्रिया क्रियावान कर सकता है। अव्यय क्रियावान् नहीं, क्रियारूप है। क्रियावान् है वही पूर्वोक्त अक्षर पुरुष। यह अक्षर पुरुष ही अव्यक्त, परा प्रकृति, परमब्रह्म आदि नामों से प्रसिद्ध है। वह पुरुष इस प्रकृति के साथ समन्वित होता है। 'तत्तु समन्वयात्' (शारीरिक दर्शन व्याससूत्र) के अनुसार इस प्रकृति–पुरुष के समन्वय से ही विश्व रचना होती है। इस समन्वय से अव्यय की शक्तियाँ अक्षर में संक्रान्त हो जाती है। उसकी शक्तियों से अक्षर शक्तिमान् बन जाता है। अतएव हम अक्षर को आनन्दवान्, विज्ञानवान्, मनस्वी, क्रियावान, अर्थवान मानने के लिए तैयार हैं। अक्षर शक्तिमान है, सक्रिय है। एक बात और पूर्वोक्त अव्यय–कलाओं में आनन्द प्रसिद्ध है। विज्ञान चित् है। मन, प्राण, वाक् की समष्टि सत् है। सत्, चित्, आनन्द की समष्टि ही सच्चिदानन्द ब्रह्म है। अक्षर तीनों से युक्त है। अतएव हम इसे अवश्य ही आनन्दवान्, विज्ञानवान् कह सकते है। आनन्द विज्ञान मुक्ति साक्षी अव्यय है। प्राणवाक् सृष्टि–साक्षी अव्यय है। मध्यपतित मन 'उभयात्मकं मनः' के अनुसार दोनों ओर जाता है। मुक्ति का संबंधन आनन्द, विज्ञान, मन से है; सृष्टि–साक्षी आत्मा को 'स वा एष आत्मा वाङ्मयः प्राणमयो मनोमयः' इत्यादि रूप से मनः प्राणवाङ्मय ही बतलाया जाता है। सृष्टि–साक्षी अव्यय में हमने ज्ञानघन मन, क्रियाघन प्राण, अर्थघना वाक् की सत्ता बतलायी है। इन तीनों में ज्ञानकला का विकास स्वयं अव्यय पुरुष है। इसमें इसी कला की प्रधानता है। क्रिया का विकास अक्षर–पुरुष है। अर्थ का विकास क्षर–पुरुष है। अर्थप्रधान क्षर–पुरुष है। अर्थ प्रधान क्षर–पुरुष भी निष्क्रिय है। ज्ञानप्रधान अव्यय पुरुष भी निष्क्रिय है। सक्रिय है मध्यपतित क्रियाप्रधान एकमात्र अक्षर का ही धर्म है। अतः हम तीनों पुरुषों में से एक मात्र अक्षर को ही सृष्टिकर्ता मानने के लिये तैयार है। अव्यक्त अक्षर प्रकृति ही विश्व का प्रभव, प्रतिष्ठा, परायण है। इसी विज्ञान को लक्ष्य में रखकर श्रुति कहती है–

यथा सुदीप्तात् पावकाद्विस्फुलिंगः
सहस्त्रशः प्रभवन्ते सरूपाः।
तथाक्षराद्विविधाः सौम्य भावाः

प्रजायन्ते तत्र चैवापि यन्ति।। (*मुण्डक0 2/1/1*)

अव्यक्ताद्वयक्तय: सर्वाः प्रभवन्त्यहरागमे।
रांयागमे प्रलीयन्ते तत्रैवाव्यक्तसंज्ञके।। (*गीता 8/18*)

अव्यक्तादीनि भूतानि व्यक्तमध्यानि भारत।
अव्यक्तनिधानान्येव तत्र का परिदेवना।। (*गीता 2/28*)

–आदि स्मार्त–वचन भी इसी भाव को प्रकट करते हैं। जैसे– प्रजापति (कुंभकार) भूपृष्ठ पर बैठकर समुदाय रूप से सर्वथा गतिशून्य अवयव रूप से सर्वथा गतिशील चक्रपर मिट्टी रखकर घट निर्माण किया करता है, एवमेव अक्षरप्रजापति रूप कुम्हार आनन्द विज्ञानमनोघन मुक्तिसाक्षी अव्ययरूप धरातल पर बैठकर मनःप्राणवाग्घन सृष्टि साक्षी अव्यय रूप चक्र पर क्षररूप मिट्टी से उख्य चिलोकीरूप घट का निर्माण किया करता है। त्रिभुवन–विधाता उस अक्षर प्रजापति में और बुध (पेंदा), उदर, मुखरूप त्रैलोक्य भावापन्न घट निर्माण करने वाले मनुष्य प्रजापति में निरन्तर स्पर्धा होती रहती है। जो क्रम घट–सृष्टि है, वही उस ईश्वर प्रजापति का है। इसी विद्या को समझाने के लिए ऋषियों ने कुंभकार की 'प्रजापति' संज्ञा रखी है। पूर्वोक्त क्षर पुरुष उस अवरूय पुरुष की अपरा प्रकृति है। अक्षर पुरुष परा प्रकृति है। अव्यय आलम्बन कारण है। अक्षर असमवायि (निमित्त) कारण है। क्षर समवायि (उपादान) कारण है। तीनों में कर्ता अक्षर है। क्योंकि वही क्रियामय है। एक ओर से चिदात्मा अव्यय के ज्ञान भाग को लेकर वह सर्वज्ञ बन रहा है। क्षर उपादान होने से 'ब्रह्म' कहलाता है। इसी अभिप्राय से 'ब्रह्माक्षरसमुद्रवम्' यह कहा जाता है। अक्षर से ही क्षर ब्रह्म प्रादुर्भूत होता है। इसी को अवर–ब्रह्म भी कहा जाता है। अक्षर पुरुष क्षरापेक्षया पर, और अव्ययापेक्षया अवर होने से बराबर अक्षर में परसम्पत्ति (अव्यय सम्पत्ति) भी है, एवं ब्रह्मसम्पत्ति (क्षर सम्पत्ति) भी है। अतएव इसे हम 'पर' 'ब्रह्म'– दोनों कह सकते हैं। इसके ज्ञान से सब कुछ गतार्थ हो जाता है। इसी अभिप्राय से श्रुति कहती है–

एतद्ध्येवाक्षरं ब्रह्म ह्येतद्ध्येवाक्षरं परम्।
एतद्धयेवाक्षरं ज्ञात्वा यो यदिच्छति तस्य तत्।।

(कठ0 1/2/16)

भिद्यते ह्रदयग्रन्थिश्छिद्यन्ते सर्वसंशयाः।
क्षीयन्ते चास्य कर्माणि तस्मिन् दृष्टे परावरे।।

(मुण्डक0 2/2/8)

दस महाविद्याओं के द्वारा सृष्टि तत्त्व का निरूपण किया गया है। अतएव अप्रासंगिक होने पर भी प्रकरण–संगति के लिए सृष्टिकर्त्ता स्वरूप बतलाना पड़ा। अव्यय एवं क्षरानुगृहीत अक्षर ही सृष्टिकर्ता है– यह सिद्ध हो चुका। यद्यपि अक्षर ज्ञान, क्रिया, अर्थ तीनों से ही युक्त है, तथापि क्रिया और अर्थ का पूर्ण विकास क्रियार्थघन विश्व में ही होता

है। सृष्टि से पहले केवल ज्ञान की ही प्रधानता रहती है। इसीलिए अक्षर के तप को (क्रिया को) ज्ञानमय ही बतलाया जाता है। इसीलिए अक्षर 'चेतना' नाम से प्रसिद्ध है। अव्यय, क्षराविनाभूत अतएव सर्वज्ञ, सर्ववित् इस अक्षर के ज्ञानमय तप से उत्पन्न होने वाली सृष्टि का क्या स्वरूप है? इसका समाधान करती हुई श्रुति कहती है–

यः सर्वज्ञः सर्वविद्यस्य ज्ञानमयं तपः।
तस्मादेतब्रह्म नाम रूपमन्नंच जायते ।।

(मुण्डक0 1/1/9)

प्रतिष्ठा, ज्योति, यज्ञ का ही नाम क्रमशः ब्रह्म, नामरूप, अन्न है। इन तीनों में सम्पूर्ण सृष्टि का अन्तर्भाव है। अक्षर पुरुष सर्वप्रथम इन्हीं तीन रूपों में विकसित होता है। प्रतिष्ठा तत्त्व का नाम ब्रह्मा है। ज्योतितत्त्व का नाम इन्द्र है। यज्ञ तत्त्व का नाम विष्णु, अग्नि, सोम है। प्रत्येक पदार्थ में आप जो एक ठहराव देखते हैं, स्थिति देखते हैं, अस्तित्व देखते हैं, वही प्रतिष्ठा है। यही तत्त्व सृष्टि का मूलाधार है। स्थिर भाव में ही सृष्टि क्रिया हो सकती है। गति की प्रतिष्ठा (स्थिति) ही है। बीज को भूगर्भ में प्रतिष्ठित करो, तभी अंकुर सृष्टि होगी। शुक्र को गर्भाशय में प्रतिष्ठित करो, तभी प्रजा सृष्टि होगी। उत्पन्न होने वाली वस्तुओं में उत्पत्ति रूप क्रिया का आधारभूत यही तत्व है। इसी आधार पर वस्तु–सृष्टि होती है। 'ब्रह्म वै सर्वस्य प्रतिष्ठा', 'ब्रह्मा देवानां प्रथमः स्वयंभू विश्वस्य कर्त्ता भुवनस्य गोता।' आदि वचन इसी को मुख्य बतलाते हैं। यह ब्रह्मा किंवा प्रतिष्ठा है क्या? इसका उत्तर है गति समुच्चय। सर्वतोदिग्गति अथवा दिग्द्वयगति का समन्वय ही स्थिति है। अतएव समान बनाने वाले दो मल्लहों के विरुद्ध दिग्गतिबल से रस्सा स्थिर हो जाता है। यही पहली सृष्टि है। इसी के लिये 'तस्मादेतद् ब्रह्म' कहा है। दूसरी सृष्टि है नामरूपात्मिका। नामरूप को कर्म का उपलक्षण समझना चाहिये। प्रत्येक वस्तु में पहले उसकी प्रतिष्ठा का जन्म होता है। अनन्तर नाम–रूप–कर्म तीनों के संबंध से वस्तुस्वरूप सम्पन्न हो जाता है। नाम–रूप के बिना वस्तु अन्धकार में है। नाम–रूप ही वस्तु–भान (ज्ञान) का कारण है। यह भांति ही ज्योति है। यह ज्योति ('अयं घटः' इत्याकारक वस्तुस्वरूपप्रकाश) साक्षात् इन्द्र है। 'रूपं रूपं मघवा बोभवीति' (ऋक्संहिता), 'इन्द्रो रूपाणि करीकृदचरत्' (ऋक्संहिता) इत्यादि श्रुतियाँ इन्द्र को रूपज्योतिर्मय बतलाती है। अतएव इस नामरूपात्मिका ज्योतिःसृष्टि को हम अवश्य ही इन्द्र कहने के लिए तैयार हैं। वस्तुस्वरूप सम्पन्न हो गया। सम्पन्न होते ही उसमें अन्नादानविसर्गात्मक यज्ञ प्रारम्भ हो जाता है। जड़ हो या चेतन, सभी पदार्थ अन्न खाते हैं। सब में निरन्तर अन्न की आहुति होती रहती है। बस, जो सूत्र अन्न–यज्ञ विष्णु द्वारा होता है, अतएव 'यज्ञो वै विष्णुः' 'विष्णुर्वै यज्ञः' इत्यादि रूप से यज्ञ और विष्णु का अभेद माना जाता है। अन्न खींचने वाला, अन्न, एवं जिसमें अन्न आहूति होता है वह इस प्रकार तीन शक्तियों के मेल से यज्ञस्वरूप सम्पन्न होता है। अन्न खींचने वाली शक्ति विष्णु है। अन्न सोम है। जिसमें

अन्नाहुति होती है वह अग्नि है। इस प्रकार अन्न रूप यज्ञ में विष्णु, अग्नि, सोम तीन देवता का अर्न्तभाव सिद्ध हो जाता है। यही तीसरी सृष्टि है। अक्षर को हमने क्रिया घन बतलाया है। क्रिया गति है। अतएव अक्षर को हम गति तत्त्व मानने के लिए तैयार हैं। वही गति पूर्वोक्त पांच रूप धारण कर लेती है। अक्षर रूप गति तत्व समुचित भाव में स्थिति है। वही ब्रह्मा है। विक्षेपण–भाव में (गति–भाव में) वही इन्द्र है। आकर्षण (आगति) भाव में वही विष्णु है। यदि गति, आगति स्वतंत्र है तब तो दोनों क्रमशः इन्द्र, विष्णु है। यदि दोनों स्थिति रूप ब्रह्म–तत्त्व के गर्भ में चली जाती है तो यही अग्नि सोम रूप में परिणत हो जाती है। स्थिति गर्भित गति (इन्द्र), अग्नि है। स्थिति गर्भित आगति (विष्णु) सोम है। इस प्रकार एक ही गत्यात्मक अक्षर तत्व गतिसमुच्चय, शुद्ध गति, शुद्ध आगति, स्थिति गर्भिता गति, स्थितिगर्भिता आगति, इन पांच भावों में परिणित होकर ब्रह्मा, इन्द्र, विष्णु, अग्नि, सोम नाम धारण कर लेता है। एक ही अक्षर गति तारतम्य से पंचाक्षर बन जाता है। जिस प्रकार शब्द–सृष्टि अ, इ, उ, ऋ, लृ इन पांच अक्षरों से होती है। उसी प्रकार अर्थ–सृष्टि पांच अक्षरों से होती है। जो क्रम शब्द सृष्टि का है, वही अर्थ–सृष्टि का है। शब्द–ब्रह्म को पहचान लो, अर्थ, ब्रह्म गतार्थ है। शब्दार्थ का अभिन्न संबंध है। उत्पन्न–सृष्ट नहीं अपितु उत्पत्ति–सृष्ट संबंध है। ब्रह्म सृष्टि–कर्त्ता है। इन्द्र (रूद्र) संहारक है। विष्णु पालक है। अग्नि–सोम उपादान है। जब तक इस त्रिमूर्त्ति के साथ अग्निषोमात्मक यज्ञ का संबंध रहता है। तब तक इन्द्र (रुद्र) शिव बने रहते हैं। अग्निषोमात्मक यज्ञ के उच्छिन्न होने पर वही इन्द्र घोर रूप में परिणित होकर विश्व का संहार कर डालते हैं। बारह प्रकार के आदित्य प्राणों में साथ शासक सर्वव्यापक, अमृत रूप अन्यतम प्राण का ही नाम इन्द्र है। अतएव द्वाद्वशादित्य–घन सूर्य को त्वष्टा, भग, पूषा आदि और–और आदित्यों के नाम से व्यवहृत न कर 'अथ यः स इन्द्रो'सो स आदित्यः' (शत0 8/5/3/2), 'एष वा इन्द्रो य एष तपति' (शत0 2/3/4/12) के अनुसार इन्द्र शब्द से ही व्यवहृत किया जाता है कि यह सूर्य रूप इन्द्र अग्नि, सोम (चन्द्रमा) तीनों ज्योर्तिमय पदार्थ है। तीनों से विश्व प्रकाशित है। इन तीनों की समष्टि ही शिव है। अन्य यज्ञ पर शिवस्वरूप प्रतिष्ठित है। अग्नि–सोम के समन्वय का ही नाम यज्ञ है। पुराण शास्त्र ब्रह्मा, विष्णु, शिव इस त्रित्य–विज्ञान को प्रधान मानता है एवं निगम शास्त्र ब्रह्मा भी पंचाक्षर–विज्ञान पर प्रतिष्ठित है। निरूपणी या शैलीमात्र में भेद है। बात एक ही है। पुराण–इन्द्र, अग्नि, सोम के भेद को उंन्मुक्त मानकरप तीनों का शिव–शब्द से निरूपण करता है। वेद तीनों का उद्भूत रूपं से निरूपण करता है। सारे प्रपंच का निष्कर्ष यही हुआ कि वह अक्षरतत्व सृष्टि–कामुक बन कर अपने ज्ञान मय तप से ब्रह्म, नाम–रूप, अन्न, दूसरे शब्दों में प्रतिष्ठा, ज्योति, यज्ञ, तीसरे शब्दों ब्रह्मादि पंचाक्षर रूप में परिणित होता है। इन पांचों अक्षरों में ब्रह्मा, विष्णु, इन्द्र तीनों वस्तु के हृदय (केन्द्र) में प्रतिष्ठित होकर उसका संचालन करते हुए अन्तरयामी नाम से प्रसिद्ध होते हैं एवं अग्नि सोम से वस्तु स्वरूप बनता है। इसी आधार पर

'अग्निषोमात्मक जगत्' यह कहा जाता है कि पांच अक्षरों में परिणित होना अक्षर की पहली सृष्टि है।

पंचाक्षरसृष्टि–

(ब्रह्म= प्रतिष्ठा= ब्रह्म)

(नामरूप= ज्योति= इन्द्र)

(अन्न= यज्ञ= विष्णु, अग्नि, सोम)

अक्षर की पहली सृष्टि

प्रजा–सृष्टि का अधिष्ठाता होने के कारण पूर्वोक्त अक्षर तत्त्व 'प्रजापति' कहलाता है। 'अर्द्ध ह वै प्रजापतेरात्मनो मर्त्यमासीदर्द्धममृतम्' (शत0 10/1/3/1) के अनुसार उस प्रजापति का आधा भाग अमृत है। वह कभी विकृत नहीं होता। वह सर्वथा अविपरिणामी है। आधा भाग अक्षर, क्षर है। प्रजापति का अमृत–भाग अक्षर है। मर्त्य भाग क्षर है। इसी से विश्व उत्पन्न होता है। यही उपादान है। जो ब्रह्मादि पांच कलाएँ अक्षर की हैं, वे ही इस क्षर की हैं। अक्षर के व्यापार से इन ब्रह्मादि पांचों क्षर कलाओं से क्रमशः प्राण, आप, वाक्, अन्नाद, अन्न इन पांच विकारों का जन्म होता है। वैकारिकी सृष्टि इन्हीं से होती है। अतएव इनको 'विश्वसृष्टी' कहा जाता है। इन् पांचों के सर्वहुत–यज्ञ से (जो कि सर्वहुतयज्ञप्रक्रियादर्शन में 'पंचीकरण' नाम से प्रसिद्ध है) पंचजन उत्पन्न होते हैं। आधे में प्राण, आधे में शेष चारों, आधे में आप, आधे में शेष चारों इस क्रम से प्राणादि उत्पन्न होते हैं, वही पंचजन नाम से प्रसिद्ध हैं। 'वैशेष्यात्तु तद्वादस्तद्वादः' (व्याससूत्र– शा0 द0) के अनुसार इनके नाम प्राण, आप, वाक् आदि ही रहते हैं। इन पांचों पंचजनों से आगे जाकर क्रमशः वेद, लोक, प्रजा, भूत, पशु ये पाँच पुरंजन उत्पन्न होते है। इन्हीं से ब्रह्मपुररूप विश्व का स्वरूप बनने वाला है, अतएव इन्हें 'पुरंजन' कहा जाता है। इन पांचों पुरंजनों में सबका मूलाधार प्रथमजं वेद नाम का पुरंजन ही हैं। विश्व पुर का प्रथमाधार वेद ही है। इसी आधार पर 'वेद शब्देभ्य एवादौ पृथक् संस्थाश्च निर्ममे' (मनुः)– यह कहा जाता है। इन पूर्वोक्तपांचों पुरजन्नों से क्रमशः स्वयम्भू, परमेष्ठी, सूर्य, पृथ्वी, चन्द्रमा, इन पांच पुरों का प्रादुर्भाव होता है। अपने क्षरभाग से विश्वसृट्, पंचजन, परंजन, क्रम से इन पांचों पुरों को उत्पन्नकर 'तत् सृष्टा तदेवानु प्राविशत्' के अनुसार अव्ययक्षरानुगृहीत वह अक्षरात्मा इनमें प्रविष्ट हो जाता है, अतएव 'विशत्यस्मिन्नात्मा' इस व्युत्पत्ति के अनुसार पंचब्रह्मपुर–समष्टि का नाम 'विश्व' होता है। आनन्दविज्ञान मनः प्राणवाक्भेदभिन्न पंचकल अव्यय, अमृतब्रह्मादिभेदभिन्न पंचकल अक्षर, मर्त्यब्रह्मादिभेदभिन्न पंचकल आत्मक्षर, एवं विश्वातीत परात्पर– इन चारों की समष्टि ही षोडशकला प्रजापति है। इस षोडशी प्रजापति का क्षरभाग ही विश्व बना है। अतएव हम कह सकते हैं कि प्रजापति के अतिरिक्त विश्व में कुछ नहीं है। इसी प्रजापत्य विज्ञान का निरूपण करते हुए वेद–पुरुष कहते हैंः–

प्रजापते न त्वदेतान्यन्यो विश्वा जातानि परि ता वभूव।
यत्कामास्ते जुहुमस्तन्नो अस्तु वयँ् स्याम पतयो रयीणाम्।।
(ऋ0 10/1214)

ज्ञानधन वह 'षोडशी' प्रजापति, विश्व में संसृष्ट होकर सोपाधिक बनता हुआ वेद, ब्रह्म, विद्या– इन तीन स्वरूपों में परिणत हो जाता है। एक ही सौर प्रकाश हरित, नील, रक्तवर्ण के आदर्श (कांच) भेद से सोपाधिक बनता हुआ जैसे भिन्न–भिन्न तीन वर्णों में परिणत हो जाता है, एवमेव यह ज्ञानधन अक्षरप्रधान प्रजापति वेदादि उपाधि भेद से तीन स्वरूप धारण कर लेता है। विश्व सृष्टि में वेद, ब्रह्म, विद्या– इन तीन तत्वों का ही साम्रांज्य है। शब्द ब्रह्म वेदतत्व है। विषय ब्रह्म ब्रह्मतत्व है, एवं संस्कारब्रह्म विद्यातत्व है। उदाहरण रूप से प्रजापति के अंशभूत जीव प्रजापति को सामने रखिये। राम, कृष्ण, देवीदत्त, घट, पट, गृह आदि अनेक प्रकार के शब्द आप सुनते रहते हैं। साथ ही अश्व, गज, मनुष्य, वन, उपवन आदि अनेक प्रकार के पदार्थ भी देखते रहते हैं। शब्द सुनने से भी आपको ज्ञान होता है। पदार्थों को देखने से भी ज्ञान होता हैं। गो–शब्द के सुनने से आपका ज्ञान गो–शब्दाकाराकारित हो जाता है। गो–पशु देखने से भी ज्ञान तदाकाराकारित हो जाता है। इस प्रकार शब्द विषय यस्मान्न जातः परो अन्यो अस्ति य आविवेश भुवनानि विश्वा। प्रजापतिः प्रजया सँ् रराणस्त्रीणि ज्योतिँ्षि सचते स षोडशी।
(यजु0 8/36)

पूर्वोक्त सारा विषय निम्नलिखित तालिका से स्पष्ट हो जाता है।

विश्वेश्वर प्रजापति की कलाएँ

	षोडशी प्रजापतिः			विश्वम्			
1	5 अव्यय	5 अक्षर	5 आत्मक्षर	विष्वसृट्	पंचनन	पुरंचन	पुर
1 विश्वातीत परात्पर	1 आनन्द	अमृत ब्रह्मा	मर्त्य ब्रह्मा	शुद्ध प्राण	पंचीकृत प्राण	वेद	स्वयंभू
	2 विज्ञान	अमृत विष्णु	मर्त्य विष्णु	शुद्ध आप	पंचीकृत आप	लोक	परमेष्ठी
	3 मन	अमृत इन्द्र	मर्त्य इन्द्र	शुद्ध वाक्	पंचीकृत वाक्	प्रजा	सूर्य
	4 प्राण	अमृत अग्नि	मर्त्य सोम	शुद्ध अन्नाद	पंचीकृत अन्नाद	भूत	पृथिवी
	5 वाक्	अमृत सोम	मर्त्य सोम	शुद्ध अन्न	पंचीकृत अन्न	पशु	चन्द्रमा

भेद से ज्ञान दो भागों में विभक्त है। बस, इन दोनों में से शब्दावच्छिन्न ज्ञान का ही नाम 'वेद' है एवं विषयावच्छिन्न ज्ञान का ही नाम ब्रह्म है। इन दोनों से अतिरिक्त एक तीसरा ज्ञान और है। शब्द सुनने से और विषय देखने से सामान्य ज्ञान होता है। यही सामान्य ज्ञान आगे जाकर विशेष रूप में परिणत हो जाता है। इसी का नाम संस्कार है। शब्द, विषय–दोनों ही सामान्य ज्ञान करवाके लीन हो जाते हैं। यही सामान्य ज्ञान अनुभव द्वारा आगे जाकर विशेष भाव को प्राप्त होता हुआ आत्मा में खर्चित हो जाता है। इसी को दार्शनिक परिभाषा में अनुभवाहित संस्कार कहते हैं। वैज्ञानिक परिभाषानुसार यही विद्या–नाम से प्रसिद्ध है। इसी से आगे का व्यवहार मार्ग चलता है। जब तक संस्कार है तभी तक आप स्वरूप में प्रतिष्ठित हैं। संस्काराभाव में आप विश्वातीत हैं। मुक्त है। विश्वसत्ता संस्कार सत्ता पर ही निर्भर है। अतएव शब्दरूप वेद, विषयरूप ब्रह्म की अपेक्षा हम संस्काररूपा विद्या को ही प्रधान रूप से विश्व की स्वरूप–सम्पादिका मानने के लिए तैयार हैं। उसी ज्ञान पर चितिक्रम से संस्कारपुट लगने से विश्व बन गया है। जैसे हमारा विश्व हमारा संस्कार है तथैव यह महाविश्व उसका संस्कार है, अतएव हम विश्व को अवश्य ही विद्यारूप कहने के लिये तैयार हैं। बस, संस्काराविच्छिन्न होता हुआ वह ज्ञान–मूर्ति विद्या है; शब्दावच्छिन्न होता हुआ वह ज्ञान–मूर्ति विद्या है; शब्दावच्छिन्न होता हुआ वही वेद है एवं विषयावच्छिन्न बनकर ही ब्रह्म है। सृष्टि का संबंध पूर्वकथनानुसार विद्या से है। निगम–आगम दोनों ही विश्व का निरूपण करते हैं। अतएव दोनों ही शास्त्र विद्या नाम से प्रसिद्ध हुए। सूर्य, चन्द्र, अग्नि, औषधि, वनस्पति, कृमि, कीट, पक्षी, पशु, मनुष्य, धातु, रस, विष आदि प्रत्येक पदार्थ एक–एक विद्या है। ये सब विश्वान्तर्गता क्षुद्र विद्याएँ हैं एवं सम्पूर्ण विश्व–विद्या महाविद्या है। उस महाविश्व–विद्या को सृष्टि–क्रम के अनुसार ऋषियों ने दस भागों में विभक्त माना है। निगम में वह दशावयवविद्या 'विराड्विद्यां' नाम से प्रसिद्ध हैं एवं आगम में वही 'महाविद्या' नाम से प्रसिद्ध है, जैसा कि आगे जाकर स्पष्ट हो जायेगा। विश्व कैसे उत्पन्न हुआ? उत्पन्न विश्व का क्या स्वरूप है? उस विश्व–विद्या को समझने से हमारा क्या लाभ है? बस, आगमाचार्यों ने दश महाविद्याओं के द्वारा इन्हीं प्रश्नों का समाधान किया है। आंगमोक्त शक्तितत्व को 'महाविद्या' क्यों कहा जाता है? इसका उत्तर हो चुका। अब प्रकृति का अनुसरण किया जाता है।

□□□

तांत्रिक साधनाओं का वैज्ञानिक रहस्य

तंत्रशास्त्र में ये दस तांत्रिक साधनाएं परमोच्च स्थान तो रखती ही हैं, साथ ही सृष्टि, तत्व विज्ञान, पदार्थ विज्ञान भी इन विद्याओं में निहित है। दस तांत्रिक साधनाओं का रहस्य गहन, गंभीर और निगूढ़ है। देवियों के रूप में दस तांत्रिक साधनाओं को क्रमशः (1) काली (2) तारा (3) षोडशी (4) भुवनेश्वरी (5) भैरवी (6) छिन्नमस्ता (7) धूमावती (8) बगलामुखी (9) मातंगी और (10) कमलात्मिका प्रसिद्ध है और इनकी उत्पत्ति कथा भी नारद पाश्चरात्र, स्वतंत्र तंत्र, कालिका पुराण,देवी भागवत आदि तांत्रिक साधना पौराणिक ग्रंथों में मिलती है, किन्तु जब हम वैज्ञानिक सार्वभौम दृष्टिकोण से दस तांत्रिक साधनाओं के रहस्य पर विचार करते हैं तो वैदिक वाड्मय के आधार पर विस्तृत व्यापक रहस्य बोध होता है।

विद्या– आगम का आगमन निगम से होने के कारण आगम के संपूर्ण सिद्धांत निगम पर निर्भर है। निगम में 'त्रयी ब्रह्मा', 'त्रयी विद्या' और 'वेदत्रयी' रूप से ब्रह्मा, विद्या और वेद को परस्पर अभिन्न माना गया है। आध्यात्मिक दृष्टि से तीनों अभिन्न हैं, किन्तु भौतिक दृष्टि से तीनों भिन्न हैं। विश्वसृष्टि से वेद, ब्रह्मा और विद्या इन तीनों तत्वों का ही आधिपत्य है। शब्द ब्रह्मा वेद तत्व है, विषय ब्रह्मा ब्रह्म तत्व है और संस्कार ब्रह्म विद्या तत्व है। शब्द को सुनकर भी बोध होता है और पदार्थ को देखने पर भी ज्ञान होता है। शब्द सुनने से शब्दाकार का ज्ञान होता है, पदार्थ देखने से तदाकार ज्ञान होता है, इसलिए शब्द विषय भेद से ज्ञान दो प्रकार का होता है। जो ज्ञान शब्द पर निर्भर होता है, उसे वेद कहते हैं और जो ज्ञान विषयद्च्छित होता है, उसे ब्रह्म कहते हैं। वेद और ब्रह्म के अतिरिक्त एक और ज्ञान होता है। शब्द सुनने से और विषय देखने से जो सामान्य ज्ञान होता है, यही आगे चलकर जब विशेष रूप से परिणत हो जाता है, तो उसे संस्कार कहते हैं। शब्द और विषय दोनों ही सामान्य उत्पन्न कर विलीन हो जाते हैं, किन्तु वही सामान्य ज्ञान आगे चलकर जब अनुभव द्वारा विशेष भाव को प्राप्त करता हुआ आत्मा में अंकित हो जाता है तो दार्शनिक भाषा में उसे 'अनुभवाहित संस्कार' कहते हैं। वैज्ञानिक परिभाषा में इसी को 'विद्या' या साधना कहा जाता है। इसी से भविष्य का व्यवहार मार्ग चलता है।

जब तक संस्कार है तभी तक कोई स्व–स्वरूप में प्रतिष्ठित है और संस्कार का अभाव होने पर वह विश्वातीत और मुक्त है। विश्व की संपूर्ण सत्ता संस्कार सत्ता पर टिकी हुई है। अतएव शब्द रूप वेद और विषय रूप ब्रह्मा की अपेक्षा संस्कार रूप विद्या ही

विश्व की विधायिका है। उसी विद्या ज्ञान पर चितिक्रम से संस्कार पुट लगने से विश्व बनता है। जैसे हमारा विश्व हमारा संस्कार है, वैसे ही यह महाविश्व उसका संस्कार है। अतएव विश्व विद्यारूप है। संस्कारावच्छित होता हुआ वह ज्ञान मूर्ति विद्या है, शब्दावच्छित होता हुआ वही वेद है और विषयावच्छित बनकर वही ब्रह्म है। उपर्युक्त विश्लेषण से सिद्ध है कि सृष्टि का संबंध विद्या से है। निगम और आगम दोनों विश्व का निरूपण करते हैं, इसलिए ये दोनों विद्या नाम से प्रसिद्ध हुए। सूर्य, चन्द्र, ग्रह–नक्षत्र, औषधि, वनस्पति, धातु, रस, विष, कृमि, कीट, पशु, पक्षी, मनुष्य आदि प्रत्येक पदार्थ एक–एक विद्या है, विश्व के अंतर्गत ये सब क्षुद्र विद्या है और संपूर्ण विश्वविद्या महाविद्या है। इसी को महाविश्वविद्या भी कहा जाता है। इस महाविद्या को ऋषियों ने दस भागों में बांटा है। निगम में दस अवयव वाली विद्या विराट विद्या के नाम से प्रख्यात है। आगमशास्त्र ने दसमहाविद्याओं के द्वारा विश्व कैसे उत्पन्न हुआ? उत्पन्न विश्व का क्या स्वरूप है, उस विश्व विद्या को समझने से क्या लाभ हैं ? उनकी उपासना से क्या उपलब्धि होती है ? इत्यादि प्रश्नों का समाधान किया है।

दस तांत्रिक साधनाओं की दस संख्या का रहस्य – विश्व की सृष्टि पुरुष और प्रकृति के समन्वय से हुई है। दर्शनशास्त्र उस पुरुष के 'काल' एवं 'यज्ञ' भेद से दो विवर्त मानता है। कालपुरुष व्यापक है आदि है और यज्ञ पुरुषसादि से सीमित है। व्यापक काल पुरुष का ही थोड़ा सा प्रदेश सीमित होकर यज्ञ पुरुष कहलाता है। सृष्टि का प्रथम प्रवर्तक काल पुरुष है और काल पुरुष का आश्रय लेकर यज्ञ पुरुष विश्व रचना में समर्थ होता है। यजुर्वेद और उपनिषदों के अनुसार उस महाकाल के उदर में अनन्त विश्व–चक्र घूम रहे हैं। यजुर्वेद में जिस तत्व को 'काल' कहा गया है, उपनिषद् उसे परात्पर कहती है। शतपथ ब्राह्मण परात्पर को सर्वमृत्युधन अमृत्व कहता है। अमृत्व सत्य है और मृत्युतत्व असत् है–

अन्तरं मृत्योरमृतं मृत्यावमृतमाहितम्।

(–श.ब्रा. 10/5/2)

तदन्तरस्य सर्वस्य तदुसर्वस्याबाह्यतः।

(–शु.यजुर्वेद 40/6)

यजुर्वेद के इस कथन के अनुसार दोनों एक दूसरे में ओत–प्रोत हैं। एक निरंजन, निर्गुण, शांत, शाश्वत और अभय है, पूर्ण मृत्यु लक्षण है तो दूसरा सज्जन, सगुण, अशांत, अशाश्वत, समय और स्वलक्षण है। वस्तुतः दोनों में से एक सत् है, उसका कभी विनाश नहीं होता है। दूसरा असत् है और विनाश उसका स्वरूप है। तात्पर्य यह कि सत् असत् रूप अमृत–मृत्यु की समष्टि ही 'कालपुरुष' है। इसी असीम परात्पर में प्रतिक्षण विलक्षण धर्म वाली माया की शक्ति का उदय होता रहता है। वही माया बल उस असीम 'कालपुरुष' को ससीम बना देता है, जिसके प्रभाव से वह विश्वातीत, विश्वकार और विश्व बन जाता है। जो शक्ति काल को यज्ञ रूप में परिणत कर देती है, उसका नाम 'प्रकृति' है। इसी का

समन्वय प्राप्त कर वह 'कालपुरुष' अपने कुछ एक प्रदेश से सीमित बनकर कामनाओं के चक्कर में फंस जाता है। एक–एक माया से एक–एक विश्व चक्र उत्पन्न होता है। माया बल अनन्त है अतएव उसमें अनन्त विश्वचक्र है। उसके रोम–रोम में ब्रह्माण्ड समाए हुए हैं। अनन्त विश्वाधिष्ठाता कालपुरुष उन सब पर शासन करता है। सात लोक चौदह भुवन सब 'काल पुरुष' से उत्पन्न हुए हैं। समस्त विश्व चक्रों की उत्पत्ति उसी से हुई है।

अथर्व संहिता (19 ।6 ।53–54) का कथन है कि 'तम' के तीन भेद हैं–
अनुपारव्य, निरुक्त और अनिरुक्त

कालारंग, कोयला आदि पदार्थ निरुतम् है इसलिए कि इनका निर्वचन विश्लेषण भली–भांति किया जा सकता है। आंख मूंदने पर छा जाने वाला अंधकार और घोर अंधियारी रात का अंधकार 'अनिरुक्ततम' है, क्योंकि इसका प्रत्यक्षीकरण तो होता है किन्तु निर्वचन नहीं। 'निरुक्त' विश्वसत्ता है और 'अहः' काल है, सृष्टि है। 'अनिरुक्त' रात्रिकाल– प्रलय है। अहोरात्रि की समष्टि विश्व है– यह 'अनुपारव्य' तम है, जो प्रलय काल में अनिरुक्त तम से ढकां रहता है। इसी को वेद 'पुरुष' कहते हैं।

तम आसितमसाग्रजहमग्रे 'प्रकेतम्।
सलिलंसर्वमा इदम्।
तुच्छये नाम्ब पिहितं यदासीत्तपसस्तन्महिना जायतैकम्।।

(–ऋग्वेद 7–129–3)

जो विश्वात्तीत अनुपाख्यतम है, वही 'कालपुरुष' है। वह विश्वाभाव रूप है अतएव सत् रूप होने पर भी ज्ञान चक्षुओं से अतीत है, इसलिए ऋषियों ने उसे ' असत्' कहा है। यहां पर असत् का अर्थ अभाव नहीं बल्कि विश्व काल में वह इसमें विलक्षण किन्तु सत् है–

असदेवेदमग्र आसीत। तत् सदासीत्।
कथमसतः सज्जायेत्। तत् समभवत्।।
तद् अण्डं निरवर्तत्।।

वहीं असत् किन्तु सत् कालपुरुष महामाया से घिर जाता है। वह अपरिमित है, वहां पर कोई अभाव नहीं, कोई कामना नहीं, वह आप्त काम है, किन्तु उसी का माया प्रदेश जब सीमित हो जाता है तो वह आप्त काम न रह कर कामनामय बन जाता है। उसकी कामना का 'एको'हं बहुस्याम' यही रूप है। माया बल के अव्यवहित उत्तर काल में उसका हृदय बल (केन्द्र शक्ति) उत्पन्न होता है। उसके उत्पन्न होने पर वही रसबलात्मक तत्व कामनामय होकर 'मन' यह नाम धारण कर लेता है। कामना या इच्छा मन का व्यापार है। 'हत्प्रतिष्ठंयदजिरं' (यजुर्वेद) के अनुसार मन हृदय में ही प्रतिष्ठित रहता है और कामस्तदग्रे समवर्त्तताधि मनसोरेतः प्रथमं यदासीत् (ऋग्वेद) के अनुसार सबसे पहले इस मन से विश्वरेत (शुक्ल) भूत कामना का उदय होता है। उसकी इस कामना से पच्चन् क्रम से पहले वेद नाम के 'पुरज्जन' का प्राद्रुर्भाव होता है। वेद चार प्रकार के है– ऋग, यजुः,

साम और अथर्व। त्रयीवेद अग्निवेद है और अथर्व सोमवेद है। त्रयीवेद स्वायम्भुव ब्रह्म है और अथर्व पारमेष्ठ्यसु ब्रह्म है। ब्रह्म आग्नेय होने से पुरुष है और सुब्रह्म सौभ्य होने से स्त्री है। त्रयी ब्रह्म के मध्य पतित यजुः भाग में 'यतच्जूदो' तत्व है। यत् गति तत्व है। यह प्राण और वायु नाम से प्रसिद्ध है। प्राण, वाक् – ब्रह्माकाश रूप स्थिति गति तत्व की समष्टि यजुर्वेद है। प्राण रूप 'यत्' से काम, तप से वाक्, ज् भाग से सर्वप्रथम जल उत्पन्न होता है। इसी की व्याख्या शतपथ ब्राह्मण (6।1।3) में मिलती है–

सो'पसृजत वाच एवं लोकात् वागेवमासृजत्।

त्रयी ब्रह्म के वाक् भाग से उत्पन्न इसी 'आप' तत्व का नाम अथर्ववेद है। यजुः रूप स्वायम्भुख का पसीना ही अथर्वरूप सुब्रह्म है (गोपथ ब्रह्मण 1।1।1) शतपथ (10।2।3।6।1) का वचन है, कि –

अयमेवाकाशे जूः यदिदमन्तरिक्षं तदेतद्यजुवद्यिुश्चान्तरिक्षच्च यच्च जूश्च तस्माद्यजुः तदेतद्यजुः ऋक्सामयोः प्रतिष्ठिज्ञ। ऋकस्तमेवहतः।।

इस प्रकार ऋक, यजुः, साम 'यत' 'जू' भेद से अग्निवेद चतुष्कल हो जाता है। दूसरा आपोमय सोम अथर्व है। यह भृंगु और अंगिरा भेद से दो भागों में विभक्त है। घन– तरल– विरल– इन तीन अवस्थाओं के कारण भृगु आप, वायु और सोम इन तीन अवस्थाओं में परिणत हो जाता है। इस प्रकार आपोवेद 'षट्कल' हो जाता है। भृगु–अंडिरा रूप आपोवेद के साथ चतुष्कल त्रयीवेद का समन्वय होता है–

आपो भृग्वंडिरो रूपमापो भृग्वंडिरो'यम्।
अन्तैरेते त्रयो वेदा भृगृरंडिरसः श्रिताः।।

उक्त ष्कल सुब्रह्म सौम्य होने से स्त्री है और आग्नेय चतुष्कल त्रयी ब्रह्म पुरुष है। दोनों के मिलन से ब्रह्म–सब्रह्मात्मक विराट् पुरुष का जन्म होता है। वह वेदमूर्ति पूर्ण पुरुष अपने आपको इन्हीं दो भागों में विभक्त कर विराट को उत्पन्न करता है–

द्विधा कृतात्मनो देहमर्द्धेन पुरुषो'भवत्।
अर्द्धेन नारी तस्यां स विराजमसृजत प्रभुः।।

दशाक्षर विराट् – शतपथ ब्राह्मण (1।1।2) में 'दशाक्षर वै विराट कह कर बताया गया है कि ऋक, साम, यत – जू, आप, वायु, सोम, यम, अग्नि और दशकल बन जाता है। अग्नि–सोम रूप ब्रह्म–सुब्रह्म के मिलन से उत्पन्न होने वाला यह विराट पुरुष 'यज्ञ पुरुष' है। इसी से सारी सृष्टि की उत्पत्ति होती है। इसलिए इसे 'प्रजापति' विश्व विद्या को निगम–आगम के आधार पर दशावयव माना जाना उपयुक्त है। इन्हीं को दशहोता, दशाह आदि नामों से भी पुकारा जाता है–

यज्ञो वै दश होता (तै. ब्रा. 2।2।1।6)
दशाक्षरा वै विराट् (श. ब्रा. 1।1।1)
यज्ञ उ वै प्रजापतिः (कौ. ब्रा. 10।1)
प्रजापति वै दशहोता (तै. ब्रा. 3।2।6।1)

अन्तो वा एष यज्ञस्य यद्दशममाह (तै. ब्रा. 2 |2 |6 |1)

प्रतिष्ठा दशमहः (को. ब्रा. 2 |9 |2)

एतद्वै कृत्स्नमन्नाद्यं यद् विराट् (को. ब्रा. 1413)

विराट् विरमणाद् विराजनाद् वा (3 |12)

'न्यूनाद् वा इमाः प्रजाः प्रजायनते'– शतपथ (11 |1 |2 |4) ब्राह्मण के इस वाक्य के अनुसार न्यून विराट् से ही सृष्टि की उत्पत्ति होती है। तात्पर्य यह कि पुरुष और स्त्री के संयोग से सृष्टि होती है, न कि पुरुष–पुरुष या नारी–नारी के मिलन से। पुरुष आग्नेय है और स्त्री सौम्य है, इसलिए सौम्य होने के कारण स्त्री आग्नेय पुरुष की भोग्या होती है। भोक्ता, भोग्या से प्रबल होता है, इसलिए स्त्री पुरुष की अपेक्षा न्यून होती है। इस न्यून संबंध से ही प्रजाओं की उत्पत्ति होती है। निष्कर्ष यह निकला कि दशाक्षर पूर्ण विराट से सृष्टि नहीं होती है, नवाक्षर के न्यून विराट से ही सृष्टि होती है। एक अक्षर कम हो जाने पर भी विराट का विराटत्व अक्षत बना रहता है–

न वै एकेनाक्षरेण छन्दांसि वियन्ति न द्वाभ्याम् ।।

सर्वप्रथम कुछ भी नहीं था, केवल शून्य बिन्दु मात्र था। बिन्दु का अर्थ पूर्ण है। यह बिन्दु उन ब्रह्मक्षरों का पहला रूप है, जिनसे नव अक्षर का विराट उत्पन्न होता है। पहले केवल शून्य था, उस शून्य से 1–2–3–4–5–6–7–8–9– ये नौ संख्याएं विकसित हुई है। नव पर संख्या समाप्त हो जाती है। 9 पर संख्या समाप्त होने पर शून्य के साथ 1 का संबंध जोड़ने से 10 संख्या बनती है। पुनः एक–एक संख्या का संबंध जोड़ने से क्रमशः 11,12 आदि संख्याएं बनती है। 9 पर संख्या समाप्त होने के कारण 9 का संकलन–फल समान आता है। 1–2–3 आदि किसी संख्या का संकलन फल समान नहीं आता, अन्ततः 9 ही शेष रह जाता है। दसवां वही महत्वपूर्ण है। वही महाकाल नाम का विश्वातीत परात्पर है। उस शून्य रूप पूर्ण पुरुष के उदर में नवां अक्षर विराट् रूप यज्ञ पुरुष समाया हुआ है। उसी पूर्ण रूप को दसवां प्रतिष्ठा नाम का अहः बतलाया गया है। इसी पूर्ण ब्रह्म का निरूपण श्रुति इस प्रकार करती है –

यस्मात् परं नापरमस्ति किंच्चित् ।
यस्मात्रणीयो न ज्यायो'स्तिकिंच्चित् ।।
वृक्ष इवस्तब्धो दिवि तिष्ठत्येकस्तेनेदं पूर्ण पुरुषेण सवंय् ।।

दस (10) संख्या में एक अंक स्वतंत्र विभाग है, वही बिन्दु है और 9 का जो विभाग है, वही विराट् है। यही दस संख्या का वैज्ञानिक रहस्य है।

इस वैज्ञानिक विवेचन से सिद्ध है, कि वेदोक्त सृष्टि विद्या दस भागों में विभक्त है। एक ही 'पुरुष' दस पुरुष बन रहा है। पुरुष प्रकृति से संबद्ध है, इसलिए निगम मूलक आगम शास्त्र सृष्टि विद्यारूपा इन दस शक्तियों का निरूपण करता है। वहीं शक्तिप्रपञ्च दसमहाविद्यानाम से प्रख्यात है।

❑❑❑

पंचवक्त्रशिव की महाशक्ति षोडशी

सूर्य ही त्रैलोक्य का विश्व के समस्त प्राणियों का, अमृत मर्त्य प्रजा का निर्माण करता है। वेदों में इसके प्रमाण मिलते हैं–

सूर्य आत्मा जगतस्तथुषश्च (यजुर्वेद)

निवेशयत्रमृतं मर्त्यश्च (यजुर्वेद)

नूनंजनाः सूर्येण प्रसूताः (ऋग्वेद)

जब सूर्य उत्पन्न होते ही उग्ररूप धारण करने लगा तो उसमें पारमेष्ठय सोम की आहुति होने लगी। आहुति पाते ही सूर्य की उग्रता शांत हो गई, रुद्राग्नि सूर्य शिव बन गया। शिव भावापत्र सूर्य ही संसारका उप्पादक है। शिववात्मक सूर्य ही पृथ्वी, अन्तरिक्ष और द्युलोक रूप त्रिलोकी का और उसमें रहने वाली अमृत–मर्त्य प्रजा का निर्माण करता है।

इस शिवात्मक सूर्यशक्ति को तंत्रशास्त्र में 'पच्चवक्त्र शिव' की शक्ति कहा जाता है, उस शक्ति का नाम 'षोडशी' है। जिस तरह आग्नेय रुद्र की शक्ति 'तारा' है, उसी तरह पच्चवस्त्र शिव की शक्ति षोडशी है। मध्यान्ह काल का सूर्य 'घोरसूर्य' कहा जाता है और प्रातःकाल का सूर्य 'शांत शिव' कहा जाता है। शांत शिव की शक्ति शिवा है। संसार में शिवाशक्ति के स्वरूप तत्व का चिन्तन इस प्रकार है–

मुक्तापीतपयोदमौक्तिकजवावर्णैर्मुखः पच्चभि–
स्त्यक्षैरचितमीशमिन्दु मुकुटं पूर्णेन्दु कोटिप्रभम्।
शूलटडक्कृपणवज्रदहनान्नागेन्द्रपाशाङ् कुशान्,
पाशं भीतिहरं दधानममिता कल्पोज्वलांडा भजे।।

इसका विश्लेषण इस प्रकार किया जा सकता है–

शक्ति भेद एवं कार्यभेद से भगवान शंकर के अनेक रूप होते हैं। शिव तो एक ही है जब वह सूर्य रूप में पांच दिशाओं में व्याप्त होते हैं, तो पञचवक्त्र – पंचमुखी बन जाते है। उनके पांचों मुख पूर्वा, पश्चिमा, उत्तरा, दक्षिणा और ऊर्ध्वा दिशाभेद से क्रमशः 1. तत्पुरुष, 2. सद्योजात, 3. वामदेव, 4. अघोर और 5. ईशान नाम से प्रसिद्ध है। ये पांचों मुख क्रम से चतुष्कल, अष्टकल, त्रयोदशकल, अष्टादशल और पंचकल है। इन पांचों मुखों का वर्णक्रम से हरित, रक्त, धूम्र, नील और पीत है। पञचवक्त्र शिव के दस हाथ हैं और दसों हाथों में वह अभय, टंक, शूल, वज्र, पाश, खड्ग, अंकुश, घंटा, नाग और अग्नि– ये दस आयुध धारण किए रहते है। ये शिव सर्वज्ञ हैं, इनके तीन नेत्र है, इनका स्वरूप अनादि बोध है, यह स्वतंत्र, अनुत्पशक्ति और अनन्तशक्तिमान है। पांचों दिशाओं

में इनकी सत्ता है और पांचों दिशाओं को देखते रहते हैं, इनके तीन स्वरूप धर्म है– आग्नेय, वायव्य और सौम्य। इन तीनों स्वरूप धर्मों के प्रत्येक के तीन–तीन भेद है– अग्नि, वायु और इन्द्र– आग्नेय प्राण के भेद हैं। वायु, शक्ति और अग्नि – वायव्य प्राण के भेद हैं। वरुण, चन्द्र और दिक् – सौम्य प्राण के भेद है। इन सबको मिला देने से शिव की 9 शक्तियां होती हैं। ये शक्तियां घोर उग्र है। इन नवों शक्तियों का आधारभूत 'परोरजा' नाम का सर्वप्रतिष्ठा रूप शांतिमय प्राजापत्यप्राण है। दस हाथ और दस आयुध इन्हीं शक्तियों के प्रतीक हैं।

उपर्युक्त श्लोक में शिव के दस आयुधों में से एक 'भीतिहार' है, जिसका पारिभाषिक नाम अभय है। अभय से लेकर अग्नि तक दस आयुधों का वैज्ञानिक विवेचन इस प्रकार है–

(1) अभयम्– आगमशास्त्रीय व्याख्या के अनुसार अभयम् < प्राजापत्यम् < शांतिः < परोरजाः < प्राणः = सोमाहुति का प्रतीक शिव के ललाट पर स्थिर चन्द्र है। शांति रूप परोरजाःका प्रतीक अभयमुद्रा है। शिव स्वर वाक् के अधिष्ठातृ देवता है।– इनका निदान (प्रतीक) घण्टा है।

(2) टंकः < आग्नेयतापः < अग्निः < आग्नेयप्राणः = टंक का तात्पर्य ताप है।

(3) वज्रम् < ऐन्द्रतापः < इन्द्रः < आग्नेयप्राणः = इसका तात्पर्य ऐन्द्र ताप है।

(4) शूलम् < वायव्यतापः < वायुः < आग्नेयप्राणः = इसका तात्पर्य वायव्य ताप है। यहां इतना और समझ लेना चाहिए कि शूल (पीड़ा, ताप) बिना वायु के नहीं होता है। न वातेन बिना शूलम्।

(5) पाशः < वारुणः हेतिः < वारुणः < सौम्यप्राणः = 'वरुण्या या एषा यद्रज्जुः' इस वचन के अनुसार पाश का तात्पर्य वारुण्य ताप है।

(6) खड्ग < चान्द्रहेतिः < चन्द्र < सौम्य प्राणः = चान्द्रशक्ति

(7). अङ्कुश < दिश्योहेतिः < दिक् < सौम्य प्राणः = दिश्याहेति

(8) घण्टा < ध्वनिः शब्दः < शब्दः < वायव्य प्राणः = स्वरवाक् का अधिष्ठाता।

(9) नागः < सचरनाड़ी < वायुः < वायव्य प्राणः = जिस वायुसूत्र से रुद्र प्रविष्ट होते है, वह सचरनाड़ी है। इस नाड़ी का नासारन्ध्र सर्प प्राण से संबंध है। समस्तग्रह सर्पाकार है, इनमें सौर तेज व्याप्त रहता है। सब ग्रह रूप सर्पों के साथ रुद्र सूर्य का भोग होता है, इसलिए उनके शरीर में सर्प लिपटा होने का निदान है।

(10) अग्निः < प्रकाशः < अग्निः < वायव्य प्राण = प्रकाश स्वरूप दृष्टि का प्रतीक अग्नि ज्वाला है।

इस प्रकार के प्रतीकों से मण्डित पचकल, अव्यय पचवक्त्र शिव है, जिनकी शक्ति षोड़शी है पचवक्त्र शिव पचकल, अव्यय पचकल, अक्षर पचकल, आत्मक्षर परात्पर की

समष्टि है, इसलिए इन्हें 'षोडशी पुरुष' कहा जाता है। स्वयंभू, परमेष्ठी, सूर्य, चन्द्र और पृथ्वी इन पांचों में से एक मात्र सूर्य में ही षोडशी का पूर्ण विकास होता है, क्योंकि स्वयम्भू अव्यक्त है, इसलिए वहां विकास नहीं, यज्ञ वृत्ति के कारण परमेष्ठी में विकास इसमें आया हुआ चिदात्मा पूर्णरूप से उल्वण हो जाता है। स्वयम्भू, परमेष्ठी, सूर्य, चन्द्र और पृथ्वी–इन पांचों में क्रमशः ब्रह्मा, विष्णु, इन्द्र, अग्नि और सोम–इन पांच अक्षरों की प्रधानता रहती है। इन पांचों में जो इन्द्रात्मक सूर्य है, उसमें ही षोडशी का विकास है, इसलिए सूर्य रूप इन्द्र के लिए कहा गया है।

इन्द्रोह वै षोडशी

(श. ब्रा. 4 /2 /5 /14)।

स व एष आत्मा वाङ्मयः प्राणमयो मनोमयः

वृहदारण्यक उपनिषद के इस कथन के अनुसार सृष्टि साक्षी आत्मा–मन, प्राण, वाङ्मय तीनों की सत्ता है। स्थावर जंगमात्मक विश्व का आत्मा सूर्य है। सूर्य में षोडशकल पुरुष का पूर्ण विकास होने के कारण यह षोडशी है और इसकी शक्ति भी षोडशी कहलाती है। इसी षोडशी शक्ति से ही भूः भुवः स्वः रूप तीन ब्रह्मपुर उत्पन्न है। इसलिए तंत्र शास्त्र में इसे 'त्रिपुरसुन्दरी' कहा गया है। शाक्त प्रमोद तंत्र में त्रिपुरसुन्दरी का स्वरूप यह है–

बालार्कमंडलाभासांचतुर्बाहां त्रिलोचनाम्।
पाशांकुशधरांश्चापं धारयन्तीं शिवां भजे।।

त्रिपुरसुन्दर के इस स्वरूप का तात्विक चिन्तन इस प्रकार है–

त्रीणि ज्योतिषि स च ते स षोडशी – तंत्र शास्त्र के इस कथन के अनुसार शिव और शिवा ने तीन ज्योतियों से विश्व को प्रकाशित कर रखा है। ये तीन ज्योतियां है– अग्नि (सूर्य का ताप), प्रकाश और चन्द्र (आहुत सोम)। इन्हीं तीन ज्योतियां का प्रतीक त्रिपुरसुंदरी का त्रिनेत्र है। इन्हीं ज्योतियों के कारण सूर्य को लोकचक्षु कहा जाता है। संपूर्ण खगोल में सौर शक्ति व्याप्त है और खगोलकी चार भुजाएं (स्वस्तिक आकार) त्रिपुरसुन्दरी की चार भुजाओं का प्रतीक है। त्रिपुरीसुन्दरी सोमाहुति पाकर शांत रहती हैं अतः प्रातःकाल का बाल सूर्य त्रिपुरीसुन्दरी की साक्षात प्रकृति है। बालार्क (प्रातः काल का सूर्य) इसी अवस्था का प्रतीक है। सूर्य से उत्पन्न होने वाली प्रजा सौर शक्ति से आबद्ध रहती है और पृथ्वी भी उससे आबद्ध है। वह कभी अपने क्रांति वृत्त को नहीं छोड़ती है। उस सौर शक्ति ने अपने–अपने आकर्षण रूप पाशसे सभी को आबद्ध कर रखा है। 'पाश' इसी आकर्षण शक्ति का प्रतीक है। अक्षर रूपा उस नियति के भय से सभी अपना–अपना कार्य यथावत कर रहे हैं। सूर्य भी उसके भी उसके भय से तपता है, अग्नि भी उसके भय से तपती है। उसके भय से इन्द्र, वायु, मृत्यु सभी अपने–अपने कार्य में रह रहते है।–

भयादस्याग्निस्तपति भयात्तपति सूर्यः।
भयादिन्द्रश्च वायुश्च मृत्योर्धावति पचमः।।

(पू. 2/6/3)

इस तरह त्रिपुरसुन्दरी सभी पर अंकुश रखती है। अंकुश इसी नियन्त्रण व्यवस्था का प्रतीक है। त्रिपुरसुन्दरी शर धारण करती है। जो उसके निर्धारित अटल नियमों का उल्लंघन करते हैं, उन्हें वह विनष्ट कर डालती है। पृथ्वी, अन्तरिक्ष और द्यौ – इन तीन लोकों में व्याप्त रुद्र के अन्न, वायु और वर्षा – ये तीन प्रकार के इषु (बाण) है। ये इषु त्रिपुरसुन्दरी के हैं। इन्ही इषुओं से वह संहार करती है। त्रिपुरसुन्दरी के आयुध शर के प्रतीक अन्न, वायु और वर्षा है। त्रिपुरसुन्दरी शक्ति सिद्धिदात्री हैं। बिना इसकी कृपा से साधक को सिद्धि नहीं मिलती है।

❑❑❑

त्र्यम्बक शिव की महाशक्ति भुवनेश्वरी

शाक्त प्रमोद, भौरवी तंत्र में भुवनेश्वरी के स्वरूप का निरूपण इस प्रकार किया गया है–

उद्यद्दिनद्युतिमिन्दुकिरीटां तुंगकुचांनयनत्रययुक्ताम्।
स्मेरमुखीं वरदाङ्कुशपाशाभीतिकरां प्रभजे भुवनेशीम्।।

इसका तत्व चिन्तन इस प्रकार है– सूर्य से उत्पन्न होने पर पारमेष्ठ्य सोम की आहुति हुई, उससे यज्ञ हुआ। यज्ञ से त्रैलोक्य का निर्माण हुआ। विश्वोत्पत्ति के उपक्रम में 'षोडशी' की सत्ता थी जब वह शक्ति भुवनों का संचालन करती है तो वहीं भुवनेश्वरी कहलाती है। यह चौथी महाविद्या चौथी सृष्टि धारा है।

उपर्युक्त श्लोक में भुवनेश्वरी को 'भुवनेशी' कहा गया है, वह 'इन्दुकरीटी' है, 'त्रिनेत्रा' है, 'वरदाग है, स्मेरमुख है। उसके आयुध 'पाश', 'अंकुश' आदि हैं।

इनकी प्रतीकात्मक व्याख्या इस तरह है– यदि सूर्य में सोमाहुति न होती तो यज्ञ न उत्पन्न होता। यज्ञ की उत्पत्ति के बिना भुवन रचना असंभव हो जाती, ओर भुवनों के अभाव में भुवनेश्वरी प्रसुप्त रहती। सूर्य के मस्तक पर ब्राह्मणस्पत्य सोम आहुत हो रहा है। इसी से भुवन उत्पन्न होते है और उसी से भुवनेश्वरी प्रबुद्ध होती है। 'इन्दु किरीटी' इसी अवस्थाका प्रतीक है। 'त्रिनेत्र' की प्रतीक व्याख्या वहीं है जो 'षोडशी' तांत्रिक शक्ति के प्रसंग में की जा चुकी है। संसार में जितने यज्ञ है, उन सभी को भुवनेशी से आहुति मिलती है। 84 लाख योनियों का पोषण भुवनेशी ही करती है, इसलिए इसे 'वरदा' कहा गया है। 'वरदा' भरण–पोषण का प्रतीक है।

जो भुवन प्रत्यय प्रलय समुद्र में विलीन था, वह भुवनेश्वरी के प्रभाव से विकसित हो रहा है। दयामयी, कृपामयी, स्नेहमयी मां की स्नेह दृष्टि का प्रतीक 'स्मेर मुखी' है और शासन शक्ति का प्रतीक अंकुश है।

❑❑❑

भारत वर्ष के प्रधान शक्ति-पीठ

भारतीय शक्तिपीठों अथवा प्रधान देवी–मन्दिरों की उत्पत्ति के विषय में पौराणिक तथा तान्त्रिक विचार विस्तार–पूर्वक कई बार स्थानों पर सुने होंगे, कई ग्रंथों में पढ़े भी होंगे।

'तन्त्रचूड़ामणि' में पीठों की संख्या बावन दी है, 'शिवचरित्र' में इक्यावन और 'देवीभागवत' में एक सौ आठ। 'कालिकापुराण' में छब्बीस उपपीठों का वर्णन हैं, पर साधारणतया पीठों की संख्या इंक्यावन मानी जाती हैं। इनमें से अनेक पीठ तो इस समय अज्ञात हैं। जिनका पता चलता है, तथा जो अन्य प्रसिद्ध देवीतीर्थ वर्तमान काल में पूजे जाते हैं, उन्हें लेकर इस लेख के साथ एक मानचित्र को बनाया है, मानचित्र में दिये स्थानों के विषय में अकारादिक्रम से निम्नलिखित सूक्ष्म विवरण दिया जाता है।

1. अल्मोड़ा–

जिस पहाड़ी पर अल्मोड़े का नगर बसा हुआ है उसके विषय में लिखा है, कि 'कौशिकीशाल्मकली मध्ये पुण्यः काषायपर्वतः' (स्कन्दपुराण–मानसखण्ड, अध्याय 52)। कौशिकी और शाल्मली को इस समय कोसी तथा स्वाल कहते हैं। इस अल्मोड़े के काषाय पर्वत पर नगर से आठ मील पर कौशिकी देवी का स्थान है। भगवती कौशिकी की उत्पत्ति 'दुर्गासप्तशती' के पाँचवें अध्याय में दी हुई है। इस स्थान पर दूर–दूर से आकर

उपासक लोग पुरश्वरण इत्यादि करते हैं। काठगोदाम स्टेशन से अल्मोड़े को कोटर जाती है।

2. आबू–

यहाँ अर्बुदा देवी का मन्दिर 51 प्रधान पीठों में है। यह मन्दिर नगर के वायव्य कोण में एक ऊँची पहाड़ी पर स्थित है। ऊपर चढ़ने के लिए सीढ़ियाँ बनी हुई हैं। मन्दिर से नगर का दृश्य अत्यन्त नयनाभिराम प्रतीत होता है। दूर से मन्दिर दिखता है वह केवल आवरण सा है, क्योंकि मुख्य स्थान मन्दिर से लगी हुई एक गुफा में है। गुफा के भीतर निरन्तर दीपक जलता रहता है और इसी के प्रकाश से भगवती के दर्शन होते हैं। यहाँ चैत्री पूर्णिमा तथा विजयादशमी के अवसरों पर बड़े मेले लगते हैं। आबू–रोड स्टेशन बी. बी.सी.आई. की देहली–बम्बईवाली छोटी लाइन पर है। यहाँ से आबू पर्वत को मोटरें जाती हैं।

3. उज्जैन–

यह नगर सम्राट् विक्रमादित्य की राजधानी रह चुका है। यह भी प्रधान शक्तिपीठों में है। यहाँ का महाकालेश्वर शिवलिंग द्वादश ज्योतिर्लिंगों में से है। इसी शिवमन्दिर के समीप रुद्रासागर के उस पार महाराज विक्रमादित्य की कुलदेवी हरसिद्धि माता का प्राचीन मन्दिर है। यहाँ भी दूर–दूर से लोग पुरश्वरण के लिए आते हैं और इस सिद्धपीठ के सम्बन्ध में अनेकानेक चमत्कारिक कथाएँ कही जाती हैं। उज्जैन में क्षिप्रा तट का दृश्य बड़ा ही हृदयग्राही हैं।

4. ओंकारेश्वर–

पाठकगण 'शिवांग' में ओंकारेश्वर ज्योतिर्लिंग का विवरण पढ़ चुके होंगे। उस विवरण में मान्धाता पर्वत की परिक्रमा का भी उल्लेख मिलेगा। ओंकारेश्वर के मन्दिर से लगभग 3 मील पूर्व नर्मदा के तट पर एक महत्वपूर्ण शक्तिपीठ हैं यह स्थान 'सातमात्रा' के नाम से पुकारा जाता है। पर इसका शुद्ध नाम सप्तमातृ का है। सप्तमातृकाएँ ब्राह्मी, माहेश्वरी, कौमारी, वैष्णवी, वाराही, नारसिंही, ऐन्द्री हैं। (इनकी उत्पत्ति के विषय में दुर्गासप्तशती अध्याय 8 देखिए।) इस तीर्थ में इन सात मातृकाओं का मन्दिर हैं। यहाँ का दृश्य परम मनोहर तथा श्रद्धोत्पादक है।

5. कलकत्ता–

हावड़ा स्टेशन से पाँच मील दूर पर भागीरथी के आदि स्रोत पर कालीघाट नामक स्थान है इसी के ऊपर सुप्रसिद्ध काली जी का मन्दिर है। यह स्थान भी प्रधान शक्तिपीठों में है। मन्दिर में त्रिनयना माता रक्ताम्बरा, मुण्डमालिनी तथा मुक्तकेशी विराजमान हैं। सारा बंगाल प्रान्त बड़ी श्रद्धा से भगवती की पूजा तथा आराधना करता हैं, इस पीठ के

चमत्कार अगणित हैं और बराबर होते रहते हैं। परमहंस रामकृष्ण पर जैसी काली माता की असीम कृपा रही है, उससे पाठक अनभिज्ञ न होंगे। कलकत्ते में हजारभुजा काली, सर्वमंगला, तारासुन्दरी, सिंहवाहिनी आदि अन्य प्रसिद्ध शक्तिपीठ भी हैं।

6. काठमाण्डू–

नेपाल राज्य की अधिष्ठात्री भगवती गुह्येश्वरी का मन्दिर वागमती नदी के गुह्येश्वरीघाट पर श्रीपशुपतिनाथ के मन्दिर से दो फर्लांग की दूरी पर स्थित है। बीच में पक्का रास्ता बना हुआ है। सारा नेपाल राज्य इन गुह्या कलिका की अनन्य भक्ति से वन्दना करता है। नवरात्री के अवसरों पर स्वयं नेपाल सम्राट् सकुटुम्ब नित्यप्रति वागमती में स्नान कर भगवती के दर्शन करते हैं।

7. कालका–

देहली से जो लाइन शिमला को जाती है उस पर कालका नामक प्रसिद्ध जंक्शन है। यहाँ पर भगवती कालिका का एक प्राचीन मन्दिर है। दुर्गा–सप्तशती के पाँचवें अध्याय में लिखा है कि शुम्भ–निशुम्भ द्वारा सभी पीड़ित देवताओं ने हिमालय पर्वत पर जाकर विष्णु माया की स्तुति करना आरम्भ किया। इसी अवसर पर पार्वतीजी उधर से होकर निकलीं, उन्होंने स्तुति में लगे हुए देवगणों से पूछा कि, आप लोग किसकी स्तुति कर रहे हैं। इतना पूछते ही भगवती पार्वती के शरीर से शिवा माता निकल पड़ीं और उन्होंने पार्वती को उत्तर दिया कि ये देवगण मेरी स्तुति कर रहे हैं। भगवती पार्वती के शरीर कोश से प्रकट होने के कारण शिवा माता का नाम कौशिकी पड़ा (अल्मोड़े में कौशिकी के पीठ का विवरण ऊपर दिया जा चुका है) और–

तस्यां विनिर्गतायां तु कृष्णभत्सापि पार्वती।
कालिकेति समाख्याता हिमाचलकृताश्रया।।

अर्थात् निज शरीर कौशिकी के अलग हो जाने पर पार्वती श्यामवर्णा हो गयीं और उन्होंने हिमालय में निवास ग्रहण किया। यही श्यामवर्णा पार्वती कालका की देवी हैं।

8. काशी–

काशी में जो शक्ति त्रिकोण है, उसके कोनों पर क्रमशः दुर्गाजी 'महाकाली', महालक्ष्मी तथा वागीश्वरी 'महासरस्वती' विराजमान हैं। लक्ष्मीकुण्ड पर महालक्ष्मीजी की जो मूर्ति है, उसके साथ–साथ भी महाकाली तथा महासरस्वती की मूर्तियाँ हैं। वागीश्वरी की प्राचीन प्रतिमा मन्दिर के नीचे एक पक्की गुफा के भीतर हैं। इन तीन शक्तिपीठों के साथ एक–एक कुण्डकी स्थिति काशीखण्ड में उल्लिखित हैं, दुर्गाकुण्ड पचास–साठ वर्ष हुए पट गया, उसके स्थान पर अब एक उद्यान है। इन तीनों देवियों के आसपास (क्रमशः भदैनी, रामापुरा तथा जैतपुरा मुहल्लों में) काशी के प्राचीन ब्राह्मणों की बस्तियाँ हैं और समस्त नगर की पुरोहिती उन्हीं ब्राह्मणों की है।

इन प्रधान शक्तिपीठों के अतिरिक्त काशी में सुप्रसिद्ध नवदुर्गाओं के (शैलपुत्री, ब्रह्मचारिणी, चन्द्रघण्टा, कूष्माण्डा, स्कन्दमाता, कात्यायनी, कालरात्रि, महागौरी, सिद्धिदात्री) स्थान हैं, जहाँ नवरात्र में बराबर दिवस के अनुसार मेला लगता है और हजारों भक्तगण दर्शन को जाते हैं। कूष्माण्डा तथा स्कन्दमाता उपर्युक्त दुर्गाजी तथा वागीश्वरी ही हैं, और महागौरी काशी की अधिष्ठात्री केन्द्रस्थ भगवती अन्नपूर्णा हैं। यही इस महापीठ की देवी हैं।

इनके अतिक्ति चौंसठ्टी, काली, विशालाक्षी, वाराही, त्रिपुरा, मंगलागौरी, संकटा, पीताम्बरा इत्यादि अनेक और शक्तिपीठ हैं। इनमें वाराही तथा संकटा के स्थान बड़े सिद्धिप्रद हैं और सैकड़ों भक्तों पर इन देवियों ने चमत्कारिक दयादृष्टि की है। वाराहीजी का मन्दिर मीरघाट पर एक घर के नीचे गुफा में है। पूजा के लिये सूर्योदय के पूर्व थोड़ी देर को मन्दिर खुलता है, अन्यथा दिनभर बन्द रहता है।

वाराणसी के इन शक्तिपीठों की महिमा अपार है और प्रायः समस्त भारतवर्ष से लोग यहां उपासना अथवा अनुष्ठान के लिये बराबर आते हैं।

9. काँगड़ा–

काँगड़ा पठानकोट योगीन्द्र नगर लाइन पर एक स्टेशन है। यहां भगवती विद्येश्वरी का बहुत प्राचीन मन्दिर है। इनको नगर कोट की देवी भी कहते हैं। देवी जी का पुराना मन्दिर सन् 1905 के भूकम्प में गिर गया था, अब नया मन्दिर धीरे–धीरे एक ट्रस्ट द्वारा तैयार कराया जा रहा है। यह स्थान प्रधान पीठों में है और यहाँ सती के मुण्ड का गिरना बतलाया जाता है। मूर्ति भी मुण्डकी ही है और उसके ऊपर सुवर्णछत्र शोभायमान है। भगवती के सम्मुख चाँदी से मढ़े हुए स्थान में प्रसिद्ध वाग्यन्त्र बना हुआ है। यहाँ तथा ज्वालामुखी और चिन्तपर्णी के स्थानों पर समस्त पंजाब तथा अन्य समीपवर्ती प्रान्तों से प्रतिवर्ष लाखों यात्री दर्शनार्थ आते हैं। देवीजी के मन्दिर के अहाते में एक कुण्ड भी है और उसके पास कई प्राचीन स्तंभ रखे हैं।

10. कोल्हापुर–

'देवीभगवत' तथा 'मत्स्यपुराण' में वर्णित महालक्ष्मी का स्थान यहाँ पर है। यह भी सिद्धपीठों में है। महाराष्ट्र प्रान्त भर में इतना सिद्ध अन्य देवी पीठ नहीं। प्रतिवर्ष छत्रपति महाराज शिवाजी के वंशज राज्य करते हैं कोल्हापुर में छत्रपति महाराज शिवाजी के वंशज राज्य करते हैं और नगर रेलवे लाइन पर है।

11. गन्धर्वल–

यह स्थान कश्मीर की राजधानी श्रीनगर से पन्द्रह मील उत्तर में है। इसी के समीप कश्मीर का प्रसिद्ध क्षीरभवानी अर्थात् योगमाया का मन्दिर है। चारों ओर जल है, बीच में एक टापू सा है। ज्येष्ठ शुक्ला अष्टमी को यहाँ बड़ा मेला लगता है और उस अवसर पर

यहां बहुत हवन पूजन होता है। प्राचीन आर्य–संस्कृति यहाँ जीती–जागती दिखायी देती है। बड़े–बड़े सौम्यवर्ण तिलकधारी पण्डित लोग शुद्ध वेदमन्त्रों से अर्चना में तत्पर दिखते हैं। कहा जाता है कि क्षीरभवानी के मण्डप के चारों ओर जो कुण्ड बना है उसका जल रंग बदलता है और इसी से शुभाशुभ विचार होता है। स्वर्गीय कश्मीर–नरेश को इस स्थान के प्रति बड़ी श्रद्धा थी। यहाँ अगणित चीनार के पेड़ हैं, जिनकी छाया बड़ी ही ठंडी तथा स्वास्थ्यप्रद है।

12. गिरनार–

काठियावाड़ प्रान्त का सुप्रसिद्ध अम्बादेवी का मन्दिर जूनागढ़ राज्य में गिरनार पर्वत पर है। पर्वत की चढ़ाई बड़ी ऊंची है और प्रायः छः हजार सीढ़ियां पार करने पर पर्वत के तीनों शिखरों की यात्रा होती है। प्रत्येक चार–पांच सीढ़ियों के बाद एक चौड़ी सीढ़ी मिलती है, जिस पर यात्री लोग विश्राम कर लेते हैं। इस पर्वत के तीनों शिखरों पर क्रमशः अम्बादेवी, गोरक्षनाथ तथा दत्तात्रेय के स्थान मिलते हैं। अम्बादेवी की विशाल मूर्ति इस भयानक वन्य प्रदेश में बड़ी ही उग्र प्रतीत होती है। इस जंगल में अनेकानेक सिंह विद्यमान हैं। इसी पर्वत पर एक गुफा में कालीजी की मूर्ति भी है, जहाँ अनेक उपासक मिलते हैं।

13. गुवाहटी–

गुवाहटी से दो मील पश्चिम नीलगिरि अथवा नीलकूट पर्वत पर प्रधान सिद्धपीठ है, जिसे भगवती कामाख्या अथवा कामाक्षा कहते हैं। 'कालिकापुराण' के अनुसार इस स्थान पर सती की योनि गिरी थी। अतः यहाँ का प्रधान तीर्थ एक अँधेरी गुफा के भीतर स्थित योनि पीठ है। इस स्थल पर केवल कुण्ड–सा है, जो पुष्पाच्छादित रहता है। पास ही में एक मन्दिर में भगवती की मूर्ति भी है। यह पीठ महाक्षेत्र कहा जाता है, और इस महत्व के अन्य पीठ श्री विन्ध्यावासिनीक्षेत्र तथा श्रीज्वालामुखी में ही हैं। इस पीठ के विषय में कहा जाता है, कि भगवती प्रति माह रजस्वला होती हैं। उस समय पण्डे लोग शुद्ध वस्त्र को भगवती के योनिस्थ रज में रंग लेते हैं और उसे यात्रियों को प्रसादवत् देते हैं। यात्रियों को पण्डों के ही यहाँ निवास करना होता है। यहाँ से सोलह मील पर सुप्रसिद्ध कामरूप नामक स्थान है जहाँ की स्त्रियों के विषय में अनेकानेक इन्द्रजालिक कथाएँ प्रचलित हैं। कामाक्षा में यथासाध्य संख्या में कुमारिकाओं को भोजन कराने की प्रथा है।

14. चटगाँव–

यहाँ से चौबीस मील पर सीमाकुण्ड नामक तीर्थ हैं, उसी के समीप चन्द्रशेखर पर्वत के शिखर पर भगवती भवानी का मन्दिर है, जो इक्यावन शक्तिपीठों में गिना जाता है। इस स्थान पर बावन कुण्ड में निरन्तर आग निकलती रहती है और समीप ही पत्थर से आग निकला करती है।

15. चितौड़–

इस ऐतिहासिक दुर्ग के भीतर एक प्राचीन मन्दिर भगवती कालिका का है। इनको यदि श्मशान काली कहें, तो कोई अत्युक्ति न होगी, क्योंकि इस दुर्ग की रक्षा में न जाने कितनी राजपूत वीरांगनाओं ने अग्नि में अपनी आहुति दी और न जाने कितने रणबाँकुरे वीरों न केसरिया बाना पहनकर अपने प्राण रण में उत्सर्ग किए। इस मन्दिर मे अखण्ड दीप जलता है, और यहाँ के प्रत्येक स्तम्भ पर अगणित मूर्तियाँ तथा बेल–बूटे बनें हैं। इस दुर्ग में तुलजा भवानी तथा अन्नपूर्णा के मन्दिर भी हैं।

16. चिन्तपूर्णी–

जालन्धर से ज्वालामुखी जाते हुए होशियारपुर से तीस मील पर चिन्तपूर्णी का स्थान सघन पर्वतीय प्रदेश में स्थित है। सुप्रसिद्ध काँगड़े की घाटी में जो शक्तित्रिकोण है, उसके प्रत्येक सिरे पर क्रमशः चिन्तपूर्णी, ज्वालामुखी तथा काँगड़े की विद्येश्वरी विराजमान हैं। इन तीनों सिद्धपीठों में प्रतिवर्ष लाखों यात्री आते हैं।

17. चुनार–

चुनार स्टेशन से दो–तीन मील दक्षिण विन्ध्यपर्वत की एक सुरम्य खोह में भगवती दुर्गाजी का स्थान है। मन्दिर प्रवेशद्वार एक खिड़की–सा है, और उसमें बैठकर भीतर जाना होता है। भीतर पर्याप्त स्थान है। दुर्गामाता की प्रतिमा बड़ी ही श्रद्धोत्पादक है। यह स्थान अनुष्ठान इत्यादि के लिए अनुपम है। मन्दिर के समीप झरने का जल नाले के रूप में बहता है और इसी नाले के पास एक खुली गुफा यादालान में अनेकानेक प्राचीन तथा विचित्र लेख खुदे हैं। यह स्थान बड़ा स्वास्थ्यवर्धक है।

18. जनकपुर–

जनकपुर रोड स्टेशन है। वहाँ से नेपाल राज्य में इस स्थान को जाना होता है। इसी स्थान पर जनकनन्दिनी सीता जी का प्रादुर्भाव हुआ था। दूर–दूर से यात्रीगण (अधिकांश मिथिला तथा विहारप्रान्त से) यहाँ दर्शन के लिए आते हैं।

19. जबलपुर–

यहाँ से बारह मील पर सुप्रसिद्ध भेड़ाघाट नामक नर्मदा का प्रपात है, जिसे देखने विदेशों से भी लोग आते हैं। नर्मदा के किनारे दोनों ओर लगभग मीलभर तक बराबर ऊँची–ऊँची संगमरमर की चट्टानें हैं। इन्हीं पर गौरी शंकर जी के मन्दिर में चौंसठ योगिनियों के स्थान हैं। मूर्तियाँ मनुष्याकार हैं और तन्त्रोक्त विधि से बनी हैं। खेद है कि आततायी यवनों ने इनको भग्न कर डाला है, किन्तु फिर भी यहाँ अनेक यात्रीगण आते हैं।

20. ज्वालामुखी–

इस महापीठ का विस्तृत विवरण सं. 1990 के 'कल्याण' की कार्तिकवाली संख्या में निकल चुका है। इस स्थान पर अनादिकाल से पृथ्वी में से कई अग्निशिखाएँ निकल रही हैं।

21. जालन्धर–

शक्तिपीठों के वर्णन में इस स्थान का नाम भी आता है, पर इस समय जालन्धर नामक नगर में कोई प्रधान देवीपीठ नहीं मालूम होता। अतः अनुमान किया जाता है, कि प्राचीन जालन्धर से त्रिगर्त प्रदेश (वर्तमान काँगड़े की घाटी) मानना चाहिए। इस त्रिगर्त प्रदेश में चिन्तपूर्णी, ज्वालामुखी तथा नगरकोट की देवी के स्थानों से जो शक्तिकोण बनता है वह परम पुनीत माना जाता है।

22. तिरुपती–

यहाँ की सुप्रसिद्ध बालाजी की मूर्ति दक्षिण भारत का महाक्षेत्र है। वहाँ से तीन मील दूर पर चिन्तानूर नामक स्थान में श्री पद्मावती का मन्दिर है।

23. द्वारका–

इस धाम में श्रीरुक्मिणी देवी तथा श्रीसत्यभमाजी के प्रसिद्ध मन्दिर हैं। इन मन्दिरों के राजसी ठाट भगवान् श्रीकृष्णचन्द्रजी के समय की द्वारका के वैभव की याद दिलाते हैं।

24. देवीपाटन–

किंवदन्ती है कि, भगवती पटेश्वरी की स्थापना महाभारत काल में राजा कर्ण द्वारा हुई थी। सम्राट् विक्रमादित्य ने तीर्थोद्धार के समय यहाँ भी दूसरा मन्दिर बनवा दिया। कालान्तर में नाथ सम्प्रदाय के कनफटे योगियों की यह गद्दी हो गयी और अब भी यह स्थान उन्हीं की देख–रेख में है। पटेश्वरी देवी का मन्दिर एक टीले पर बना हुआ है और समीप में एक कुण्ड भी है। चैत्र नवरात्री में यहाँ एक बहुत बड़ा मेला लगता है, जिसमें अवध तथा नेपाल से लाख डेढ़ लाख आदमी आते हैं। इस मेले में नेपाली टाँगनों की बड़ी बिक्री होती है।

25. देहली–

भारत की इस प्राचीन तथा आधुनिक राजधानी में दो प्राचीन शक्तिपीठ विद्यमान हैं। कुतुबमीनार के पास योगमाया का मन्दिर है। कहते हैं कि, भगवती योगमाया पृथ्वीराज की इष्टदेवी थीं। मन्दिर के भीतर कोई मूर्ति नहीं। केवल, कामाक्षापीठ की तरह भगवती

योनिरूपा–सी विराजमान हैं। दूसरा स्थान यहाँ से लगभग छः सात मील पर ओखला नामक ग्राम में एक टीले पर कालिका का मन्दिर है। मन्दिर अठपहल है और अपने ढंग का निराला है। इस प्रदेश में देवी को बड़े–बड़े पंखे चढ़ाने की प्रथा प्रचलित है।

26. नागपुर–

मध्य–भारत के इस नगर में सहस्र चण्डी का तथा रुक्मिणीजी के दो प्रसिद्ध मन्दिर हैं, जिनके दर्शनों को इस प्रान्त के अनेकानेक यात्री आते हैं।

27. नैनीताल–

संयुक्त प्रान्तीय नगरों में यह स्थान बड़ा ही मनोरम है। यहाँ पर पर्वत के ऊपर एक बड़ी लम्बी–चौड़ी झील है, जिसमें सदैव अगाध जल भरा रहता है। इस ह्रदका प्राचीन नाम स्कन्दपुराण के अनुसार त्रिऋषिसरोवर है। ये तीन ऋषि अत्रि, पुलस्त्य तथा पुलह थे। इसके लल्ल ताल वाले किनारे पर प्राचीन नयना देवी का मन्दिर है। सन् 1880 ई. में इस स्थान पर पहाड़ फट पड़ा था, जिससे प्राचीन मन्दिर दब गया। वर्तमान मन्दिर पचास वर्ष पुराना है। इस कुमाऊँ प्रदेश में भगवती नयना देवी का बड़ा मान है, और इन्हीं के कारण इस स्थान को नैनीताल कहते हैं।

28. पठानकोट–

यह 'पठान' शब्द मुसलमान जाति के सम्बन्ध नहीं रखता। इसका शुद्ध रूप 'पथ' है; क्योंकि इस नगर में प्राचीन काल से कई बड़ी–बड़ी सड़कें मिलती हैं। यह प्राचीन हिन्दू राजाओं के समय का एक किला ध्वस्त अवस्था में विद्यमान है। इसमें एक बड़ा प्राचीन देवी का स्थान है। त्रिगर्त पर्वतीय प्रदेश के द्वार पर स्थित इन पठानकोट की देवी की आराधना अनन्त काल से होती आ रही है।

29. पंढरपुर–

महाराष्ट्र प्रदेश के इस महत्वशाली क्षेत्र में श्रीविठोबा के सुप्रसिद्ध मन्दिर में उनकी पटरानियाँ रुक्मिणी, सत्यभामा, महालक्ष्मी तथा राधिका पृथक्–पृथक् अपने मन्दिरों में विराजमान हैं।

30. प्रयाग–

इलाहाबाद जिले में कड़ा नामक स्थान पर कोई चार सौ वर्ष पूर्व बाबा मलूकदासजी का जन्म हुआ था। ये बड़े ही प्रसिद्ध सन्त थे और इनके अनेकानेक पद तथा 'बानियाँ' अब तक प्रचलित हैं। बाबाजी खत्री थे और भगवती चण्डिका के उपासक थे। उनकी गद्दियाँ भारतवर्ष में कई स्थानों पर हैं। कड़ेकी देवी विशेष रूप से प्रसिद्ध हैं और दूर–दूर से खत्री लोग अपने बालकों के क्षौर–संस्कार के लिए अथवा दर्शनों को इस

स्थान पर आते हैं।

31. पूना–

यहाँ का सुप्रसिद्ध पार्वती–मन्दिर समस्त महाराष्ट्र प्रदेश में मान्य है। इसकी पर्वतीय स्थिति तथा सुन्दर शिल्पकला बड़ी ही नयनाभिराम हैं। इसी जिले में प्रतापगढ़ नामम स्थान में छत्रपति महाराज शिवाजी की इष्टदेवी भगवती भवानी का प्राचीन मन्दिर है। कथा है कि, शिवाजी महाराज की उग्र तपस्या से प्रसन्न हो भगवती ने प्रकट होकर उनको प्रसादरूप एक खंड्ग प्रदान किया था। इसी खड्ग से महाराज जगद्विजयी हुए थे। ऐसी ही कथा गुरु गोविन्दसिंह के विषय में भी प्रचलित है। भगवती भवानी महाराज शिवाजी के वंशज कोल्हापुर के महाराजाओं की इष्टदेवी हैं और राज्य का 'निशन' यही खंड्ग है जिसके नीचे 'जय भवानी' लिखा रहता है।

32. पूर्णगिरि–

अल्मोड़े जिले में पीलीभीत होती हुई, लाइन टनकपुर तक जाती है। (पूर्णगिरि अथवा पुण्यगिरि) टनकपुर से आठ–नौ मील पर शारदा नदी के किनारे नेपाल राज्य की सरहद पर है। मार्ग बड़ा ही सुन्दर है और यहाँ की सघन वनराशि को देखकर कभी तृप्ति नहीं हो सकती। मार्ग में टुन्नास नामक स्थान पर ठहरने के लिए दो धर्मशालाएँ हैं। पूर्ण शैली की शोभा अवर्णनीय है। इस पर्वत के सुन्दर बाँस तथा अन्य वृक्ष भगवती के समझकर नहीं काटे जाते। यदि किसी ने धृष्टता कर इस प्रथा का उल्लंघन किया तो उसे उन्हीं बाँसों में पैदा होकर साँप, बिच्छू, गोजर सताते हैं। पर्वत की चढ़ाई देखने में तो खड़ी है, पर भगवती की कृपा से सब लोग सकुशल यात्रा कर आते हैं। पर्वत पर अनेक मन्दिर हैं, पर तीन हजार फीट ऊँचे शिखर पर भगवती कालिका का मुख्य स्थान है। प्राचीन पीठ ढका हुआ रहता है। प्रार्थना करने पर पण्डाजी उसका दर्शन भी देते हैं।

इस पर्वत पर रजस्वला स्त्री अथवा अपवित्र स्थिति वाला पुरुष नहीं चढ़ सकता। कहते हैं कि, यदि अवज्ञा–वश ये चढ़ने लगें तो अन्धे हो जाते हैं। यह स्थान प्रधान शक्तिपीठों में गिना जाता है। नवरात्र के अवसरों पर हजारों यात्रीगण यहां दूर–दूर से आते हैं।

33. फ़र्रुख़ाबाद–

इस जिले में तिरवा नामक स्थान पर बड़े–से श्रीयन्त्र के ऊपर भगवती महात्रिपुरसुन्दरी की मूर्ति बनी है। जनसाधारण इसको अन्नपूर्णा का मन्दिर कहते हैं।

इसी जिले में कन्नौज (कान्यकुब्ज) नामक नगर में अनेक देवी मन्दिर हैं, जो सैकड़ों वर्ष पुराने हैं। सिंहवाहिनी इत्यादि के स्थान तो कम–से–कम चौदह–पन्द्रह सौ वर्ष पुराने हैं। क्षेमकली का स्थान महाराज जयचन्द के समय का है। इसी कन्नौज में समस्त

पूर्वीय खत्रियों के देवठे (देवस्थान) हैं, जहाँ अब भी दूर–दूर से मुण्डन, यज्ञोपवीत इत्यादि के समय आना पड़ता है। दुर्दान्त यवनों के शासन काल से इन खत्रियों के पुरोहितों को शिवा अथवा चण्डिकां की चल मूर्तियाँ रखनी पड़ी हैं और ये ही अब तक प्रचलित हैं। कहीं–कहीं तो इस चल मूर्ति का रखना भी कठिन हो गया। वहाँ केवल देवी की चुन्नी (रक्ताम्बर) ही पूजी जाने लगी।

34. बाँदा–

यहाँ का महेश्वरी देवी का मन्दिर बहुत प्राचीन है, इस स्थान पर बड़े–बड़े उपासकों ने तपस्या की है इसी के समीप वामदेवेश्वर पर्वत पर जो अपूर्व वामदेव लिंग है, उसी से इस नगर का नाम बाँदा पड़ा है।

35. भुवनेश्वर–

इस स्थान का प्राचीन नाम एकाम्र–कानन है। यह क्षेत्र भी इक्यावन शक्तिपीठों में है। यहाँ देवीपादहरा सरोवर के तट पर पृथक्–पृथक् एक सौ आठ योगिनियों के मन्दिर हैं। भुवनेश्वर विस्तृत विवरण कल्याण के 'शिवांग में निकल चुका है।

36. मथुरा–

इस स्थान के प्रधान शक्तिपीठ महाविद्या तथा बरसाने के मन्दिर हैं। एक ऊँचे टीले पर प्राचीन मन्दिर बना हुआ है। भगवती की मूर्ति बड़ी विशाल है। नेत्र की ज्योति विशेषतया प्रभावशाली है। बरसाने में भी एक ऊँचे दुर्ग–सदृश मन्दिर पर श्रीराधिका रानी का प्राचीन पीठस्थल है। होली के अवसर पर यहाँ जो माधुर्य बरसता है, उसकी उपमा त्रैलोक्य में नहीं। विस्तारभय से इस महोत्सव का विवरण नहीं दिया जाता।

37. मदुरै–

यहाँ के ग्यारह मंजिलवाले मीनाक्षी देवी के मन्दिर का कुछ विवरण कल्याण के 'शिवांग' में निकल चुका है। दक्षिण–भारत में जितनी प्रतिष्ठा इस मन्दिर की है उतनी अन्य किसी मन्दिर की नहीं। इस मन्दिर के द्वार पर अष्टलक्ष्मियों की मूर्तियाँ बनी हैं। प्रत्येक खम्भे पर एक मूर्ति है, और इन्हीं खम्भों पर छत खड़ी है। उस छत पर पांर्वती के जन्म, उनकी तपस्या, शिव–विवाह, षडानन–जन्मादिकी कथाएँ खुदी हैं। इसी मन्दिर के भीतर जो 'पद्यम्' तडागग है उसके चारों ओर खम्भों पर भगवान् शंकर की लीलाएँ मूर्तिरूप में खुदी हैं। इस मन्दिर की नवग्रह मूर्तियाँ भी विशेषरूपेण द्रष्टव्य हैं।

38. चेन्नई (मद्रास)

इस नगर के मीन्ट–स्ट्रीट अथवा साहुकार पेठ में सुप्रसिद्ध माता कुडिका का मन्दिर है। मन्दिर के सामने स्त्रियाँ कण्डे की आँच से मीठा चावल पकाकर देवी को भोग लगाती

हैं। इस मन्दिर के प्रति मद्रासियों की बड़ी श्रद्धा है। यहाँ की वन्दना की विधि विचित्र है। देवी के सम्मुख आते ही दर्शक अपने सिर में घूँसे मारता है और अपना कान पकड़कर नाचने लगता है।

39. महाबा–

इस स्थान के प्रसिद्ध देवी मन्दिरों का विस्तृत विवरण कल्याण की पौष सं. 1990 की संख्या में निकल चुका है।

40. मुम्बई–

इस विख्यात नगरी में मुम्बादेवी, कालबादेवी और महालक्ष्मी के प्रधान शक्तिपीठ हैं। मुम्बादेवी की पूजा में जवबलि नहीं दी जाती। कलबादेवी की मूर्ति अत्यन्त प्राचीन है। महालक्ष्मी का मन्दिर समुद्रतट पर बड़े ही सुहावने स्थान पर बना है। मुम्बादेवी के समीप एक विशाल तालाब भी है। इन स्थानों के अतिरिक्त प्रसिद्ध बाबुलनाथ के ऊँचे पर्वतीय मन्दिर में जो प्रधान देवीमूर्ति है, उसके सौन्दर्य तथा गम्भीरता का वर्णन नहीं हो सकता।

41. मैसूर–

इस राज्य की अधिष्ठात्री भगवती चामुण्डा हैं, जिनका सुविशाल मन्दिर मैसूर से लगी हुई एक पहाड़ी पर है। रास्ते में पक्की सीढ़ियाँ बनी हैं। भगवती के मन्दिर के समीप एक विशालकाय नन्दी–मूर्ति बनी है, जिसे देखकर दर्शक लोग आश्चर्यचकित होते हैं। चामुण्डा को यहाँ भेरुण्डा भी कहते हैं और मैसूर राज्य का विख्यात गण्डभेरुण्डा 'चिह्न' चामुण्डाही का द्योतक है।

42. मैहर–

मैहर में एक पहाड़ी पर सुप्रसिद्ध वीर आल्हाकी इष्टदेवी शारदा का मन्दिर है। यह स्थान बड़ा ही सिद्ध माना जाता है। इस स्थान के सम्बन्ध की कुछ चमत्कारिक बातें मेरे 'महोबा और उसके देवस्थान' शीर्षक लेख में सं. 1990 पौष के 'कल्याण' में मिलेंगी।

43. विन्ध्याचल–

जो देवी भगवान् श्रीकृष्णचन्द्र के स्थान पर वसुदेव द्वारा कारागार में लाई गयी थीं, और जिन्होंने कंस के हाथ से छूटकर आकाशवाणी की थी, वही श्रीविन्ध्यवासिनी हैं। यह तीर्थ महाप्रधान शक्तिपीठों में है। यहीं भगवती ने शुम्भ तथा निशुम्भ को मारा था। इस क्षेत्र में जो शक्तित्रिकोण है, उसके कोनों पर क्रमशः विन्ध्यवासिनी (महालक्ष्मी), कालीखोहकी काली (महाकाली) तथा पर्वत पर की अष्टभुजा (महासरस्वती) विराजमान हैं। इस तीर्थ के चमत्कारों तथा सौन्दर्य के विषय में यहाँ लिखने से लेख के विस्तार का भय है। उपर्युक्त त्रिकोण के अतिरिक्त मन्दिर के समीप ही दूसरा शक्तित्रिकोण है। बड़े

त्रिकोण की यात्रा चार–पाँच मील लम्बी है। काशी से प्रायः श्रावण प्रति श्रावण हजारों भक्तजन इस स्थान की यात्रा करते हैं। उनका प्रसिद्ध जयजयकार यों है–

बोलेगा सो निहाल होगा।
बोल साँचे दरबार की जय।।
हे दर्बाराँवाली तेरी सदा ही जय।
फिर बोल लौंकड़े बीर की जय।।
हे बीर साहब तेरी सदा जय।
जंगल मंगल करनेवाली तेरी सदा जय।।

हिन्दुस्तान के लाखों यात्री प्रतिवर्ष इस पुण्यक्षेत्र की यात्रा करते हैं।

44. शिमला–

यह प्रदेश भी एक प्रसिद्ध शक्ति स्थल है। शिमले में कोटी की देवी वायसराय के स्थान के समीप ही विराजमान हैं। तारादेवी नामक स्टेशन के पास तारा का प्राचीन स्थान है और कण्डाघाट स्टेशन के पास भी एक प्राचीन देवीमन्दिर है। इन स्थानों पर हजारों यात्री प्रतिवर्ष यात्रा करते हैं, और यहाँ बड़े–बड़े मेले लगते हैं।

45. श्रीशैल–

यहाँ के ज्योतिर्लिंग का विवरण कल्याण के 'शिवांग' में निकल चुका है। यहीं पर ब्रह्मारांबा देवी का सुविख्यात शक्तिपीठ है। इन्हीं के नाम पर इस पर्वत का नाम ब्रह्मगिरि पड़ा है। इस स्थान के प्राकृतिक सौंदर्य की छटा वर्णनातीत है, यह क्षेत्र इक्यावन शक्तिपीठों में से एक है।

46. साँभर–

यह वही स्थान है जहाँ से नमक बनकर आता है। नमक के विशाल कारखाने के पास एक प्राचीन देवी का मन्दिर है। इन्हें माताजी कहते हैं। सरकारी प्रबन्ध होने पर भी इस स्थान की आराधना–पूजा के लिए समुचित व्यवस्था की गयी है। राजपूताने में इस क्षेत्र का बड़ा मान है।

47. हरिद्वार–

इस पुण्य क्षेत्र में भी एक शक्ति त्रिकोण है। इसके एक कोने पर नीलपर्वत पर स्थित भगवती चण्डीदेवी हैं। दूसरे पर दक्षेश्वर के स्थान वाली पार्वती हैं। (यहीं पर योगाग्नि द्वारा भस्म हुई थीं, जिससे प्रधान शक्तिपीठों की उत्पत्ति हुई) और तीसरे पर बिल्वपर्वत–वासिनी मनसादेवी हैं। इन तीनों स्थानों के प्राकृतिक सौन्दर्य के विषय में जितना भी लिखा जाए उतना ही थोड़ा है।

❑❑❑

तांत्रिक साधना में अनिवार्य है

शास्त्रों में कहा गया है कि मनुष्य के तीन प्रत्यक्ष देव हैं– (1) माता, (2) पिता (3) गुरु। इन्हें ब्रह्मा, विष्णु, महेश की उपाधि दी गई है। माता जन्म देती है, इसलिए ब्रह्मा है। पिता पालन करता है, इसलिए विष्णु है। गुरु कुसंस्कारों का संहार करता है, इसलिए शंकर है। गुरु का स्थान माता–पिता के समकक्ष है। वह न केवल कुसंस्कारों की गहरी जड़ों को काटता है, वरन एक सच्चे माली की भूमिका भी अदा करता है।

"गुरु ही परब्रह्म है। गुरु ही परम गति है। गुरु ही पर–विधा है। गुरु ही परायण योग्य है। गुरु ही पराकाष्ठा है। गुरु ही परम धन है। वह उपदेष्ट होने के कारण श्रेष्ठ से भी श्रेष्ठ है।"

–अद्वयतारक उपनिषद्

"गुरु जो आदेश दे, उसका पालन शिष्य को बिना विचारे, सन्तोषयुक्त भाव से करना चाहिए। इस विद्या को गुरु से प्राप्त करें। गुरु की सदा सुश्रूषा करें, इसी से मनुष्य का सच्चा कल्याण होता है। श्रुति में कहा गया है कि गुरु ही साक्षात् हरि है, कोई अन्य नहीं।"

–ब्रह्मविधा उपनिषद्

पादुका से परे कोई भी मन्त्र नहीं है और श्री गुरु से परे कोई देव नहीं है। शक्ति दीक्षा से उत्तम कोई दीक्षा नहीं है और कुल पूजन से परे कोई पूण्य नहीं होता है।।

गुरुमूलाः क्रियाः सर्वा लोके'स्मिन् कुलनायिके।
तस्मात् सेव्यो गुरुर्नित्यं सिद्धथं भक्तिसंयुतैः।।

उपासना की समस्त क्रियाएँ गुरुमूल ही होती है अर्थात् गुरु ही के द्वारा सही उपासना की पद्धति का ज्ञान होता है। हे कुलनायिके। इसलिए सिद्धि प्राप्त करने के लिए भक्तियुक्त

होकर मनुष्यों को गुरु की नित्य ही सेवा करनी चाहिए।

आदर्शवादी जीवन में प्रवेश करने पर शरीर ज्यों का त्यों रहते हुए भी पुनर्जन्म लेना कहा गया है। इसी को द्विजत्त्व भी कहते हैं। आत्मीयता एवं एकता की एक महत्वपूर्ण शृंखला का दीक्षा के आधार पर पुनर्जन्म होता है। एकात्म के लाभ सर्वविदित हैं। हिमालय से जुड़ी हुई नदियाँ कभी सूखती नहीं। बर्फ पिघलने का अनुदान उन्हें बराबर मिलता रहता है। नाले का पानी गंगा में मिलकर गंगाजल बनता है। चन्दन वृक्ष के समीप उगे हुए झाड़–झखाड़ भी सुगन्धित हो जाते हैं। पेड़ से लिपटने के बाद बेल उतनी ही ऊंची उठ जाती है जितना कि पेड़। अपने बलबूते उसे वह गौरव नहीं मिल सकता था। उड़ाने वाले के हाथ का आश्रय पाकर पतंग आकाश चूमती है। आँधी के साथ तिनके भी बिना पैर के दौड़ लगाते है। नदी के प्रवाह में नगण्य से पत्ते भी सैर करते हुए समुद्र तक पहुँचते है। युधिष्ठिर का कुत्ता भी स्वर्ग तक पहुँचा था। यह उदाहरण उस सघन एकता के हैं जिसे प्राप्त करने के लिए गुरुदीक्षा का परम पुनीत कृत्य सम्पन्न होता है।

गुरुदीक्षा में दो तत्वों का समान समावेश है। गुरु की गरिमा और शिष्य की पात्रता उच्चस्तरीय होने पर ही उसकी समुचित परिणत उत्पन्न होती है। इसलिए इस प्रयोग में जहां गुरु को अनुदान देने होते हैं, वहाँ शिष्य को भी तदनुरूप कर्त्तव्य निभाने होते हैं। विवेकानन्द, दयानन्द, शिवाजी, चन्द्रगुप्त आदि ने भी शिष्य के कर्त्तव्य निभाये थे।

भगवान वामन ने यही किया था। वे अवतार होकर भी बलि के सामने छोटे बने थे। शबरी के दरवाजे पर राम, गोपियों के यहाँ कृष्ण, घायल कर्ण के पास अर्जुन, कृष्ण हरिश्चन्द्र के यहाँ विश्वामित्र इसी उद्देश्य से याचक बनकर गए थे। गुरु दाता भी होता है और विधाता भी। न उसे कोई निजी अभाव और न प्रलोभन। मात्र गुरु के अनुशासन में अपने साधनों का नियोजन सदुपयोग कर सकने का अभ्यास है।

शिष्य भी आशीर्वाद के लिए याचक भिक्षुक बनकर अपनी क्षुद्रता प्रकट नहीं करता। वरन् गुरुदक्षिणा प्रस्तुत करते हुए, स्वाभिमान अक्षुण्य रखता है और आदान–प्रदान का उपक्रम अपनाता हैं जिससे उसकी अपनी लघुता महानता में परिणत हो जाती है। शिष्यों ने गुरुदक्षिणा चुकाने में जो निष्ठा बरती उसे गुरु की ऊँचाई को स्पर्श करते देखा गया है। कर्ण का कुण्डल–कवच दान, एकलव्य की अँगुठे की गुरुदक्षिणा और गुरुदक्षिणा चुकाने में हरिश्चन्द्र का आदर्श इसी तथ्य का प्रतिपादन करते हैं।

भारतीय संस्कृति की यह भी एक महान परम्परा है। गुरु शिष्य मिलते हैं तो दोनों ही अपने–अपने पक्ष के कर्त्तव्य पालन करते हैं। गुरु की सामर्थ्य–शिष्य की पात्रता। गुरु की सिद्धि–शिष्य की साधना। गुरु की प्रेरणा–शिष्य की सक्रियता। गुरु का स्नेह–शिष्य की श्रद्धा। गुरु का अनुशासन–शिष्य का अनुगमन। यही हैं दो पक्ष जिनके मिलने पर करेन्ट उत्पन्न होने की तरह चमत्कारी परिणति होती है। मात्र एक में उत्साह दूसरे में उपेक्षा रहे तो प्रयास निरर्थक चला जायेगा। एक हाथ से ताली कहाँ बजती है?

शिष्य की याचना होती है–कृपा कीजिए, अनुग्रह कीजिए। गुरु कहता है– साहस कीजिए, साझीदार बनिए। कोई खींचतान न करे। अपने पक्ष का निर्वाह करें इसी में दीक्षा

की सार्थकता है।

गुरु केवल मार्गदर्शन ही नहीं करते हैं वरन् वह समय की दीर्घा को कम करते हैं और उसे बहुत ही कम समय में अभीष्ट लाभ की सिद्धि में सहायक होते है। इस जगत् में मानव अपूर्ण रूप से आता है। उसे पूर्णता की पूर्ति की अभिलाषा रहती है। इसकी पूर्ति के लिए गुरु ही एकमात्र सहारा होते है। इसलिए दीक्षा की आवश्यकता पड़ती है।

साधना शास्त्रों–तंत्र ग्रंथों में दीक्षा की महिमा का अपूर्व वर्णन होता है–

दीक्षवै माचयत्यूदर्ध्व शैवेधाम नयत्पपि।

अर्थात् "दीक्षा से मुक्ति होती है और वह ऊपर के शिवधान में पहुँचाती है।"

आदर्शवादी जीवन में प्रवेश करने पर शरीर ज्यों का त्यों रहते हुए भी पुनर्जन्म लेना कहा गया है। इसी को द्विजत्त्व भी कहते हैं। आत्मीयता एवं एकता की एक महत्त्वपूर्ण शृंखला का दीक्षा के आधार पर पुनर्जन्म होता है। एकात्म के लाभ सर्वविदित हैं। हिमालय से जुड़ी हुई नदियाँ कभी सूखती नहीं। बर्फ पिघलने का अनुदान उन्हें बराबर मिलता रहता है। नाले का पानी गंगा में मिलकर गंगाजल बनता है। चन्दन वृक्ष के समीप उगे हुए झाड़–झखाड़ भी सुगन्धित हो जाते हैं। पेड़ से लिपटने के बाद बेल उतनी ही ऊंची उठ जाती है जितना कि पेड़। अपने बलबूते उसे वह गौरव नहीं मिल सकता था। उड़ाने वाले के हाथ का आश्रय पाकर पतंग आकाश चूमती है। आँधी के साथ तिनके भी बिना पैर के दौड़ लगाते हैं। नदी के प्रवाह में नगण्य से पत्ते भी सैर करते हुए समुद्र तक पहुँचते है। युधिष्ठिर का कुत्ता भी स्वर्ग तक पहुँचा था। यह उदाहरण उस सघन एकता के हैं, जिसे प्राप्त करने के लिए गुरु दीक्षा का परम पुनीत कृत्य सम्पन्न होता है।

गुरु दीक्षा में दो तत्वों का समान समावेश है। गुरु की गरिमा और शिष्य की पात्रता उच्चस्तरीय होने पर ही उसकी समुचित परिणत उत्पन्न होती है। इसलिए इस प्रयोग में जहां गुरु को अनुदान देने होते हैं वहाँ शिष्य को भी तदनुरूप कर्त्तव्य निभाने होते हैं। विवेकानन्द, दयानन्द, शिवाजी, चन्द्रगुप्त आदि ने भी शिष्य के कर्त्तव्य निभाए थे।

भगवान वामन ने यही किया था। वे अवतार होकर भी बलि के सामने छोटे बने थे। शबरी के दरवाजे पर राम, गोपियों के यहाँ कृष्ण, घायल कर्ण के पास अर्जुन, कृष्ण हरिश्चन्द्र के यहाँ विश्वामित्र इसी उद्देश्य से याचक बनकर गए थे। गुरु दाता भी होता है और विधाता भी। न उसे कोई निजी अभाव है और न प्रलोभन। मात्र गुरु के अनुशासन में अपने साधनों का नियोजन सदुपयोग कर सकने का अभ्यास है।

दीक्षया पाशमोक्षस्तु शुद्धीवाद् विवेकजम्।

"दीक्षा से पाशों का मोक्ष होता है और उसके बाद विवेक ज्ञान की उत्पत्ति है।

पिच्छिला तन्त्र के अनुसार–

दीक्षां विना न मोक्षः स्यात्प्राणिनां शिवशासनात्।
सा च न स्याद् बिनाचार्यमित्याचायंपरम्परा।।
उपानाशतेनापि य विना नवं सिद्ध यति।
तां दीक्षामाश्रयेद यत्नात् श्रीगुरोर्मन्त्रसिद्धए।।

"शिव का अनुशासन यही है कि दीक्षा के बिना किसी को मुक्ति प्राप्त नहीं होती है। आचार्य–परम्परा बिना दीक्षा नहीं होती। सैकड़ों प्रकार की उपासना–पद्धतियाँ प्रचलित हैं, परन्तु दीक्षा के बिना सिद्धी प्राप्त नहीं होती। गुरुदेव से दीक्षा प्राप्त करके ही मुक्ति करना सम्भव है।"

रसेन्द्रेण यथा विद्धमयः सुवर्णतां व्रजेत्।
दीक्षाविद्धस्तथैवात्मा शिवत्वं लभते प्रिये।
दाक्षाग्निदग्धदर्मासौ यायाद्विच्छिन्नबन्धनः।
गतस्तस्य कर्मबन्धो निर्जीवश्च शिवो भवेत।।

अर्थात–"रसेन्द्र (पारद भस्म) से विद्ध होकर लोहा सुवर्ण बन जाया करता है, उसी भांति दीक्षा से भली–भाँति विद्ध हुआ आत्मा है प्रिये! शिव के स्वरूपता को प्राप्त हो जाया करता है। दीक्षा रूपी अग्नि से दग्ध हुए कर्मो वाला यह मनुष्य विच्छिन्न बन्धन वाला हो जाया करता है। इसके कर्मों का बन्धन तो निश्शेष हो जाया करता है। फिर जब यह मृत होता है, तो शिव के स्वरूप वाला हो जाया करता है।"

एक बार दत्तात्रेय ने कहा "एक बार गुरु दीक्षा लेने से काम नहीं चलेगा, बार–बार गुरु दीक्षा लेनी पड़ेगी। कबीर ने कहा है कि "बर्त्तन मांजत रहिये... ..."बार–बार बर्तन मैला होगा और बार–बार उसे मांजना पड़ेगा, जितनी बार मांजोगे, उतनी बार उसमें चमक बढ़ती रहेगी, जितनी बार शीशे को पोंछोगे, उतना ज्यादा वह शीशा आपका चेहरा साफ दिखलायेगा। जब चित्त पर लोभ, लालच, स्वार्थ, मोह, अंधकार क्रोध आदि की परत छा जाती है, धूल छा जाती जाती है, तब "गुरु दीक्षा" के माध्यम से उसे पोंछ देते हैं। इसलिए जब भी मौका मिले, जब भी गुरु के पास जाने का अवसर मिले, तब गुरु दीक्षा प्राप्त कर लेनी चाहिए, चाहे पहले दीक्षा ली हुई हो फिर भी पुनः शिष्य रूपी बर्तन को एक बार मांज ही लेना चाहिए।

नवरत्नेश्वर में कहा है कि सभी तरह की दीक्षा से मोक्ष की उपलब्धि होती है और योग की प्राप्ति होती है। पापों का नाश होता है, गुरु से दीक्षा न लेकर जो केवल पुस्तकीय ज्ञान के आधार पर साधना करता है, वह सहस्त्र मन्वन्तर में भी सद्गति नहीं पाता। जो व्यक्ति द्वारा या ऐसे के लिए किया गया श्राद्ध मान्य नहीं होता। इसलिए सद्गुरु से दीक्षा लेना अत्यन्त आवश्यक माना गया है।

योगाचार्यो का मत है कि दीक्षा से अपूर्णता का नाश और आत्मा की सम्यक् शुद्धि होती है। इससे आणवमल की निवृत्ति होती है। जो आत्मा पशुभाव में स्थित है, वह दीक्षा के प्रभाव से ऊपर उठकर शिव को प्राप्त होती है।

दीक्षा की परिभाषा तन्त्र में इस प्रकार दी गई है–

दीयते ज्ञान सद्भाव क्षीयते पशुवासना।
दानक्षपण संयुक्ता दीक्षा तेनेह कीर्त्तिता।।

"जो ज्ञान देती है और पशु वासना का क्षय करती है, ऐसी दान और क्षययुक्त क्रिया को दीक्षा कहा जाता है।"

दिव्यज्ञानं यतो दधात् कुर्यात् पापक्षयै ततः।
तस्माद्दीक्षेति सा प्रोक्ता सर्वतन्त्रस्य सम्मता।।

–विश्वसार तन्त्र

"जिससे दिव्य भाव उपलब्धि और पाप नाश होता हो, तंत्र में विख्यात मुनियों ने उसी को दीक्षा कहा है।"

दीयते परमं ज्ञान क्षीयते पाप पद्धति।
तेन दीक्षोच्यते मन्त्रे–स्वागमार्थबलबावात्।।

"जो अमर ज्ञान की दाता और पापों का नाश करती है, आगम शास्त्रों में उसी को दीक्षा के नाम से सम्बोधित किया गया है।"

दीयते ज्ञानमत्यर्थ क्षोयते पाशबन्धपनम्।
अतोदीक्षेति देवेशि कथिता तत्वचिन्तकैः।।
मनसा कर्मणा वाचा यत्पापं समुपार्जितिम्।
तेषां विशेषा करणी यपरमज्ञानदायतः।।
तस्मात् दीक्षेति लोके'सिमन गीयते शास्त्र वेदकैः।
विज्ञान फलदा मैव द्वितीय लयकारिणी।
तृतीयामुक्तिदा चैव तस्माद्दीक्षेतिधीयते।।

"जो ब्रह्मज्ञान को प्रदान करने वाली और पाश व कर्मबन्धनों का क्षय करने वाली है। तत्व चिन्तकों ने उसे दीक्षा नाम दिया है।

मनसा, वाचा, कर्मणा से जो पाप किए जाते है, उनकी नाशकर्ता और परम ज्ञान प्रदाता होने के कारण शास्त्रज्ञों ने इसे दीक्षा कहा है।

प्रथम विज्ञान फल देने वाली, द्वितीय लय भोग सिद्ध करने वाली और तृतीय मोक्षदाता होने के कारण इसे दीक्षा कहते हैं।"

वास्तव में तो आत्मा पूर्ण है, उसमें अपूर्णता का अंशमात्र भी नहीं है परन्तु माया के संयोग के कारण वह अपने को अपूर्ण समझती है। इस स्थिति को आणव मल की संज्ञा दी गई है। अपूर्णता की भावना के साथ कामनाएँ, इच्छाएँ और वासनाएँ जुड़ी हुई हैं। मनुष्य जब अपने को आत्मा न मानकर शरीर ही समझता है, तो जड़ शरीर की सुख–सुविधाओं की वृद्धि के लिए प्रयत्नशील रहता है। यह भोग बन्धन का कारण बनते हैं। इन्हे तंत्र की भाषा में कर्म–मल कहा जाता है।

दीक्षा से ही शरीर की समस्त अशुद्धियाँ मिट जाती हैं और देह शुद्ध होने से देव–पूजा का अधिकार मिल जाता है। गुरु एक है और उन्हीं से चारों ओर शक्ति का विस्तार हो रहा है। यदि परम्परा की दृष्टि से देखें तो मूल पुरुष परमात्मा से ही ब्रह्मा, रूद्र आदि के क्रम

से ज्ञान की परम्परा चली आयी है और एक शिष्य से दूसरे शिष्य में संक्रान्त होकर वही वर्तमान गुरु में भी है। इसी का नाम सम्प्रदाय है और गुरु के द्वारा इसी अविच्छिन्न साम्प्रदायिक ज्ञान की प्राप्ति होती है, क्योंकि मूलशक्ति ही क्रमशः प्रकाशित होती आयी है। उससे हृदयस्थ सुप्त शक्ति के जागरण में बड़ी सहायता मिलती है और यही कारण है कि कभी–कभी तो जिनके चित्त में बड़ी भक्ति है, व्याकुलता और सरल विश्वास है, वे भी भगवत्कृपा का उतना अनुभव नहीं कर पाते, जितना कि शिष्यों को दीक्षा से होता है।"

दीक्षा विभिन्न प्रकार की है। शास्त्र का वचन है–

स्पर्शाख्या देवि दृक संज्ञा मानसाख्यसा महेश्वरी
क्रियायासादिरहिता देवि दीक्षा त्रिधा स्मृता।।

"मंगलमयी दीक्षा तीन प्रकार की कही गई है। स्पर्श दीक्षा, दृग दीक्षा और मानस दीक्षा। योग्य गुरु अपनी कृपा से शिष्य को शिवहस्त से स्पर्श दीक्षा, दिव्य दृष्टि से देखने पर दृग दीक्षा और सत्य संकल्प के मनन से मानस दीक्षा देते हैं।"

"परमात्मा शिव ने शिवागम में तीन प्रकार की दीक्षा– शांभवी, शाक्ति और मान्त्री का उपदेश दिया है।"

गुरुदेव की कृपा और शिष्य की श्रद्धा ही इन दोनों का पवित्र संगम ही दीक्षा है। गुरु की आत्मदान, शिष्य के आत्म–समर्पण, से ही सम्पन्न होता है। ज्ञान, सिद्धि ओर शक्ति का दान, अज्ञान, पाप और दरिद्रता का क्षय, इसी का नाम दीक्षा है। सभी साधकों के लिए दीक्षा को प्राप्त करना अनिवार्य है। जब तक साधक दीक्षा प्राप्त नहीं करता, वह साध्य प्राप्त नहीं कर सकता। दीक्षा से ही शरीर की सारी अशुद्धियां मिट जाती हैं। शरीर शुद्ध होते ही उसे देव पूजा का अधिकार मिल जाता है। दीक्षा बहुत बार नहीं होती। वह एक बार ही सम्भव है। सामान्यतया दीक्षा के तीन भेद माने जाते हैं।

1. शाक्ती 2.शाम्भवी 3. मान्त्री,

शाक्ती दीक्षा का विवरण करते हुए बताया गया है कि परम चैतन्य कुण्डलिनी ही शाक्ती है। उसको जागृत करके ब्रह्मनाड़ी में से होकर परम शिव में मिला देना ही शाक्ती दीक्षा है। इस दीक्षा में गुरु शिष्य के शरीर में प्रवेश कर उसमें कुण्डलिनि जागृत करते हैं और अपनी शक्ति उसमें मिला देते हैं।

गुरु अपने प्रसन्नता से दृष्टि अथवा स्पर्श के द्वारा एक क्षण में स्वरूप स्थिर कर देते हैं। गुरु की दृष्टि मात्र से शिष्य का सहस्रार प्रफुल्लित हो जाता है और वह समाधिस्थ होकर कृत्कृत्य हो जाता है।

मान्त्री दीक्षा में गुरुदेव शिष्य को मंत्रोपदेश देते हैं।

दोनों दीक्षा से तत्काल सिद्धि प्राप्त होती है। परन्तु मान्त्री दीक्षा से उनका अनुष्ठान पर सिद्धि का लाभ होता है।

गुरु केवल मार्गदर्शन ही नहीं करता वरन् वह समय की दीर्घा को कम करते है उसे बहुत ही कम समय में अभीष्ठ लाभ की सिद्धि में सहायक होते है। इस जगत में मानव अपूर्ण–रूप में आता है उसे पूर्णता की पूर्ति अभिलाषा रहती है। इसकी पूर्ति के लिए गुरु

ही एक मात्र सहारा है। इसलिए दीक्षा की आवश्यकता पड़ती है।

वर्तमान समय में दीक्षा एक प्रथामात्र बन कर रह गई है। न शिष्य में साधना की प्रवृत्ति रही है और न गुरु में साधना की शक्ति। परन्तु ऐसा नहीं है। यदि कोई अधिकारी शिष्य गुरु को खोज निकालता है तो वही दीक्षा सम्पन्न होती है। क्योंकि दीक्षा में दोनों तत्वों का बराबर समावेश होना चाहिए। वर्तमान समय में लोग अधिक परिश्रम से घबराते हैं। अतः उनके लिए साधना की अपेक्षा सुगम भजन की खोज कर ली गई है। वे प्रेम भाव से भगवान की प्रार्थना करते हैं। श्रद्धा से उन्हें याद करते हैं। यही गुरु और शिष्य की कड़ी है। जो दीक्षा के रूप में प्रत्यक्ष दिखाई देती है।

❑❑❑

साधना को गुप्त रखने का महत्व

शास्त्रों से यह ज्ञात होता है कि साधक को अपने द्वारा की गई साधना को गुप्त रखना चाहिए। इसे प्रकट करने को निषेध बताया गया है।

यह प्रश्न विचारणीय हैं धर्म शास्त्रों में साधना को गुप्त रखने का आदेश है। इसके दो कारण हैं। पहला कारण तो यह है कि साधक की साधना नष्ट हो जाती है और उसे स्वयं को हानि उठानी पड़ती है। साधारण–से–साधारण साधना भी जन साधारण को पता चलती है तो वह साधक का सम्मान करने लगती है, उसे भगवान का स्थान दे देती है। ''तंत्रों में लिखा है कि यदि साधक की साधना का पता जनता को लग जाए तो उसी दिन तांत्रिक की मृत्यु समझ लेना चाहिए'' साधना के फल से जितना अधिक यश होगा उसका फल उतना ही कम हो जाएगा। जब जन साधारण को सम्मान देने लगती है तो साधक स्वयं को अन्यों से भिन्न समझने लगता है। उससे साधक अहंकारी बन जाता है। वह वापस उसी कीचड़ में फँस जाता है जिसके निकलने के लिए वह प्रयास कर रहा था। उसकी साधना धुल जाती है। भगवत गीता में इस संबंध में लिखा है कि क्रोध से, सम्मोह से, स्मृति विनम्र से, बुद्धि नाश से सर्वनाश हो जाता है।' साधना के प्रकट होने से अनेक व्यक्ति अपनी स्वार्थ सिद्धि के लिए साधक के भक्त बन जाते हैं। कोई उसका पंखा झलता है तो कोई उसके चरण छूता है। इस प्रकार उसका सारा कार्यक्रम बिगड़ जाता है।

और वह अपने नित्य कार्यो को पूरा नहीं कर पाता। जिस कारण उसकी साधना अधुरी रह जाती है। उसका ध्यान साध्य से हटकर उन लोगों की बातों में लग जाता है और कभी–कभी वह उनकी बातों में आकर उन्हें आशीर्वाद दे देता है। यदि उसकी साधना सिद्ध हुई ओर आशीर्वाद सही हुआ तो उसका फल उसके फल में से काट लिया जाता है। दूसरी ओर यदि साधक के द्वारा दिया हुआ आशीर्वाद सत्य नहीं होता है तो वह झूठ करार दिया जाता है और उसका अपमान होता है। प्रायः ऐसा देखा गया है कि जब लोग साधक के पास जाते हैं तो फल–फूल, मिठाई या धन ले जाते हैं जिसे ग्रहण करने से साधक की साधना सम्पूर्ण नष्ट हो जाती है। इससे भी अधिक हानि उस समय होती है जब साधक के पास चेलियाँ इकट्ठी होने लगती हैं और बहुत बड़े अनिष्ठ होने की प्रबल सम्भावनाएँ बढ़ जाती है। इस प्रकार हम देखते है कि साधना के प्रकट हो जाने पर साधक को स्वयं कितनी हानि होती है।

साधना को प्रकट करने से दूसरी हानि यह होती है कि उसकी कितनी ही साधनाएं इतनी रहस्यमयी होती है कि उसके तत्व को समझना बहुत कठिन होता है। लोग उसकी

बात को नहीं समझते। उसका मजाक उड़ाते हैं। जिसे वह नहीं समझ सकती। इसलिए समस्त साधनाओं को गुप्त रखने के लिए कहा गया है। तंत्रों में स्थान–स्थान पर योनि के सामान गुप्त रखने को कहा गया है। इसका तात्पर्य यह है कि जिस प्रकार कुलीन स्त्री अपने अंगों को परपुरुष से छुपा कर रखती है सिर्फ अपने पति के सामने ही प्रकट करती है। उसी प्रकार साधक को अपनी साधना अपने हृदय में स्थित अपने भगवान के समक्ष ही रखनी चाहिए। साधक को रोज इस बात का ध्यान रखना चाहिए कि कोई उसकी साधना को चुरा तो नहीं रहा या तुम्हारे पास तो नहीं आ रहा। इसलिए अपनी साधना को छुपा कर अथवा गुप्त रखनी चाहिए।

साधना से सिद्धि

वर्तमान समय में मनुष्य एक विडम्बना बन कर रह गया है। मनुष्य अपने जीवन से मृत्यु तक इस भ्रम में रहता है कि वह अपने जीवन को सही तरीके से व्यतीत कर रहा है। इस जीवन में वह सभी कुछ करता है। अपने जीवन के साथ उन लोगों के जीवन को भी अच्छा स्तर प्रदान करना चाहता है जो उसके समक्ष उपस्थित हैं। उसके ये सब करते–करते ही वृद्धावस्था तक पहुँच जाता है। बिना किसी आध्यात्मिक क्रिया के वह अपने जीवन से रूष्ठ हो जाता है। वह उसी प्रकार जीवन व्यतीत करता है जिस तरह अन्य जानवर करते हैं। नीरस ओर निरर्थक जीवन एक ऐसा अभिशाप है जिसे दुर्भाग्य के रूप में स्वीकार करना पड़ता है। इसी के विपरीत सफल समर्थ ओर समुन्नत स्तर के व्यक्ति सौभाग्यशाली प्रतीत होते हैं। मनुष्यों के बीच ऐसे अन्तर का क्या कारण है इसका साफ उत्तर यही है कि पहली किस्म के मनुष्य अपना जीवन मनुष्य की पहली परत पर ही गुजार देते हैं और उन्हें सिर्फ छिलके के ओर कुछ प्राप्त नहीं होता। परन्तु वे मनुष्य जो मनुष्य जीवन की हर तह को खोलते हुए मानवतावादी कार्य करते हैं, वे लोग ये जानते ओर मानते हैं कि इस धरती पर लाने वाला ईश्वर है और ईश्वर की प्राप्ति के लिए किया जाने वाला कृत्य साधना है। "साधना से सिद्धि" का सिद्धांत अक्षरशः सत्य है। भौतिक जगत् में विभिन्न क्षेत्रों में अध्यनरत पुरुषार्थी अनेक सफलताएं अर्जित करता है। जीवन एक ऐसा क्षेत्र है। जहाँ आनन्द और उल्लास के भण्डार भरे पड़े हैं। साधना एक सुविस्तृत विज्ञान है।

साधना का अर्थ सिद्धि है अर्थात् उपासना, जप, और श्रद्धा के माध्यम से अपनी ईष्ट देवता से अपनी इच्छित आवश्यकताओं की पूर्ति ही साधना है। मनुष्य अपने जीवन के अन्त में मोक्ष चाहता है अर्थात् पृथ्वी पर जन्मी 64 हजार योनियों से मुक्ति। इसके लिए वह अपने ईष्ट को याद करता है, उनका गुणगान करता है, उनकी परम भक्ति करता है कि उसके परमेश्वर उससे प्रसन्न होकर उसका इच्छित फल उसे देंगे। साधना एक विशाल एवम् व्यापक क्षेत्र है, हमारा सम्पूर्ण जीवन ही साधना है। "जैसी करनी वैसी भरनी" यह ऐसा सिद्धान्त है, जो हमारे जीवन के समस्त कर्मो के फलों का हिसाब इसी जीवन में होता है। जितने भी महापुरुष हुए हैं, उन्होंने अत्यन्त कठिन ओर कठोर साधनों

के माध्यम से ही आत्मज्ञान को पाया है। सच्चासाधक, निष्ठावान पुरुष, भगवान पथ पर चलने वाला आध्यात्मिक साधना की एक–एक सीढ़ी चढ़ता हुआ लक्ष्य की ओर पहुंचता है। साधक को इधर–उधर भटकने की कोई आवश्यकता नहीं उसके ईश्वर व भगवान उसके हृदय में निवास करते हैं। अतः हृदय स्थित भगवान का ध्यान स्वच्छ मन से किया जाए तो निश्चय ही विशुद्ध भगवान अर्थात् परमात्मा को प्राप्त करता है। सनातन धर्म विश्व के अन्य धर्मों से काफी भिन्न है। इस धर्म ने अपने सभी वर्गों के लोगों के लिए अच्छी ओर सुन्दर क्रियाएँ बनाई है जिससे प्रत्येक व्यक्ति अध्यात्म शक्ति को प्राप्त कर सकें। किसी भी साधना को करने के लिए कुछ शर्तों का पूरा करना अनिवार्य होता है, यही उसे सफलता दिलाती है। यह एक ऐसा सूत्र है, जो ज्ञान के क्षेत्र में समान रूप से तथा साधना के क्षेत्र सिद्धि के रूप में दिखलाई देता है। साधना से सिद्धि का सिद्धान्त सास्वत सत्य है। इसमें कोई शक नहीं, तथा इसमें कोई विवाद की गुंजाइश नहीं। सिर्फ साधना के स्वरूप ओर उद्देश्य को समझने भर की देरी है। उद्देश्य समझते ही हम अपने लक्ष्य को प्राप्त करने में सफल हो जाते हैं।

साधना से सिद्धि का सिद्धान्त सुनिश्चित है, धार्मिक जीवन का मूल आधार आत्मसंयम है। आत्मसंयम के बिना साधना हो ही नहीं सकती, क्योंकि मनुष्य का शरीर चंचल तथा आध्यात्मिक जगत् में सफलता मिल ही नहीं सकती। सफलता का मिलना हमेशा असम्भव ही होता है। इसका कारण जिस शक्ति को संगठित कर के भगवान में लगाना है वह नष्ट हो जाती है। इसलिए हमें वास्तविक और आध्यात्मिक साधना करनी चाहिए यही जीवन का बीज है। अन्त में यही कहा जा सकता है कि लोक की चाहें कितनी ही सिद्धि प्राप्त कर लें उसे अपने ईष्ट के पथ पर हमेशा चलना चाहिए। यदि आप ज्ञानी हैं ज्ञान के मार्ग पर चलते हैं, तो निश्चय ही आप सिद्धि की प्राप्ति कर सकते हैं।

साधना के स्तर

साधना मनुष्य को सदाचारी बनाती है। जीवन के आदर्श मार्ग पर उसे अपनी सम्पूर्ण जीवन के उद्देश्यों की प्राप्ति होती है। जैसे स्कूटर के लिए पेट्रोल की आवश्यकता होती है। उसी तरह मनुष्य जीवन में साधना महत्वपूर्ण स्थान रखती है। मनुष्य का जीवन ही साधना के समान है। यदि मनुष्य अपने मन पर काबू पा ले तो वह सम्पूर्ण जगत् को विजय कर सकता है। साधना सभी स्तरों पर की जाती है, फिर भी साधना के तीन प्रकार अथवा स्तर बताए गए है। साधना का पहला पक्ष उपासना है। विभिन्न शारीरिक और मानसिक क्रिया कृत्य सभी चिन्तन परक होती है। उनमें सभी स्तरों के ध्यान करने पड़ते हैं। दूसरा पक्ष है ध्यान, ध्यान दो प्रकार का माना गया है साकार ध्यान और निराकार ध्यान। साकार में अमुक देवी–देवताओं के स्वरूप एवम् सानिध्य की भावना आती है। मनुष्याकृति के भगवान ध्यान को साकार ओर सूर्य प्रकाश जैसे हाथ–पाँव रहित स्वरूप को निराकार कहा गया है। आकार का अर्थ ही स्वरूप है। जहाँ किसी भी प्रकार की आकृति का ध्यान बनाया जा रहा होगा वह साकार ध्यान है। निराकार वर्ग के सहारे

सम्पन्न किए जाते हैं। शरीर से श्रम परक सूक्ष्म शरीर में चिन्तन परक उपासनाएँ की जाती हैं। इसका कारण शरीर में केवल चिन्तन परक उपासनाएँ हैं। निष्ठा, आस्था, श्रद्धा का भाव भरा **समन्वय भक्ति** कहलाता है। प्रेम सम्वेदना इसी को कहते हैं। मन ओर बुद्धि का इसमें अधिक उपयोग नहीं होता है। भक्ति का प्रमुख लक्षण कई धर्म विचारकों ने बताया है कि जिसमें मनुष्य एक दूसरे से इतना प्रेम करे की बस उसी में लीन हो जाए, उसे ही अपना पहला और आखिरी लक्ष्य समझें। अतः ऐसी स्थिति एकता, एकरूपता, एक सत्ता का प्रतिपादन करती है और यही अवस्था भक्त और भगवान के स्वरूप को बनाती है। भक्त द्वारा जुड़े हुए संकीर्ण स्वार्थपरता के बन्धन भी समाप्त हो जाते हैं। ऐसा मनुष्य लोभ मोह के बन्धनों से विरक्त होकर वैरागी जीवन व्यतीत करता है। इसके लिए मात्र मस्तिष्क द्वारा सम्भव होने वाले ध्यान चिन्तन से काम नहीं चलता, वरन् प्रियतम के साथ एकीकरण होने भावोन्माद को जगाना पड़ता है। आत्मा और परमात्मा की एकता भावना जिस भी भाव प्रक्रिया द्वारा सम्पन्न की जाए वे सभी भक्ति कहलाती हैं।

ये सारी साधनाएं एक साथ चलती हैं। जिस तरह मानव शरीर के सभी अंग एक साथ कार्य करते हैं, और साथ–साथ कार्य करने से सभी का एक साथ विकास भी होता है।

उपासना के संबंध में एक महत्वपूर्ण तथ्य यह सामने आता है, कि केवल कर्मकाण्ड ही काफी नहीं हैं। वरन् साथ में भावनात्मक समावेश होना भी बहुत जरूरी है। आमतौर पर लोग यह समझ लेते हैं, कि जप, पाठ करने से उनकी उपासना पूर्ण हो गई। उपासना के हर कर्मकाण्ड के साथ आवश्यक भावनाओं का समन्वय होना बहुत आवश्यक है, तभी उनमें प्रखरता आएगी।

श्रद्धा में विकास का समुचित समावेश रहना चाहिए। कौतुहल, अवज्ञा, उपेक्षा की तरह विधि विधान कर लेने से कुछ नहीं होता शारीरिक क्रियाओं के साथ–साथ आत्मिक भावनाओं का होना अत्यन्त आवश्यक बताया गया है, ओर इसी आधार पर उपासना प्राणवान होती है। अधूरे और अपनी मर्जी अनुसार उपासना करने से निराशा के अलावा कुछ हाथ नहीं लगता, इसलिए उपासना में पूजा के अतिरिक्त भावना ओर साधना का भी ठीक प्रकार से समन्वय होना चाहिए, तभी वह अपने इच्छित परिणाम पा सकते हैं। ऋषि और शास्त्रों के अनुसार हम जितनी भी उपासना ठीक ढंग से करेंगे, उतना ही अच्छा परिणाम हमें प्राप्त होगा। जीवन शोधन ओर परमार्थ प्रक्रिया का समन्वय करने से साधन का प्रयोजन पूरा होता है। जिस प्रकार उपासना को पूजन, जप और ध्यान इन तीन भागों में बांटा गया है, उसी प्रकार आत्म निर्माण, परिवार निर्माण, और समाज निर्माण साधना के तीन अंग बतलाए गए हैं। भगवान के स्मरण पर जितना ध्यान देना आवश्यक है उतनी ही आवश्यकता जीवन शोधन की भी है। आदर्शवादी व उत्कर्ष जीवन का सबसे प्रमुख प्रमाण हैं। ऐसे मनुष्य जो अपने आचरण की शुद्धता को लेकर अपने भगवान के समक्ष उपस्थित होते हैं, वे निःसन्देह परमात्मा को प्राप्त करते हैं।

मानव जीवन में साधना का महत्त्व

जैसा कि हम जानते ही है कि, साधना में साधक विशेष यंत्र के रूप में कार्य करता है अर्थात् मनुष्य, साधना के प्रत्येक अंग में बराबर शामिल रहता हैं। साधना के जितने अंग अथवा भेद बताए गए हैं। उनमें भी मनुष्य का विशेष योग दिया गया है। अतः इन सब बातों से यह सिद्ध होता है कि मानव साधना का परम अंग है और जिसका प्रमुख प्रभाव मानव जीवन पर पड़ना स्वाभाविक है। प्रत्येक जीव अर्थात् मनुष्य का प्रधान कर्तव्य है कि वह अपने उस ईष्ट देवता को याद करे जिसने उसको पैदा किया। संसार में एक वो ही ऐसा है, जो सर्वत्र विद्यमान है। इसलिए मानव जीवन पर उसका बहुत महत्व होना चाहिए। जब मनुष्य अपने जीवन के यथार्थ उद्देश्य की प्राप्ति के लिए भगवान का भजन करता है, उसे याद करता है, ऐसी अवस्था में उसके सम्पूर्ण जीवन पर उसका प्रभाव पड़ता है। आदिकाल से ही मनुष्य ईश्वरीय भक्ति में लीन रहा है। ऐतिहासिक ग्रन्थों तथा प्राचीन ग्रन्थों से ये मालूम होता है कि राजा, प्रजा तथा साधू संन्यासी ईहलीला की प्राप्ति के लिए अपना सब कुछ छोड़कर जंगल में चले जाते ओर वहां के शान्त वातावरण में भगवान की साधना में लीन हो जाते। जिसका प्रभाव प्रत्यक्ष या अप्रत्यक्ष रूप से मान जीवन पर पड़ता है, मोक्ष की प्राप्ति के लिए मनुष्य संसार भर में भटकता है और अन्नतः उसे मोक्ष प्राप्ति होती है या अपनी इच्छानुसार फल की प्राप्ति करता है। साधना में साधक ओर साध्य का परम संबंध है साधक भक्त है और साधना भक्ति है और साध्य आराध्य भगवान है। इसमें कोई सन्देह नहीं कि साधना संसार रूपी कीचड़ से बाहर निकालने की एक प्रणाली है। यह मनुष्य की सफलता की कुंजी है। मनुष्य जीवन उसकी आवश्यकताओं से भरा पड़ा है। वह एक वस्तु पाने के बाद दूसरे की इच्छा करता है। मनुष्य का यही स्वभाव ही उसे स्वार्थी बनाता है। मनुष्य अपनी सारी आवश्यकताएँ चाहे वो धर्म के अन्तर्गत हो या अधर्म के विरुद्ध उसको प्राप्त करने के लिए अपने ईष्ट की सहायता चाहता है इसलिए वह साधना करता है इन्हीं कारणों से मानव जीवन पर साधना का बहुत अधिक महत्त्व पाया गया है। मन को मारना अर्थात साधना, यह आध्यात्म क्षेत्र का सबसे बड़ा पुरुषार्थ माना गया है। साधना के लिए परिवार की प्रयोगशाला में अपने निर्धारणों को परिपक्वता देनी पड़ती है। इसी से पारिवारिक कल्याण सम्भव होता है, साधना के माध्यम से व्यक्ति समाज को श्रेष्ठता प्रदान करता है। वह व्यक्ति की सेवा साधना में लगा रहता है और जन सामान्य की सेवा ही सबसे बड़ी साधना बतलाई गई है।

साधना के मूल आधार

साधना के लिए मुख्यतः तीन चीजों की आवश्यकता होती है, जो साधना के मूल आधार हैं

1. साधक 2. श्रैष्ठ 3. साध्य

1. **साधक :** साधना करने वाले को साधक कहते हैं। साधना में साधक का वो

ही महत्त्व है जो जीव में प्राण का, एक बहुमंजिली इमारत में नींव का, श्वास में ऑक्सीजन का अर्थात् साधक और साधना का धनिष्ठ संबंध है। साधक अपने मस्तिष्क में एक कार्य योजना को स्थापित करता है जिसके अनुसार ही वह आचरण करता है। साधक वे होते हैं जो साधना–निष्ठा और साधना निश्चय करके अपने क्रिया कलापों में अपना समय व्यतीत करते हैं। साधको का एक यह भी गुण माना जाता है कि साधक अपना उद्देश्य और अपनी नीयत साफ रख कर, अपने साधनों की छानबीन करते हैं। योग और जय करते हैं। इन दोनों का शास्त्रीय दृष्टि से बहुत महत्व है। साधक ही वह साधन है जिससे साध्य अथवा परमात्मा या अपने इच्छित वस्तु को पाया जाता है। इसलिए यह कहना उचित होगा कि साधक ही वह यंत्र मात्र है जिससे साधना सिद्ध की जा सकती है। ओर जिस साधना की बदौलत हित सिद्धि प्राप्त करते हैं, उसकी महिमा अपरम्पार है। वैज्ञानिकों के अनुसार साध्य और साधन सारी शक्तियाँ साधन पर एकाग्र करने का शास्त्राशुद्ध और युक्ति संगत मार्ग है साधना की निष्ठा। साधक का परम धर्म है। साधक अपने आपको यंत्र बनाकर कार्य करता है। उसका मन, वचन, कर्म की पवित्रता, सत्य, अहिंसा, ब्रह्मचर्य एकांतवास, अपनी ज्ञानेन्द्रियाँ और कमेन्द्रियाँ पर नियन्त्रण साधक के प्रमुख गुण हैं, जो साधक को साध्य प्राप्त करने में सहायता प्रदान करते हैं।

2. **श्रेष्ठ गुरु :** प्राचीन समय से ही गुरु का मनुष्य जीवन में बहुत अधिक महत्त्व रहा है। हमारे भगवान श्री रामचन्द्र से लेकर आज तक जितने भी महापुरुष हुए उनका कोई ना कोई गुरु अवश्य रहा है। ऐसा माना जाता है कि गुरु ही समस्त कार्यों की सिद्धि की कुन्जी है, अर्थात् एक अच्छे गुरु का होना अत्यन्त महत्वपूर्ण स्थान रखता है। साध्य और साधक के बीच की दूरी को साधना कहा गया है। जो एकाकी से दूसरे के निकट लाती है। जिसे साधक के अधिकार और साध्य के स्वरूप का पता नहीं है वह साधना को भला, कैसे जान सकता है, इसी से सर्वज्ञ महापुरुष ही साधना का निर्देश करने के अधिकारी है। वर्तमान युग को आधुनिक लोग उन्नति का युग कहते हैं, परन्तु आध्यात्मिक दृष्टि से देखा जाए तो ऐसा निकृष्ट युग कभी नहीं आया। इसलिए ऐसे समय में यदि साधक साधना करना चाहे तो उसकी सबसे बड़ी समस्या होगी? एक श्रेष्ठ गुरु की जो उसे उसकी साधना का सही मार्ग दिखा सकें। आज के समय में यह ढूँढ़ पाना बहुत ही कठिन है, मगर ढूढ़े तो भगवान भी मिलता है और अगर अच्छा गुरु मिल जाए तो वह साधक को साध्य तक सरलतापूर्वक पहुँचा सकता है। एक शिष्य के

लिए उसके गुरु की महिमा वही समझ सकता है। शिष्य गुरू का उत्तराधिकारी है अर्थात् गुरु का ज्ञान ही शिष्य के रूप में अभिव्यक्त होता है। ज्ञान की दृष्टि से परमात्मा, गुरु और शिष्य एक हैं, इस एकत्व के बोध में ही शिष्य की पूर्णता है। शिष्य जानता है कि मेरे गुरु सर्वज्ञ हैं, वे मेरे चराचर जगत् की सम्पूर्ण रहस्यों के एकमात्र ज्ञाता हैं। वे शक्तिमान हैं। वे परम कृपालु हैं, इसलिए सफल साधना के लिए श्रेष्ठ गुरु का होना अनिवार्य है अथवा साधक अपना मार्ग भूल जाएगा जिसकी हानि उसे स्वयं को उठानी होगी।

3. **साध्य :** साधक का परम फल होता है अपने कर्मों, आचरणों, गुरु की आज्ञाओं, उनके मार्गदर्शन के अनुसार साध्य को अर्थात् परमपिता परमेश्वर को प्राप्त करना। क्योंकि वर्तमान समय में मनुष्य इतना स्वार्थी और बैचेन हो गया है कि उसे सुख, शान्ति और परम संतोष की तलाश रहती है। अतः वह ऐसी शक्ति को प्राप्त करना चाहता है जिसके माध्यम से उसे अन्तः ज्ञान और शान्ति की प्राप्ति हो। इसलिए वह साधना के माध्यम से अपने साध्य को प्राप्त करने का प्रयास करता है। साधक को साध्य प्राप्त करने से पूर्व सभी बातों को भूल कर उसी कार्य में लग जाना चाहिए जो उसे प्राप्त करनी है। साध्य को प्राप्त करने के लिए साधक दो प्रकार के कार्य करता है।

1. योग 2. जप

1. **योग**—योग वह क्रिया है जिसमें साधक मंत्रों के माध्यम से किसी विशिष्ट जगह अर्थात् स्थान पर बैठकर या खड़ा रहकर परम पिता परमेश्वर की साधना करता है, उनसे अपने मोक्ष प्राप्ति की इच्छा करता है। योग आसन होते हैं, जिसमें साधक अपनी स्थिति बनाता है।
2. **जप**—इसमें साधक भगवान का शब्दों के रूप में प्रयोग करता है। इन्हीं शब्दों से वाक्य बनते हैं अर्थात वे वाक्य जो भगवान के गुणों को बताते हैं मंत्र कहलाते हैं। मंत्रों के माध्यम से साधक साध्य अर्जित करता है।

साधना के सिद्धान्त

अब हम ये भली प्रकार समझ चुके हैं कि साधना क्या है, उसकी क्या उपयोगिता है, उसका मानव जीवन पर क्या प्रभाव पड़ता है और उसके कौन—कौन से मूल आधार है। इन सबको समझने के बाद हम इसके सिद्धांतों के बारे में चर्चा करेंगे। किसी के सिद्धांत उसके मुखरूप होते हैं जो यह बताते हैं कि कोई वस्तु किन बातों को पूरा करके अथवा किन बातों को ध्यान रखकर पूरी की जा सकती है। साधना के भी कुछ प्रमुख सिद्धांत हैं, जो निम्न प्रकार है—

1. ईश्वरीय विश्वासः– साधक को अपने ईष्ट देवता पर विश्वास होना चाहिए कि वह अपने भगवान से जो भी माँग रहा है उसको पूरा करेंगे। वर्तमान समय में आत्मविश्वास एक महत्वपूर्ण तत्व माना जाता है और यही विश्वास उसे अपने परमात्मा पर भी रखना चाहिए। इस विश्वास से ही उसे अपने फल की प्राप्ति होगी। किसी भी कार्य को शुरू करने से पहले व्यक्ति का उस कार्य के प्रति लगाव होना चाहिए वही लगाव उस कार्य के अच्छे परिणाम का घोतक होता है। साधक को अपनी संकल्प शक्ति से ये प्रचण्ड संकल्प ले लेना चाहिए कि परमात्मा उसकी साधना से प्रसन्न हो उसके इच्छित फल उसे वरदान अथवा पुरस्कार के रूप में दें।

2. दीक्षाः– श्रेष्ठ गुरु से साधक जो ज्ञान प्राप्त करता है वही दीक्षा होती है। दीक्षा के माध्यम से साधक अपनी साध्य रूपी पूँजी को प्राप्त कर सकता है। दीक्षा एक दृष्टि से गुरु की ओर से आत्मज्ञान, शक्तिपात है तो दूसरी दृष्टि से सुषुप्त ज्ञान और शक्तियों का उद्‌बोधन है। दीक्षा से शरीर की समस्त अशुद्धियाँ मिट जाती हैं। गुरु का आत्मदान, शिष्य का आत्म समर्पण एकाकी कृपा और दूसरे की श्रद्धा के अतिरिक्त और कुछ नहीं है। ज्ञान, शक्ति और सिद्धि का दान तथा अज्ञान, पाप और दरिद्रता का क्षय इसी का नाम दीक्षा है। दीक्षा के माध्यम से साधक गुरु की कृपा से अपने साध्य को प्राप्त करता है, अर्थात् साधक दीक्षा प्राप्ति के बाद ही पूर्ण साधना कर सकता है।

3. सांप्रदायिकः– साधक का सांप्रदायिक होना बहुत जरूरी है यहाँ संप्रदाय से आशय उस वातावरण से है जहाँ साधक अपनी समस्त इच्छाओं, कामनाओं, वासनाओं को त्याग कर ईश्वरीय चरणों में लीन हो जाए। ऐसी जगह बना ले जहां उसे किसी भी प्रकार का मोह भंग नहीं हो। वह साध्य मिलने तक अपनी साधना में लगा रहे और अपने उन समस्त उपायों का उपयोग करे, जो उसे उसके गुरु से प्राप्त हुए हैं, और अन्त में वह अपनी इच्छित पूर्ति को प्राप्त कर धन्य हो जाए।

साधना की उपयोगिता

अब हमारे मस्तिष्क में ये प्रश्न उठता है कि साधना की क्या उपयोगिताएं है? इस प्रश्न का उत्तर प्राप्त करने के लिए साधना की अवधारणा पर ध्यान केन्द्रित करना होगा। वर्तमान समय में सर्व–अशान्ति विध्यमान है। यह जगत् माया का क्रीडास्थल है। जहाँ मनुष्य आँख मिचौली खेल रहा है। उसकी आंखों पर अन्धकार अर्थात् अज्ञानता की पट्‌टी बंधी हुई है। वह सारे संसार में विचरण करता है। शान्ति व सुख की तलाश में दर–बदर की ठोकरें खाता है, मगर उसे कहीं शान्ति नहीं मिलती वह जितना सोचता है। उसके अनुसार कार्य करता है। दुखों की जंजीरों में बंधता चला जाता है। उसे स्वतन्त्रता, संतोष, कहीं नहीं मिलता। वस्तुतः वह अपनी इच्छाओं का गुलाम बना हुआ है। वह एक मृग की तरह इस मायावी संसार में अपनी प्यास बुझाने के लिए घूमता रहता है और जब वह थक हारकर बैठ जाता है तो उसे अपने भीतर की आवाज सुनाई देती है। हृदय गूंजने लगता है। शास्त्र बताते हैं कि भगवान ही एकमात्र विशुद्ध आनन्द हैं। वास्तविक ज्ञान है,

परम सत्य है, और सर्व प्रेम का स्रोत हैं, और जब वह इस बारे में सोचता है तो उसके आँखों पर बंधी अज्ञानता की पट्टी खुल जाती है, उसके जीवन में सत्य उतर जाता है। हृदय के अन्तर तल में भगवान के आनन्द की तरंगें उठने लगती हैं। भगवान के चरणों का स्मरण साधना की पहली सीढ़ी है। दुनिया के पाखण्ड धोखे देने वाले हैं, परन्तु भगवान की प्राप्ति सच्ची महान् प्राप्ति है। आज की दुनिया वैज्ञानिक युग में निवास करती हैं। प्रत्येक मनुष्य स्वार्थी होने के साथ इस जगमगाहट के पीछे डूबता जा रहा है। जो लोग इस अड़चन में नहीं पड़ते वहीं साधक बने हुए हैं और भगवान की प्राप्ति में लगे हैं, लेकिन जो लोग संसार की इस विपत्ति से परेशान रहते हैं वह ईश्वरीय खोज में लग जाते हैं भगवान को प्राप्त करना उनका परम लक्ष्य बन जाता है और सुख, शान्ति, संतोष प्राप्ति की पहली क्रिया साधना है। इस कारण इसकी उपयोगिता और अधिक बढ़ गई हैं। वास्तविक सुख क्या है? इसका एकमात्र उत्तर हैं–परमात्मा, संसार की समस्त इच्छाओं के शान्त हो जाने पर एक अनंत सुख की अनुभूति होती है उसे परमात्मा कहते हैं अतः परमात्मा को प्राप्त करना ही मनुष्य का एकमात्र उद्देश्य रहता है और इसी परमात्मा की प्राप्ति के लिए वह साधना करता है। वर्तमान युग के विद्वान अपने आपको ज्ञाता कहते हैं और दैविक ज्ञान को मन्दबुद्धि का परिचायक बताते हैं, लेकिन वास्तव में वे अज्ञानी हैं क्योंकि सबसे बड़ी पराक्रम शक्ति वही ईश्वर है, क्योंकि ईश्वर के ही करुणा के कारण उन्हें 64 हजार योनियों में सबसे श्रेष्ठ मनुष्य योनि में जन्म मिला। ज्ञान साधना का विरोध ी नहीं है। वह तो उसमें रहने वाले अज्ञान–मात्र का विरोधी है। अज्ञानता का नाश करके साधनाओं के स्वरूप की रक्षा करने में ज्ञान का महत्व है। यह कोई अनुभवी महापुरुष ही जान सकता है। ज्ञान सम्पन्न पुरुष कभी साधना का विरोध नहीं करते, जैसे दूसरे साधकों द्वारा प्रयत्नपूर्वक साधनाएं होती है ठीक उसी प्रकार ज्ञानी के शरीर के भीतर साधना होती रहती है। साधना में प्रवृत्ति ही दुख की आत्यान्तिक निवृत्ति और परमानन्द प्राप्ति के लक्ष्य को बताती हैं। लक्ष्य की सिद्धि की उपयोगिता ही साधना की अन्तिम कड़ी है। अतः साधना मनुष्य जीवन का एक है।

साधना क्या है?

मनुष्य सांसारिक आवश्यकताओं दैविक आचरणों और उनकी कृपा पाने के लिए जो आचरण करता है, जो क्रियाएं करता है वही साधना है। स्पष्ट रूप में यह कहा जा सकता है कि किसी वस्तु को प्राप्त करने के लिए साधक और ईष्ट देवता के मध्य जिस क्रिया द्वारा संबंध स्थापित होता है, उसे ही साधना कहते हैं। परन्तु धार्मिक दृष्टि से विशेषतः हिन्दू सम्यता में पुरुषार्थ को ही साधना कहा गया है। दूसरे शब्दों में साधना शब्द बहुत व्यापकता रखता है, जो भी श्रद्धायुक्त कर्म होता है साधना कहलाता है। साधना के संसर्ग में आने वालों को हर्षाती और पूर्ण रूप से फलने–फूलने पर संसार को नीचे के वातावरण से ऊपर की ओर उठाती है। एक अनिर्वचनीय आनन्द देती है। सबसे बड़ा आनन्द परमात्मा से मिलन है अर्थात् मोक्ष को प्राप्त करना है। भारतवर्ष धर्म भूमि है,

यहाँ युगों पहले से ऋषि मुनियों ने यह परम्परा चला रखी है कि आनन्द और ध्यान के मार्ग पर जाकर ईश्वर को प्राप्त किया जा सकता है। साधक और साधनाओं के कारण ही संसार सबसे ऊँचा उठा हुआ है। साधना एक आध्यात्मिक शब्द है। इसलिए साधना से सिद्धि का सिद्धांत अक्षरशः सत्य है। हमारा सम्पूर्ण जीवन ही एक साधना है और यही साध्य को प्राप्त करने का मार्ग अर्थात् यंत्र भी है अर्थात मनुष्य शरीर साधना रूपी यंत्र से साध्य करता है और यही साधना की सबसे अनूठी कड़ी मानी जाती है। धर्म ग्रन्थों तथा वेद पुराणों से यह ज्ञात हुआ है कि यदि किसी वस्तु को तपाया जाए तो उसका संशोधन होता है। उसमें दृढ़ता आती है तथा उसका स्तर बढ़ता है। ठीक उसी प्रकार व्यक्ति भी तप–साधना से परिष्कृत और सुदृढ़ होता है। साधना से योग, तप, पवित्रता, प्रखरता क्रिया, ब्रह्म विद्या तथा महातेज का उदय होता है और इसे ही साधना कहा गया है। इसलिए ब्रह्मावर्चस की साधना में कर्मयोग, ज्ञानयोग एवम् भक्ति योग इन तीनों का समन्वय रहता है। अतः विद्वानों ने इसे ही साधना कहा हैं। इग्लैण्ड के एक भौतिक शास्त्री साधना पर अपने विचार रखते हुए लिखते हैं कि साधना करने वाले को आज के समय में मन्दबुद्धि समझते है। पर ये सत्य नहीं हैं। ये बिल्कुल उसी तरह हैं कि हम एक वीरान बंजर भूमि को सींच कर उसमें फल–फूलों के पेड़–पौधे लगाते हैं। उसको उर्वरक बनाने के लिए खाद और पानी देते हैं, उसकी निरन्तर देखभाल करते हैं, और जब मौसम आता है तो उसमें फल–फूल लगते हैं, ठीक उसी प्रकार साधक अपने साध्य को पाने के लिए ईश्वर में विलीन हो जाता है और अन्त में उसे उसका इच्छित फल प्राप्त होता हैं। फल को प्राप्त करने के लिए जो क्रिया हुई उसे मेहनत या वस्तु को प्राप्त करने की साधना कहलाती है। वैसे साधना का एक ही मतलब होता है। साधारणतया साधना का अर्थ है मन को किसी विषय पर एकनिष्ठ भाव से संयुक्त करना है। साधना के लिए मन को ध्यानावस्था होनी चाहिए क्योंकि ध्यान ही साधना का मुख्य अंग है। ध्यान कहाँ करना चाहिए इसके लिए सही उत्तर होगा। हृदय में, क्योंकि हृदय में ही भगवान का निवास होता है। अतः यदि हम हृदय का ध्यान करें तो स्वतः ही भगवान का ध्यान आ जाएगा। इस प्रकार हृदय की सिद्धि हो जाने पर हृदय में डूब जाने पर परम ज्योति का अनुभव होता है। ज्योति से आशय पूर्णरूप से ब्रह्म से है, और ब्रह्म ही ईश्वर हैं। साधक और हृदय एक अन्य वस्तु का निर्माण करते हैं जिसे रूप कहते हैं अर्थात् वह कौन–सा ईश्वरीय निर्माण करते हैं जिससे साधक अपनी इच्छा बताना चाहता है और उन इच्छाओं को प्राप्त करना चाहता है। यही साधना की पूर्ण अवस्था है। किसी भी प्रकार की साधना करने के लिए इन तीनों का होना आवश्यक माना जाता हैं। इसमें से किसी एक का भी नहीं होने पर साधना की ही नहीं जा सकती। अतः साधना सिद्ध होने पर साधक को भगवान का साक्षात्कार होता है। कई विद्वान इस पल को निर्वाण या मुक्ति की भी संज्ञा देते हैं। अतः अन्त में यही कहा जा सकता है कि साधना परमात्मा से मिलन का एक रास्ता है, जिसे मनुष्य अपने पुरुषार्थ से पूरा करके परमात्मा में लीन हो जाता है। और अपनी समस्त इच्छाओं की प्राप्ति करता है। ❑❑❑

शक्ति-रहस्य

'श—नाम ऐश्वर्य का और शक्ति—नाम पराक्रम का है एवं ऐश्वर्य—पराक्रम स्वरूप और दोनों को प्रदान करनेवाली को शक्ति कहते हैं।' इसी आदि—शक्ति प्रकृति—देवी की विकृति ही जगत् है। अब जिस प्रकार प्रकृति अपने विकृति रूप जगत् की रचना करती है, यह संक्षेप में प्रकृति—शब्द के अर्थ द्वारा दर्शाया जाता है।

'प्र' का अर्थ प्रकृष्ट (उत्कृष्ट) और 'कृति' का अर्थ सृष्टि है एवं जो सृष्टि रचने में प्रकृष्ट को उसे प्रकृति कहते हैं। यह प्रकृति का तटस्थ लक्षण है। 'प्र' शब्द प्रकष्ट सत्वगुण में रहता है, यह प्रकृति का स्वरूप—लक्षण है, जैसा कि सांख्यशास्त्र में प्रतिपादन किया है— 'सत्वरजस्तमसां साम्यावस्था प्रकृतिः।' इन तीन गुणों के द्वारा ही तीन देवताओं को अर्थात् सत्व से विष्णु को, रज से ब्रह्मा को और तम से रुद्र को उत्पन्न कर भगवती जगत् का पालन, उत्पत्ति और लय करती है।

इस विषय को बह्वृचोपनिषद् में इस प्रकार वर्णन किया गया है।

'सृष्टि के आदि में एक देवी ही थी, उसने ही ब्रह्माण्ड उत्पन्न किया; उससे ही ब्रह्मा, विष्णु और रुद्र उत्पन्न हुए। अन्य सब कुछ उससे ही उत्पन्न हुआ। वह ऐसी परा—शक्ति है।' प्राधानिकरहस्य में लिखा है—

ब्रह्मा, विष्णु और महेश अपने अर्धांगीभूत त्रिविध शक्ति—सरस्वती, लक्ष्मी और गौरी की सहायता से जगत् का जनन, पालन और लय करते हैं।

न हि क्षमस्तथात्मा च सृष्टिं स्रष्टुं तया विना।

'बिना शक्ति के आत्मदेव सृष्टि रचना नहीं कर सकते।'

तया युक्ताः सदात्मा च भगवांस्तेन कथ्यते।
स च स्वेच्छामयो देवः साकारश्व निराकृतिः।।

'ज्ञान, समृद्धि, सम्पत्ति, यश और बलवाचक 'भग' शब्द युक्त भगवती से संयुक्त होने से आत्मा का नाम भगवान् है; स्वेच्छामय होने से भगवान् कभी आकार और कभी निराकार होते हैं।'

इत्थं यदा यदा बाधा दानवोत्था भविष्यति।
तदा तदावतीर्याहं करिष्याम्यरिसंक्षम्।।

वही जगदम्बा 'जब—जब दानवजन्य बाधा उपस्थित होगी तब—तब मैं अवतीर्ण हो दुष्टों का नाश करूँगी'— अपनी इस प्रतिज्ञानुसार समय—समय पर दुर्गा, भीमा, शाकम्भरी आदि नामों से अवतार लेकर जगत् का क्षेम करती है एवं देव—देवी, स्त्री—पुरुष आदि स्त्री पुरुष भेद से, तथा—

अपरेयमितस्त्वन्यां प्रकृतिं विद्धि मे पराम्।

–परा और अपरा प्रकृति अर्थात् जड़–चेतन–भेद से दृश्य मान समस्त शक्ति का ही विलास है। इस प्रकार शक्ति के सगुण रूप का दिग्दर्शन कर अब संक्षेप में उसके गुणातीत स्वरूप का वर्णन किया जाता है।

एकमेवाद्वितीयं यद् ब्रह्म वेदा वदन्ति वै।
सा किं त्वं वाप्यसौ वा किं सन्देहं विनिवर्तय।।

'जिसे वेद एक–अद्वैत ब्रह्म कहते हैं, वह तुमसे भिन्न है व तुम्हीं ब्रह्म हो इस सन्देह को निवृत्त करो।' इस प्रकार ब्रह्मा जी के प्रश्न करने पर भगवती ने उत्तर दिया–

सदैकत्वं न भेदो'स्ति सर्वदैव ममास्य च।
यो'सौ साहमहं यो'सौ भेदो'स्ति खलु विभ्रमात्।।

'मैं और ब्रह्म सदा एक हैं, हममें भेद नहीं है; जो वह है, सो मैं हूँ, जो मैं हूं सो वह है, हममें भेद भ्रम से भासता है।'

स्वशक्तेश्व समायोगादहं बीजात्मतां गता।
सर्वस्यान्यस्य मिथ्यात्वादसंगत्वं स्फुअ। मम।।

'स्वशक्ति के योग से मेरा (ब्रह्म का) जगत्कारणत्व सिद्ध है। वस्तुतः जगत् का मिथ्यातत्व होने से मेरा असंगत्व स्पष्ट है। यह मेरा अलौकिक रूप है।'

दीक्षाकाल

यन्त्र, मन्त्र व तन्त्रादि की साधना केवल पुस्तकीय ज्ञान पर ही नहीं करनी चाहिए। इसके लिए साधनेच्छुक को सद्गुरु की शरण में जाना श्रेयस्कर है। सद्गुरु को प्राप्त करने के उपरान्त पहले दीक्षा लेना अथवा दिक्षीत होना अनिवार्य होता है। श्री काली विलास तन्त्र के छठे पटल में दीक्षा काल का निर्णय इस प्रकार दिया गया है–

फाल्गुने सिते पक्षे या कृष्णाख्या पंचमी भवेत्।
यदि भाग्यवशात् स्वाती शुक्रवार समन्विता।।
तत्र या क्रियते दीक्षा कोटि दीक्षा फलं लभेत्।
श्रवणा ऋक्ष संयुक्ता यदिभाग्यवशाद् भवेत।।
चतुर्दशी शुक्ल युक्ता सातिथिः सर्वदायिनी।
बुधवारेण सहिता आर्द्रा ऋक्ष समन्विता।।
शुक्ला च नवमी नित्या वरदा श्री प्रदायिनी।
यत्प्रोक्तं सर्व तन्त्रेषु अधुना कथयामि ते।।

अर्थात फाल्गुन मास के कृष्ण या शुक्ल पक्ष में यदि पचमी तिथि हो और भाग्यवश स्वाती नक्षत्र तथा शुक्र का दिन हो तो उस मुहूर्त में दीक्षा लेने से कोटि दीक्षाओं का फल मिलता है, यदि श्रवण नक्षत्र ही भाग्यवश मिले तो वह भी अत्युत्तम होता है। शुक्ल पक्ष चतुर्दशी तिथि भी सर्वसिद्धि प्रदायक होती है। बुध के दिन आर्द्रा नक्षत्र तथा शुक्ल पक्ष की नवमीं तिथि समस्त ऐश्वर्यो को प्रदान करती है। इस समय मैंने जो समस्त तन्त्रों में

बताया है। वही तुम्हें बताया है।

गुरु का लक्षण

सुन्दरः सुमुखः स्वच्छः सुलभो बहु तन्त्र वित्।
असंशयः संशयच्छिन्निरपेक्षो गुरूर्मतः।।
सौन्दर्य मनवद्यत्वं रूपे सौ सुख्यता पुनः।
स्मेर पूर्वाभिभाषित्वं स्वच्छता'जिह्व वृत्तिता।।
सौलभ्यमप्यगर्वित्वं सन्तोषी बहुतन्त्रता।
असंशय स्तत्व बोधे बच्छक्ति प्रतिपादनात्।।
नैरपेक्ष्यमवित्तेच्छा गुरूत्वं हितवादिता।
एवं विधो गुरूर्ज्ञेयस्त्विरः शिष्यदुःखदः।।

अर्थात सुन्दर (स्वभाव वाला) सुमुख (अनिन्ध सुन्दर मोहक आकृति वाला) स्वच्छ (साफ–सुथरा रहने वाला तथा पवित्रता आदि पर विशेष ध्यान देने वाला) सुलभ (सहज ही प्राप्य) बहुत से तन्त्रों का ज्ञाता, संशय (सन्देह) रहित, संदेहों का निराकरण करने वाला, किसी भी प्रकार की कोई भी अपेक्षा न करने वाला ही गुरु कहलाता है। अनिन्ध्य (निष्कलंक) सौन्दर्यवान, जिसके रूप को देखकर ही सुखाभास हो, स्मेर (मन्द हास्य, युक्त मन्द मन्द मुस्कराने वाला) स्वच्छता और अकुटिलता युक्त, सुलभ रहने वाला, गर्व रहित, सन्तोषी बहुत से तन्त्रों का विद्वान, संशय रहित, तत्त्व बोधी एवं तत्व की शक्ति का प्रतिपादक कर्ता, किसी भी प्रकार का लोभ न करने वाला, निरपेक्ष, गुरुत्व युक्त, शिष्य का कल्याण चाहने वाला, इस प्रकार का गुरु ही वास्तव में गुरु करने योग्य है। इन लक्षणों से रहित गुरू शिष्य के लिये दुःखदायी होता है।

शिष्य का लक्षण

चतुर्भिराद्यैः संयुक्तः श्रद्धावान् सुस्थिराशयः।
अलुब्धः स्थिर गात्रश्च प्रेक्षाकारी जितेन्द्रियः।।
आस्तिको दृढभक्तिश्च गुरौ मन्त्रे सदैवते।
एवं विधो भवेच्छिष्य स्तिवतरो दुःखकृद्गुरोः।।
गुरुच्यमाने वचने दद्यादित्थं वचः सदा।
प्रसीद नाथ। देवेति तथेति च कृतादरम्।।
प्रणम्योपविशेत् पार्श्वे, तथा मच्छेदनुज्ञया।
मुखावलोकी सेवेत कुर्यादादिष्टमादरात्।।
असत्यं न वदेदग्रे, न बहु प्रलपेदपि।
कामं क्रोधं तथा लोभं मानं प्रहसनं स्तुतिम्।।
चापलानि च जिह्मानि, नर्माणि परिदेवनम्।
ऋणदानं तथादानं वस्तूनां क्रय विक्रयम्।।

न कुर्याद गुरुणा सार्द्धः शिष्यो भूष्णु कदाचन।
यतो गुरूः शिवः साक्षातं स्तुवन् प्रणमन् भजेत्।।

प्रथम चार श्लोकों में बताये गए लक्षण शिष्य में होने चाहिए। इनके अतिरिक्त शिष्य को श्रद्धावान तथा स्थिर आशय वाला, लोभ रहित, गात्रों (अंगों) को स्थिर रखने वाला, आज्ञाकारी और जितेन्द्रिय होना चाहिए। आस्तिक, गुरु में दृढ़ आस्था और विश्वास वाली भक्ति होनी चाहिए। गुरु मंत्र और देवता एक ही हैं। ऐसा ही शिष्य, शिष्य है, अन्यथा गुरु के लिए दुःखदायी होता है। गुरू के कहे हुए वचनों पर ध्यान देने वाला, हे नाथ! हे देव!! मुझ पर प्रसन्न हों इस प्रकार आदर सहित वचन बोलने वाला, गुरु को प्रणाम कर गुरु के निकट बैठे तथा गुरु की आज्ञा पाने पर ही अन्यत्र कहीं भी जाय। गुरु के मुख की भाव भंगिमाओं का अवलोकन कर तदनुसार ही कार्य करे, गुरु की प्रत्येक आज्ञा का आदर पूर्वक पालन करें। गुरु के सामने कभी असत्य न बोले न अधिक वार्तालाप करे। काम–क्रोध, लोभ–मोह, मान, प्रहसन, स्तुति, चपलता, कुटिलता, मजाक आमोद–प्रमोद, ऋण देना, ऋण लेना, वस्तुओं का क्रय–विक्रय, गुरु के साथ कभी न करें। शिष्य को इन बातों पर विशेष ध्यान देना चाहिए, क्योंकि गुरू साक्षात् शिव है। अतः उन्हें सदैव प्रणाम करते हुए उनकी सेवा में सतत लगा रहे।

यथा देवे तथा मन्त्रे, यथा मन्त्रे तथा गुरौ।
यथा गुरौ तथा स्वात्मन्येषं भक्तिक्रमः प्रिये।।
गुरोस्तु जन्म दिवसे, कुर्यादुत्सवमादरात्।
विशेष पूजां योगिभ्यो भोजनं तत्पदार्चनम्।।
व्याप्ते दूर गते पूज्यं पूजयेदग्रजादिषु।
एक देशे नित्य सेवा दूरस्थे योजन क्रमात्।।
एकादिऋतु संवृद्धया, वर्षे ष्ड्झड्योजनान्तरे।
ततो'दूर गते सेवा तदाज्ञा परिपालनम्।।
आसनं शयनं वस्त्रं भूषणं पादूकां तथ्था।
छायां कलत्र मन्यच्च यत्त्स्येष्टं तु पूजयेत्।।
एक ग्रामे पृथक, पूजां न कुर्यादननुज्ञया।
पूजा मध्ये समायाते पूज्ये न त्वा स्थितिं वदेत्।।
विधेहि शेष नित्युक्तः कुर्यान्नोचेत्तदाज्ञया।
वर्तेत सो'पि तच्छेषं कुर्यान्निश्चल मानसः।।
पूजा मध्ये गुरौ पूज्ये, त्वन्येवापि समागते।
कृत्येमेव समुद्दिष्टं, मौनं तैर्न समाचरेत्।।
गुरु न मर्त्य बुध्येत यदि बुध्येत तस्य तु।
न कदापि भवेत् सिद्धिर्मन्त्रैर्वा देव पूजनेः।।

भगवान शंकर श्री पार्वती जी से कहते है कि हे प्रिये! जिस प्रकार की भक्ति देवता के प्रति की जाती है, उसी प्रकार की भक्ति मन्त्र के प्रति करे और जिस प्रकार की भक्ति

मन्त्र के प्रति की जाती है, उसी प्रकार की भक्ति गुरु के प्रति करें तथा जिस प्रकार की भक्ति गुरु के प्रति की जाती है, उसी प्रकार की भक्ति अपने आत्मा के प्रति करें यह भक्ति का क्रम है। शिष्य को चाहिए कि गुरु के जन्मदिवस पर अतीव श्रद्धा के साथ उत्सव करें और गुरु की विशेष पूजा के साथ योगियों को भोजन करवावे ताकि उन योगियों के भी चरणों का अर्चन करें। गुरु के दूर देश में व्याप्त होने पर अन्य अग्रजों का पूजन करें। यदि गुरु और शिष्य एक ही स्थान पर है तो नित्य सेवा करें। गुरू यदि एक योजन के अन्तर में है तो भी नित्य सेवा करें। यदि छह योजन दूरी पर गुरु है तो प्रत्येक ऋतु में एक बार पूजन करें। उससे भी दूर होने पर गुरु की आज्ञानुसार कार्य करें। गुरु के आसन–शयन–वस्त्र, आभूषण व पादुका, चित्र आश्रम अथवा जो भी इष्ट हो उसकी पूजा करें। एक ग्राम में रहकर बिना गुरु की आज्ञा के पृथक पूजा न करें। पूजा के मध्य में पूज्य के आ जाने पर प्रणाम कर यथा स्थिति बतावे, फिर शेष पूजा करें। निश्चल मन से गुरु की शेष पूजा करें। इन कृत्यों को करते समय मौन न रहे गुरु को मरण शील न समझे यदि गुरु को मरण शील समझता है तो उसे कभी देव पूजन से या मन्त्र जप से सिद्धी नहीं मिलती।

कादि विधा में नियम व्यवस्था

हादौ हि नियमाः प्रोक्ताः यम संयमनादय।
कादौ तु नियमो नास्ति, स्वेच्छया धर्म माचरेत्।।

हादि विधा में यम संयम आदि नियमों का पालन अनिवार्य होता है किन्तु कादि विधा में कोई नियम नहीं है, स्वेच्छा से धर्माचरण करे।

कार्य सिद्धि कैसे हो?

जिह्वा दग्धा परान्नेन हस्तौ दग्धौ प्रति ग्रहात्।
मनो दग्धं पर स्त्रीभिः कार्य सिद्धिः कथ भवेत्।।

परान्न भक्षण से जिह्वा और दान लेने के हाथ तथा पर स्त्री सेवन से मन दग्ध हो जाता है, अतः कार्य सिद्धि कैसे सम्भव हो सकती है। अतः साधक को परान्न भक्षण, दान ग्रहण एवं परस्त्री सेवन से बचना चाहिए।

भावनानुसार सिद्धि–

मन्त्रे तीर्थे द्विजे देवे, दैवज्ञे भेषजे गुरौ।
यादृशी भावना यस्य सिद्धि र्भवति तादृशी।।

मन्त्र, तीर्थ, द्विज, देव, ज्योतिषी, औषध और गुरु में जिसकी जिस प्रकार की भावना होती है, उसी प्रकार की सिद्धि होती है।

पूजा–स्तोत्र– जप ध्यान और लय

पूजा कोटि समं स्तोत्रं, स्तोत्रं कोटि समो जपः।
जप कोटि समं ध्यानं, ध्यान कोटि समो लयः।।

करोड़ों पूजाओं के समान स्तोत्र होता है और करोड़ों स्तोत्रों के समान जप होता है। करोड़ों जप के समान ध्यान होता है तथा करोड़ों ध्यानो के समान इष्ट में तल्लीनता होता है।

बीजाक्षर ज्ञान

कत्रयं हद्वयं चैव शैवो भागः प्रकीर्तत।
शक्त्यक्षराणि शेषाणि ह्रींकार उभयात्मकः।।
एवं विभाग मज्ञात्वा ये विद्या जप शालिनः।
न तेषां सिद्धिदा विद्या कल्पकोटिशतैरपि।।

पचदशी मन्त्र में तीन ककार और दोहकार शिव वसर्ण है, अर्थात् ये शिव के बीजाक्षर हैं। इनके अतिरिक्त शेष बीजाक्षर शक्ति वर्ण है अर्थात् शक्ति के है। मन्त्र में जो तीन ह्रींकार आते हैं वे शिवशक्त्यात्मक हैं, अर्थात् शिव और शक्ति दोनों के हैं, जो साधक इस प्रकार मन्त्राक्षरों के विभाग को नहीं जानता, उसे सिद्धि नहीं प्राप्त होती है।

❑❑❑

सिद्धि मिले तो कैसे?

आज जन–साधारण में यह चर्चा सुनने में आती है, कि सिद्धियां प्राप्त नहीं होती और यह बहुत हद तक सही भी है, इसका मुख्य कारण हम लोगों के संस्कार, शिक्षा, आचार–व्यवहार, ब्रह्मचर्य, रहन–सहन इत्यादि है। सबसे पहले प्रथम संस्कारों को ही लीजिये कि माता–पिता जन्मजात कुमारों के जिनके कि हर प्रकार से सभी संस्कार होने की आवश्यकता है, वर्तमान समय की नई हवा से प्रभावित होने के कारण तथा अधार्मिक शिक्षा के प्रभाव में बड़े होने के कारण किसी भी प्रकार के संस्कार करने में उन्हें कोई रुचि नहीं हैं। इससे वे जन्मजात ब्राह्मण कुमार भी असंस्कारी शूद्रवत् रह जाते हैं। जैसा कि स्तुतियों में स्पष्ट लिखा है– "जन्मना जायते शूद्रो, संस्कारात् द्विज् उच्यते।" जब वे असंस्कृत रह गये तो फिर मंत्र दीक्षा के वे अधिकारी तो हो ही नहीं सकते, परन्तु फिर भी आचार्य लोग स्वदक्षिणा के लोभ में या धन से प्रभावित होकर ब्राह्मणतत्व का दोष परिहार किये बिना ही कालातिक्रमण हो जाने पर भी जैसे–तैसे उन्हें उपवीती बना ही देते हैं, और बात ही बात में दीक्षित भी कर देते हैं, फलतः ब्राह्मण कुमार उपवीत को गले में इसलिए रख लेते हैं, कि वह ब्राह्मण का प्रतीक चिह्न हैं, परन्तु मैला हो जाने पर उसे गले से निकालकर साबुन से धोकर सुखा देते हैं। इतना ही नहीं सर्दी के दिनों में तो कई लोग ब्रह्मगांठ को सुखाने में खूंटी पर लटका लेते हैं। भूले भटके जब याद आ जाए तो गले में डाल लेते हैं। स्पष्ट है कि इस प्रकार उस ब्रह्मसूत्र का क्या महत्त्व रह जायेगा? केवल दिखाऊ यज्ञोंपवीत उन द्विज पुत्रों के गले में यदाकदा पड़ा रहता है। इसके बाद ही विवाह–संस्कार भी जैसे–तैसे सम्पन्न हो ही जाते हैं। इसके अतिरिक्त जितने भी संस्कार है उनसे पलायन और कहीं–कहीं मौजूद है भी, इसे नकारा नहीं जा सकता। तो विधि–विधान में और बिना विधि में क्या फर्क रहा?

यह तो हुई संस्कारों की वस्तुस्थिति। आज के युग में स्कूलों व कॉलेजों का अधिकांश भाग दुर्गुणों से पीड़ित है। उनमें अधिकांश जूते पहने खाना, पेन्ट इत्यादि पहिने खड़े–खड़े लघु शंका आदि करना आरम्भ में ही बालक सीख लेते हैं। जहां तक गुरु के सम्मान का प्रश्न है उसकी कल्पना भी व्यर्थ है। गुरु वर्ग को मारना–पीटना एक फैशन–सा हो गया है इससे बढ़कर शिक्षा का और क्या ह्रास हो सकता है? फिर गुरुमुख उच्चारित हो भी तो कहां से?

अब आचार–व्यवहार का भी भाव यह है कि जहां भारत वर्ष में–**"अचारो प्रथमो धर्मः!"** माना जाता था वहां स्नान आचमनादि का यह हाल है कि समय पर भूलकर भी कोई शय्या त्याग करता, उठते ही आजकल के लोगों को चाय और नाश्ता चाहिए जिसके

बिना यह कहते सुना गया है, कि चाय बिना स्फूर्ति उपलब्ध नहीं होती यानी कि स्फूर्ति का टॉनिक चाय है । अब उनके कथनानुसार दूध के गुण तो मारे ही जाते हैं । चाय पीते ही यह सिद्ध होता है, कि चाय इत्यादि पीकर ही शौचादि से निवृत्त होने के लिए कदम उठते हैं, तथा निवृत्त होकर समाचार–पत्र पढ़ने के लिए बैठ जाते हैं। स्मृति, वेद, पुराणों का पठन–पाठन इसके आगे समाप्तप्राय हो गया है। समय मिलते ही गर्मी में तो स्नान इत्यादि करेंगे, परन्तु सर्दी हुई तो मुंह–हाथ तथा सिर पर जो लम्बी जटा रूपी बाल है, धो लेंगे। मेरा एक मित्र इसी को ड्राइक्लीनिंग होना कहता है। उसके बाद भोजन। इस प्रकार नित्य कृत्य में अन्याय कर्म रह जाते हैं। संध्यावन्दन तो कल्पना की बात हो गई है। इसी प्रकार अन्य कुकृत्यों के कारण आचार समाप्त हो गये हैं।

सत्य का नाम–निशान नहीं रहा। हम हर पल में छोटी–छोटी बातों में भी झूठ बोलने से नहीं कतराते। असत्य भाषण, कटु भाषण, निन्दित भाषण, परनिन्दा, छिद्रान्वेषण आदि कर्म करने में नहीं चूकते हैं। फिर धर्म शास्त्रानुसार सिद्धि हो तो कैसे ?

ब्रह्मचर्य की तो पराकाष्ठा विपरीत रूप में दिखाई देती है । आज का बालक कल का युवा सभी सिगरेट पीना, पान खाना, तड़कीले भड़कीले वस्त्र पहनना आदि दुर्गुणों से व्याप्त हैं। कुसंगति में पड़कर भावी जीवन पर कत्तई ध्यान न देकर अपरिपक्व अवस्था में नाना प्रकार की बीमारियों के शिकार होकर असमय ही काल के ग्रास हो जाते हैं। रहन–सहन भी आजकल अपरिग्रही के बजाय परिग्रही बनता जा रहा है । जिधर देखिये छात्र के आस–पास बनावटीपन दिखेगा। पतलून, पाजामा, कमीज, कोट, कुर्ता, बुशर्ट आदि दिखेगा। सत्य तो यह है कि लड़के और लड़की में भेद करना असंभव है। दूसरी ओर असहनशीलता छात्रों में घर कर गई है। इसका असर कुटुम्ब और परिवार पर भी दिखाई देता है ।

पाठक ही बताये ऐसी विपन्न अवस्था में सिद्धि हो तो कैसे हो ? इसके लिए हमें अपने धर्मशास्त्रों के अनुसार जन्मजात बच्चों के संस्कार तो तत् साक्षीय गृह सुविधानुसार करने चाहिए और प्राचीन परिपाटी के अनुसार गुरुकुलों का संचालन हो जिनमें सांस्कारिक शिक्षा की हो ताकि धर्म क्या है ? इसका भली प्रकार भान हो सके और नित्य नियमपूर्वक संस्कारिक शिक्षा–दीक्षा दी जाय ताकि वे गुरुकुल से निवृत्त होकर घर जाने पर नियमों का उल्लंघन न कर सकें । जब वे धर्माचरण में निवृत्त होकर संध्या इत्यादि कर्म करते रहेंगे, तो उन्हें सिद्धियां अवश्यमेव प्राप्त होंगी, और उन्हें गुरु–दीक्षा से मंत्र रहस्य इत्यादि भी ज्ञात हो सकेंगे।

❑❑❑

साधना पद्धति में हवन विधान

हमारा जीवन वेगमय और निरन्तर परिर्वतनशील है। नित नए संघर्ष, घात–प्रतिघात का सामना करना पड़ता है। एक समस्या हटी नहीं कि दूसरी समस्या सामने आ जाती है, और सभी परिस्थितियों को अपने सापेक्ष बनाना आसान नहीं होता। समय कम है ओर चाह उपलब्धियों की आकांक्षा अधिक है, तब क्या सम्भव है एक लम्बी साधना पद्धति द्वारा उन विपरीत परिस्थितियों को अपने सापेक्ष बनाया जाए?

नहीं... क्योंकि आप एक समस्या को अपने सापेक्ष बनाएंगे, तो दूसरी सामने तैयार खड़ी मिलेगी, कभी धन की समस्या के रूप में, कभी पुत्री के विवाह की अड़चन के रूप में, तो कभी पुत्र की बेरोजगारी के रूप में अनेकों समस्याएं सामने खड़ी रहती हैं।

उन परिस्थितियों में हमें कुछ उपायों की आवश्यकता होती है, जिससे कुछ ही समय में ज्यादा से ज्यादा उपलब्धियों को प्राप्त कर सकें। इसके लिए साधना क्रम के साथ–साथ यदि हम यज्ञ को इसमें शामिल कर लें, तो विपरीत प्रभावों को अपने सापेक्ष बनाने में ज्यादा अनुकूलता मिलती है, और यह क्रिया हमारे पूर्वज करते रहें, इसीलिए उनका जीवन ज्यादा सुखकर और आनन्दमय रहा है।

यज्ञ–विधान को पूर्णतः सम्पन्न करने के लिए यज्ञ–कुण्डों का विशेष महत्व माना जाता है। ये कुण्ड आठ प्रकार के होते हैं, जिनका प्रयोग विशेष प्रयोजन हेतु ही किया जाता है। हर यज्ञ–कुण्ड की अपनी अलग–अलग महत्ता होती है, और उसी के अनुरूप ही व्यक्ति को उस यज्ञ का लाभ प्राप्त होता है। जीवन में धन, वैभव, शत्रु संहार, विश्व शांति, पुत्र–प्राप्ति और विजय–प्राप्ति आदि कार्यों के लिए अलग–अलग कुण्डों का महत्व शास्त्रों में प्रतिपादित किया गया है, जो निम्नलिखित है–

1. योनि कुण्ड

योनि का आकार लिए यह कुण्ड कुछ–कुछ पान के पत्ते के आकार जैसा बनाया जाता है, जिसका एक सिरा अर्द्धचन्द्राकार होता है तथा दूसरा त्रिकोणाकार होता है। इस तरह के कुण्ड का प्रयोग सुन्दर, स्वस्थ, तेजस्वी व वीर पुत्र की प्राप्ति हेतु ही किया जाता है।

राजा दशरथ ने भी पुत्र प्राप्ति के लिए इसी कुण्ड पर पुत्रेष्टि प्रयोग सम्पन्न कर राम, लक्ष्मण, भरत और शत्रुघ्न की प्राप्ति की थी।

2. अर्द्धचन्द्राकार कुण्ड

इस कुण्ड का आकार अर्द्धचन्द्राकार रूप में होता है। पारिवारिक जीवन की समस्याओं के निराकरण जीवन की समस्याओं के निराकरण के लिए सुखमय जीवन की प्राप्ति के लिए इस कुण्ड का प्रयोग किया जाता है। इस प्रकार के कुण्ड में आहुति पति–पत्नी दोनों को मिलकर देना अनिवार्य माना जाता है।

3. त्रिकोण कुण्ड

त्रिभुज के आकार में इस कुण्ड का निर्माण किया जाता है। इस प्रकार के कुण्ड का प्रयोग शत्रुओं को परास्त कर उन पर विजय–प्राप्ति हेतु किया जाता है। रावण, जो बहुत बड़ा तांत्रिक था, उसने भी राम पर विजय पाने के लिए इस यज्ञ–कुण्ड का प्रयोग कर उन्हें परास्त करना चाहा था, किन्तु यज्ञ–विधान पुरा न हो पाने के कारण वह युद्ध में विजय न प्राप्त कर सका।

4. वृत्त कुण्ड

यह कुण्ड गोलाकृति लिए हुए होता है। जन–कल्याण हेतु देश में शांति बनाये रखने के लिए ही इस प्रकार के यज्ञ–कुण्ड का प्रयोग बड़े–बड़े ऋषियों, मुनियों आदि ने पूर्व काल में किया है, जिससे कि देश में फैले अत्याचार, अशांति और बढ़ते दुष्प्रभावों को समाप्त कर शांति की स्थापना की जा सके।

5. समअष्टास्र कुण्ड

इस प्रकार के अष्टाकार कुण्ड का प्रयोग रोगों के निराकरण के लिए किया जाता रहा है। जीवन में स्वस्थ, सुन्दर और निरोगी बने रहने के लिए ही इस यज्ञ–कुण्ड का विधान है।

6. समषडस्र कुण्ड

यह कुण्ड छः कोण लिए होता है। इस प्रकार के यज्ञ–कुण्डों का प्रयोग प्राचीन काल में बहुत अधिक होता था, राजा–महाराजा विच्छेदन क्रिया को सम्पन्न करने के लिए, शत्रुओं में वैमन्स्यता का भाव जाग्रत करने के लिए ही इस प्रकार के कुण्डों का प्रयोग कर यज्ञ–विधान सम्पन्न किया करते थे, जिसके द्वारा वे शत्रु पक्ष की भूमि, राज्य आदि को हथिया कर या युद्ध में विजय–प्राप्ति के लिए इस क्रिया को सम्पन्न कर अनेक राज्यों के अधिपति कहलाते थे।

7. चतुष्कोणास्र कुण्ड

चतुवर्ग के इस कुण्ड का प्रयोग सर्व कार्यों की सिद्धि हेतु किया जाता है, अब वह

चाहे भौतिक कार्य हो या आध्यात्मिक, दोनों ही प्रकार के कार्यों में इस चतुष्कोणास्र कुण्ड का प्रयोग कर साधक अपने जीवन में अनुकूलता प्राप्त कर सकता है।

8. पदम् कुण्ड

अठारह भागों में विभक्त कमल के फूल के आकार का यह कुण्ड दिखने में बहुत ही सुन्दर दिखाई देता है, जिसका प्रयोग तीव्रतम प्रहारों व मारण प्रयोगों से बचने हेतु किया जाता है, अतः इस यज्ञ—कुण्ड पर यज्ञ को पूर्ण विधि—विधान सहित सम्पन्न कर तीव्रतम तांत्रिक प्रभावों से बचा जा सकता है।

❑❑❑

मुद्रा तंत्र

मुद्रा शब्द का अर्थ है– मु=समस्त देवों को मोद (आनन्द) देने वाला और द्रा=पाप सन्ततियो का द्रावण अर्थात क्षय। जैसा कि कहा गया है–

मोदनात् सर्व देवानां द्रावणात् पाप सन्ततेः।
तस्मान्मुद्रति विख्याता मुनिभिस्त्रन्त्रवेदिभिः।।

पूजन, जप, काम्य प्रयोग, स्नान, हवन विशेषार्ध्य स्थापन एवं नैवेद्य निवेदन के समय कल्प ग्रन्थों में बताये गये लक्षणों के अनुसार मुद्राएं बनाकर दिखानी चाहिए।

"मुद्रा : प्रवक्षयामि यामि मादन्ते सर्व–देवता"

शारदा तिलक तंत्र (23/106) की इस युक्ति के अनुसार साधना जगत् में मुद्राओं का महात्म्य सर्वविदित है। विश्व में प्रचलित प्रायः सभी धर्मों में मुद्रा का अपना विशेष स्थान रहा है, किंतु भारतीय सनातन धर्म के अंतर्गत आगम शास्त्र अर्थात् तंत्रों में मुद्राओं का जितना वर्णन मिलता है, उतना अन्यत्र नहीं। पूजा एवं साधना में मुद्रा प्रदर्शित करने से सभी देवता आनंदित होते हैं, पापों का क्षय हो जाता है, और देवताओं का सानिध्य आरम्भ हो जाता है।

आवाहनादि की 9 मुद्राएँ, पूजन की गन्ध आदि मुद्राएँ तथा षडंगन्यास की मुद्राओं का सभी मन्त्रों के जप व पूजनादि में प्रयोग आवश्यक होता है। स्नान के समय अंकुश आदि मुद्राओं से तीर्थावाहन किया जाता है।

शान्ति कर्म में पद्म मुद्रा, वशीकरण में पाश मुद्रा, स्तम्भन में गदा मुद्रा, विद्वेषण में मुसल मुद्रा, उच्चाटन में वज्र मुद्रा एवं मारण में खड्ग मुद्रा का प्रयोग करना चाहिए।

हवन में मृगी, हंसी व सूकरी मुद्रा का प्रयोग किया जाता है। शान्तिक व पौष्टिक कर्मों के हवन में मृगी मुद्रा से, वशीकरण के हवन में हँसी मुद्रा से तथा स्तम्भन, विद्वेषण, उच्चाटन एवं मारण कर्मों के हवन में सूकरी मुद्रा से आहुतियाँ डालने का विधान आचार्यो ने बताया है।

विष्णु की प्रिय मुद्राएँ–

शंख, चक्र, गदा, पद्म, वेणु, श्री वत्स, कौस्तुभ, वनमाला, ज्ञान, बिल्व, गरुड़, नारसिंही, वाराही, हयग्रीवी, धनु–बाण, परशु, जगन्मोहनिका एवं काम ये 19 मुद्राएँ विष्णु भगवान की प्रिय मुद्राएँ हैं।

शिव की प्रिय मुद्राएँ–

लिंग, योनि, त्रिशुल, माला, वर मृग, अभय, खट्वांग, कपाल एवं डमरू ये 10 मुद्राएँ

शिव की प्रिय मुद्राएँ है।

दुर्गा की प्रिय मुद्राएँ–

पाश, अंकुश, वर, अभय, खडंग, चर्म, धनुष–बाण तथा मुसल ये 9 मुद्राएँ श्री दुर्गा जी को प्रिय है।

श्यामा एवं शक्ति को प्रिय मुद्राएँ–

मत्स्य, मूर्म एवं लेलिहाना ये 3 मुद्राएं श्यामा एवं शक्ति को प्रिय मुद्राएँ है। इनके अतिरिक्त श्यामा को मुण्ड मुद्रा तथा शक्ति को महायोनि मुद्रा प्रिय है।

तारा को प्रिय मुद्राएँ– योनि, भूतिनी, बीज दैत्य, धूमिनी तथा लेलिहाना ये 5 मुद्राएँ तारा को प्रिय हैं।

त्रिपुरसुन्दरी को प्रिय मुद्राएँ–

संक्षोभिणी, द्रावणी, आकर्षिणी, वश्य, उन्माद, महाकुंशा, खेचरी, बीज, योनि एवं त्रिखण्डा ये 10 मुद्राएँ श्री त्रिपुरसुन्दरी की प्रिय मुद्राएँ है।

पंचदेवों की मुद्राएँ–

1. **शंख**– बाएं हाथ के अंगूठे को दाहिने हाथ की मुट्ठी में लेकर बाएं हाथ की चारों उंगलियां सीधी करके दाहिने हाथ को मुट्ठी में दबायें और दाहिने हाथ के अंगूठे का अग्रभाग बाएं हाथ की तर्जनी के अग्रभाग में लगाएं तो शंख मुद्रा सम्पन्न होती है।
2. **चक्र**– दोनों हाथों को परस्पर देखते हुए भली भांति फैला दें, और कनिष्ठिकाओं को अंगूठों से लगा दें तो चक्र मुद्रा बनती है।
3. **गदा**– दोनों हाथ आपस में सम्मुख करके उंगलियां गूंथ दें, और बीच में फैले हुए अंगूठे उनमें लगा दें तो गदा मुद्रा होती है।
4. **पद्म**– दोनों हाथों को परस्पर मिलाकर फूल की डोडी या कली के समान खड़ी कर दें, और दोनों अंगूठे उनके भीतर तल भाग में लगा दें तो पद्म मुद्रा होती है।
5. **तत्व**– दाहिनें हाथ की अनामिका एवं अंगूठे के अग्रभाग को परस्पर जोड़ने पर तत्व मुद्रा होती है।
6. **ज्ञान**– तर्जनी और अंगूठे के अग्रभाग को हृदय पर लगाकर बाएं हस्त को दाएं मोड़ कर रखें तो इष्ट को प्रसन्न करने वाली ज्ञान मुद्रा होती है।
7. **गरुड़**– दोनों हाथों को विमुख करके अर्थात् दोनों की पीठ परस्पर मिला दें, कनिष्ठिकाओं को गूंथ दें, दोनों तर्जनियों को इसी प्रकार आपस में मिला दें, दोनों अंगूठों को भी मिला दें, मध्यमा, अनामिका को पंखों की भांति हिलाएं तो विष्णु प्रिय गरुड़ मुद्रा होती है।
8. **नृसिंह**– दोनों हाथों को पैरों के बीच में देकर उकडू बैठें ठोड़ी और ओष्ठ

समान बना लें, दोनों हथेलियाँ जमीन में लगाएँ, मुख की आकृति डरावनी बना लें, और जीभ को बाहर निकाल कर हिलाएं तो नृसिंह की प्रिय नारसिंही मुद्रा होती है।

9. **धनुष**– बाएं हाथ की मध्यमा के अग्रभाग को तर्जनी के अग्रभाग में जोड़े और अनामिका तथा कनिष्ठिका को अंगूठे से दबाकर बाएं हाथ के कंधे के समीप ले जाएं तो धनुष मुद्रा होती है।

10. **बाण**– दाहिने हाथ को सीधा करके मुट्ठी बांध लें और उसकी तर्जनी को लम्बी करें।

11. **परशु**– दोनों हाथों के करतल मिलाकर उंगलियों को फैलाने से फरसे के आकार की परशु मुद्रा होती है।

12. **जगमोहन**– दोनों हाथ की मुट्ठियों पर अंगूठा रखने से यह मुद्रा होती है।

13. **काम**– हाथों को सम्पुटित करके उंगलियों को फैला दें, दोनों तर्जनियों और मध्यमाओं को पीठ पर लगा दें और अंगूठे को मध्यमाओं से जोड़ दे तो काम मुद्रा होती है।

14. **मत्स्य**– दाहिने हाथ की पीठ पर बाएं हाथ की हथेली रखकर अंगूठों को हिलाते रहें, तो मत्स्य मुद्रा होती है।

15. **लिंग**– दाहिने हाथ के अंगूठे को उठाकर, दाएं हाथ की उंगलियों पर बाएं हाथ की उंगलियों से चिपका हो तो लिंग मुद्रा होती है।

16. **योनि**– कनिष्ठिकाओं को आपस में बांधें, ऊंची की हुई अनामिकाओं से तर्जनी को लगाएं, दोनों मध्यमा फैला दें और अंगूठे को उनके समीप से कनिष्ठिकाओं के समीप कर दें तो योनि मुद्रा होती है।

17. **त्रिशूल**– अंगूठे से कनिष्ठिका को दबाकर शेष तीनों उंगुलियों तर्जनी, मध्यमा और अनामिका को सीधी करने से त्रिशूल मुद्रा होती है।

18. **अभय**– बाएं हाथ को ऊर्ध्वमुख फैला देने से अभय मुद्रा होती है।

19. **वर**– अधः स्थितं दाहिने हाथ को आगे पसारने से वर मुद्रा होती है।

20. **अंकुशः**– दाहिने हाथ के अंगूठे को बांध कर मध्यमा को सिकोड़ने व फैलाने से अंकुश मुद्रा होती है।

तर्पण–

देवता ऋषि पितर एवं इष्टदेव की तृप्ति के लिए तर्पण बहुत ही आवश्यक अंग है। तर्पण भी दो प्रकार का होता है– निष्काम और सकाम। सकाम तर्पण द्रव्य विशेष से और निष्काम तर्पण केवल जल से ही किया जाता है। मधु से तर्पण करने से सभी कामनाओं की पूर्ति होती है तथा मन्त्र सिद्ध और महान से महान पातक नष्ट होते है। कर्पूर मिलाकर जल से तर्पण करने पर राजा प्रसन्न होता है तथा हल्दी मिश्रित जल के तर्पण से सामान्य व्यक्ति वशीभूत होता है। घी के तर्पण से दीर्घायु मिलती है। दूध के तर्पण से आरोग्य, अगुरु मिश्रित जल के तर्पण से सुख, नारियल के जल के तर्पण से स्वार्थ सिद्धि, मिर्च मिलाकर जल के तर्पण से शत्रुओं का नाश तथा गुन गुने गर्म जल के तर्पण से शत्रुओं का

उच्चाटन हो जाता है। साधक को स्नान, पूजन एवं हवन के समय प्रतिदिन तर्पण करना चाहिए। देव, ऋषि, पितर, इष्टदेव एवं उनके आवरण देवताओं को कल्पोक्त रीति से तर्पण करना चाहिए।

हवन—

जो सिद्धयत्यजपान्मन्त्रो।
नाहुतश्च फल प्रदः।

मन्त्र योग संहिता बिना जप के मंत्र सिद्ध नही होता और बिना हवन के वह फल नहीं देता। अतः मंत्र साधक को यथापलब्ध सामग्री से हवन अवश्य करना चाहिए। काम्य प्रयोगों में अग्नि, समिधा, कुण्ड, दिशा एवं हवन द्रव्य का होना आवश्यक है। शान्ति एवं वश्य में लौकिक अग्नि में, स्तम्भन में वटवृक्ष के काष्ठ में, मथित अग्नि में, विद्वेषण में बहेड़े की लकड़ी से उत्पन्न अग्नि में तथा उच्चाटन और मारण में शमशान (चिता) की अग्नि में हवन करना चाहिए। शुभ कार्यो में बेल, आक, ढाक, एवं दूध वाले वृक्षों की समिधा तथा अशुभ कार्यों में कुचला, बहेड़ा, नींबू, धतूरा आदि की समिधाओं से अग्नि को प्रज्वलित करना चाहिए। शान्ति आदि षट्कर्मो में अग्नि की क्रम से सुप्रभा, रक्ता, हिरण्या, गगना एवं अतिरिक्तका व कृष्णा नामक जिह्वा का पूजन किया जाता है, अर्थात् शान्ति में सुप्रभा, वशीकरण में रक्त, स्तम्भन में हिरण्या, विद्वेषण में गगना, उच्चाटन में अतिरिक्तका और मारण में कृष्णा जिह्वा का पूजन करें।

शान्ति कर्म में पश्चिम दिशा में वृताकार, वशीकरण में उत्तर दिशा में पद्माकार, स्तम्भन में पूर्व दिशा में चतुर्भुजाकार, विद्वेषण में नैर्ऋत्य कोण में त्रिभुजाकार, उच्चाटन में वायव्य कोण में षट्कोणा कार तथा मारण में दक्षिण दिशा में अर्द्धचन्द्राकार कुण्ड बनाना चाहिए।

पूजन एवं बलि प्रदान के उपरान्त साधक को हवन करना अभीष्ट होता है। अर्ध्योदक से कुण्ड का प्रोक्षण कर उनमें तीन रेखाएं बनानी चाहिए। फिर विधिवत् अग्नि लाकर "क्रव्यादेभ्यों नमः" तथा मूलमन्त्र पढकर अग्नि स्थापना करनी चाहिए। तत्पश्चात् तीन व्याहृलियाँ स्वाहा समेत बोलकर षडगं होम करना चाहिए। तत्पश्चात् अग्नि में इष्ट देवता का आवाहन कर मूलमन्त्र से सविधि हवन करना चाहिए।

बलि—

देवता की प्रसन्नता के लिए द्रव्य का समर्पण करना बलिदान कहा जाता है। बलिदान विघ्नों की शान्ति के लिए किया जाता है। अतः अन्तर्याग एवं बहिर्याग दोनों ही कर्मो में बलि प्रदान करना अनिवार्य होता है।

अन्तर्याग में आत्मबलि को सर्वश्रेष्ठ माना गया है ऐसा करने से साधक का अहंकार नष्ट हो जाता है। काम क्रोध आदि भी साधक के परमशत्रु है अतः इनकी बलि भी उत्तम मानी जाती है।

बहिर्याग में बलि द्रव्यों से बलिदान करना चाहिए। तंत्र की विभिन्न प्रक्रियाओं में अन्न, फल, फूल, धूप, दीप एवं यज्ञ पशु आदि की बलि देने की परम्पराएँ प्रचलित है। बलि देवता की रूचि के अनुसार एवं कामना के अनुसार देनी चाहिए। दक्षिणाचार में हिंसा का निषेध है अतः इसमें पशु बलि वर्जित है।

इष्टदेव को बलि देने के उपरान्त बचे हुए द्रव्य से अन्य देवों को बलि प्रदान करना चाहिए। घर के अन्दर ब्रह्मा तथा विश्वेदेवों को बलि देवे। धन्वन्तरि को पूर्वोत्तर दिशा में, इन्द्रादि देवताओं को उनकी दिशाओं में गणेश क्षेत्र पाल बटुक एवं योगिनियों को यन्त्र के द्वारों पर, धाता एवं विधाता को पूजा गृह के द्वार पर, अर्चमा एवं ग्रहों को चारों ओर निशाचरों को आकाश में तथा पितरों को दक्षिण दिशा में बदल देनी चाहिए।

योग–

आराध्य देव की आराधना या पूजा ही योग है योग दो प्रदार का होता है 1. अन्तर्याग, 2. बहिर्याग। अन्तर्याग का महत्व विशेष है। अपने शरीरमय पीठ में पीठ देवता, पीठ शक्तियों तथा आवरण देवताओं के साथ मानसिक रूप से अपने इष्टदेव का पूजन किया जाता है। इस मानस पूजा में आधार चक्र से सोती हुई कुण्डलिनी को जगाकर ब्रह्मरन्ध्र में विद्यमान परम शिव के पास लेजाकर वहां से रसने वाली अमृतधाराओं से इष्टदेव को तृप्त करते हुए मन्त्रार्थ की भावना के साथ जप किया जाता है। इस अन्तर्याग अथवा मानसिक पूजा के लिए देश–काल एवं शरीर की शुद्धि की आवश्यकता नहीं पड़ती। इसे हर समय और हर स्थल पर किया जा सकता हैं अन्तर्याग से जप सिद्ध होता है और जप के सिद्ध होने पर ध्यान सिद्ध होता हैं तथा ध्यान के सिद्ध होने पर समाधिसिद्ध एवं इष्टदेव का साक्षात दर्शन होता है।

योग सिद्धया जपः सिद्धो ध्यान सिद्धहस्तः परम्।
ततः समाधि सिद्धिः स्यात् एतया देव दर्शनम्।।

इस प्रकार अन्तर्याग अर्थात मानसिक पूजा का महत्व सर्वाधिक है। पीठ, विग्रह एवं यन्त्र आदि के विधिवत् पूजन को बहिर्याग अथवा ब्राह्य पूजन कहा जाता है–

मुख्यतः पूजन तीन प्रकार के होते है –

पंचोपचार–

गन्ध, पुष्प, धूप, दीप एवं नैवेद्य निवेदिन करना पचोपचार कहलाता है।

दशोपचार–

पाद्य, अर्ध्य, आचमन, मधुपक्र, स्नानीय, गन्ध, पुष्प, धूप, दीप एवं नेवैद्य ये दंशोपचार कहे जाते हैं।

षोडशोपचार–

आसन–स्वागत–पाद्य अर्ध्य, आचमनीय, मधुपक्र आचमनीय स्नानीय वस्त्र, अलंकार गन्ध, पुष्प, धूप, दीप एवं नैवेध ये षोडशोपचार के अन्तर्गत आते हैं।

तान्त्रिक ग्रन्थों में कहीं–कहीं 18 प्रकार के उपचार एवं 64 प्रकार के उपचारों का भी वर्णन किया गया है। साधक अपनी शक्ति व सामर्थ्य के अनुसार किसी भी प्रकार के उपचार को अपना सकता है।

बहिर्याग के 5 उपकरण होते हैं–

1. अभिगमन, 2. उपादान, 3. इज्या, 4. स्वाध्याय एवं 5.योग

अभिगमन– देव स्थान का स्वच्छीकरण, निर्माल्य का प्रवाही करण अभिगमन है।

उपादान– उपचारों के संग्रह को उपादान कहते है।

इज्या– उपचारों से पूजा करने को इज्या है।

स्वाध्याय– मन्त्रार्थ की भावना के साथ जप करना, सूक्त स्तोत्र, कवच–हृदय–सहस्त्रनाम का पाठ करना या नाम गुण लीला का कीर्तन करना स्वाध्याय कहलाता है।

योग– साधक–साधना एवं साधन इन तीनों में अभेद बुद्धि रखना योग है।

सद्‌गृहस्थ को अन्तर्याग एवं बहिर्याग दोनों करने चाहिए, किन्तु बह्मचारी, वानप्रस्थ एवं यति को केवल अन्तर्याग ही करना चाहिए। काम्य प्रयोगों में अन्तर्याग एवं बहिर्याग दोनों को करना अनिवार्य होता है, निष्काम प्रयोगों में एक या दोनों योग करने के लिए साधक की इच्छा पर है। अन्तर्याग के महत्व में कहा गया है कि– अन्तर्यागस्य महिमा सर्वश्रेष्ठः प्रकीर्तितः।

नापेक्षित देश शुद्धि र्नापि काल शरीरयोः।
नापेक्षिता देश शुद्धि र्नापि काल शरीरयोः।।
योगे जपे मानसे वौ तथा कर्माणि निश्चितं।
सर्वदा शक्यते कर्तुं मानसी निखिला क्रिया।।

जपं– मंत्र की बार–बार आवृति का नाम ही जप है। जप के तीन भेद होते है– 1. मानसिक, 2. उपांशु एवं 3. वाचिक।

मंत्र का मन ही मन ध्यान करना मानसिक जप कहलाता है। जिह्ना एवं ओष्ठ को हिलाते हुए जो केवल स्वयं को ही सुनायी दे, इस प्रकार के जप को उपांशु कहते हैं। वाणी द्वारा स्पष्ट मन्त्रोच्चारण करना वाचिक कहा जाता है।

स्तोत्र, कवच, सहस्त्रनाम आदि का मन ही मन पाठ करना या मन्त्र को उच्चस्वर से जपना निषिद्ध है। केवल मारण प्रयोग में ही वाचिका जप करना चाहिए। शेष सभी प्रयोगों में मानसिक अथवा उपांशु जप करना चाहिए।

वाचिक जप का फल यज्ञ तुल्य होता है। इसी प्रकार उपांशु के जप का शतगुना तथा मानसिक जप का सहस्त्रगुणा फलदायी होता है। पाद्‌मनारदीय में लिखा है, कि सिद्धि के लिए मानसिक, पुष्टि के लिए उपांशु तथा मारण आदि क्रूर कर्मों के लिए

वाचिक जप करना चाहिए।

मंत्र का जप, न तो बहुत शीघ्रता से करें, और न बहुत धीरे–धीरे। मंत्र को सावधानी पूर्वक मध्यम गति से जपना चाहिए। मन्त्र का अर्थ, मन्त्र चैतन्य तथा योनि मुद्रा को न जानने वाला शतकोटि मन्त्र जपकर भी सिद्धि नहीं पाता।

सुप्त बीज मन्त्र कभी सिद्धि नहीं देता, किन्तु यदि उसे चैतन्य कर लिया जाय तो सभी सिद्धियां प्राप्त होती है। मन्त्रानुष्ठान एवं पुरश्चरण में बिना आसन, चलते–फिरते, सोते समय, भोजन के समद्ध, चिन्तित, कुछ भ्रान्त या क्षुधार्त होने पर जप नहीं करना चाहिए। इसी प्रकार पैर फैलाकर उत्कटासन में बैठकर यज्ञाकाष्ठ पत्थर पर या मिट्टी पर बैठकर जप करना वर्जित है। चारपाई में पड़े–पड़े खड़े–खड़े या सवारी वाहन आदि में बैठे बैठे जप करना मना है। ये नियम उपांशु एवं वाचिक जपों में लागू होता है। मानसिक जप में ये नियम लागू नहीं होते। मानसिक जप प्रत्येक अवस्था में तथा प्रत्येक स्थान पर किसी भी समय किया जा सकता है। मानसिक जप में शुद्धि अशुद्धि आदि का भी कोई विचार नहीं किया जाता, किन्तु इसमें मानसिक शुद्धता का विचार अवश्य कियाजाता है।

जप करते समय जमुहाई आने पर या अपान वायु निकलने पर आचमन, प्राणायाम व अंगन्यास आदि करके पुनः जप करना प्रारम्भ करना चाहिए। जप करते समय पतित व्यक्ति का दर्शन, शुद्र, बिल्ली, बगुला, बन्दर आदि के दिखायी पड़ने पर आचमन करना चाहिए तथा स्पर्श हो जाने पर स्नान करना चाहिए। यह मत वैशम्पायन संहिता का है।

जप करने के मध्य में किसी से बात करने पर प्रणव का जप करना चाहिए। किसी को अपशब्द कहने पर प्राणायाम करना चाहिए तथा अनेक बातें करने पर आचमन–प्राणायाम तथा अंगन्यास करना चाहिए।

जप एक ही स्थान पर तथा एक निश्चित समय पर ही करना चाहिए।

ध्यान–

ध्यान मंत्र जप का मुख्य अंग है, क्योंकि जिस प्रकार मंत्र का संबंध शब्द से होता है, और शब्द का अर्थ से, अर्थ का भाव से और भाव का रूप से सम्बन्ध होता है, उसी प्रकार जप का सम्बन्ध ध्यान से होता है, अतः जप में यदि ध्यान न हुआ तो जप व्यर्थ होता है, अतः साधक को ध्यान योग के साथ मनोयोग से अपने इष्ट मंत्र का तन्मयता पूर्वक जप करना चाहिए।

समाधि–

मन–मंत्र एवं देवता इन तीनों की सत्ता जब तक पृथक–पृथक रहती है, तब तक ध्यान का अधिकार रहता है, किन्तु जब ये तीनों एक में मिल जाते है तो समाधि प्रारम्भ हो जाती है। समाधि से महाभाव उत्पन्न होता है। महाभाव उत्पन्न होते ही साधक के शरीर में रोमांच होने लगता है स्तब्धता आती है तथा प्रमोश्रु बहने लगते हैं। इस महाभाव के

उत्पन्न होने पर साधक समाधि में अपने अस्तित्व को भूल जाता है तथा इष्टमय हो जाता है।

मुद्रा प्रदर्शन

मुद्रा द्वारा साधक भौतिक संसार से उत्तरोत्तर ऊपर उठकर व्यापक अनन्त की भावना प्राप्त करने में समर्थ और सफल होता है, इसलिए मुद्रा आध्यात्मिकता का सशक्त माध्यम है। हाथ की उंगुलियां और मुट्ठियों को जोड़ने–मोड़ने और खोलने से सम्पूर्ण मुद्राएं बनती हैं, अतएव हाथ, अंगुली और मुट्ठी (मुष्ठि) के भेद जानना आवश्यक है।

हाथ का मुद्रा भेद–

मणिबंध या कलाई जहां राखी या घड़ी बांधते हैं, वहां से कनिष्ठका तक का अंग हाथ कहलाता है। इसका अग्रभाग पंच–शाख, शाम और पाणि कहलाते हैं, इसमें जो उंगुलियां हैं वे कर–पल्लव या शाख हैं।

उंगुलियां 5 होती हैं, उनमें पहली को अंगुष्ठ (अंगूठा) दूसरी को तर्जनी, तीसरी को मध्यमा अथवा जपकरणी, चौथी को अनामिका और पांचवीं को कनिष्ठिका कहते है।

इन सबको बंद करने से मुष्टि या मुट्ठी बनती है, और खोल देने से करतल हो जाता है। करतल की पीठ को कर–पृष्ठ कहते हैं।

तीर्थ और देवता–

हाथ में देवता और तीर्थ भी प्रतिष्ठित हैं। हाथ के आरम्भ में अंगूठे के कुछ नीचे आत्म तीर्थ, हाथ के अंत में उंगलियों के ऊपर होकर परमार्थ तीर्थ, हाथ के ऊपरी भाग में कनिष्ठिका से कुछ नीचे देव तीर्थ और हाथ के दक्षिण तर्जनी और अंगूठे के बीच में पितृ तीर्थ है।

पंच महाभूत–

हाथों की उंगुलियों में पांचों महाभूत प्रतिष्ठित हैं। प्राण–तोषिणी मंत्र के अर्थ कांड के प्रथम परिच्छेद में नील तंत्र के वचनानुसार।

1. कनिष्ठिका में पृथ्वी तत्व
2. अनामिका में जल तत्व
3. मध्यमा में अग्नि तत्व
4. तर्जनी में वायु तत्व और
5. अंगुष्ठ में आकाश तत्व विद्यमान है।

परम लक्ष्य प्राप्ति में सहायक

मुद्राभिरेव तृप्यन्ति न पुष्पादिक पूजनैः
महापूजा कृतातेन येन मुद्राष्टकं कृतं

मेरू तंत्र की इस उक्ति के अनुसार महापूजा में मुद्रा प्रदर्शन का महत्व स्वयं स्पष्ट

है। मुद्रा दिखने वाले भक्त, साधक पर देवता द्रवित होकर दया करते हैं, राक्षस भी मुद्रा के प्रभाव से अनुकूल हो जाते हैं। मुद्रा प्रदर्शन से पूजा, महापूजा के स्तर का प्राप्त कर लेती है। राघव भट्ट साफ शब्दों में स्पष्ट कहता है, कि मुद्रा प्रदर्शन से विष आदि द्वारा मूर्छित व्यक्ति भी स्वस्थ होता है, व्याधि और मृत्यु का निवारण मुद्राओं द्वारा हो जाता है, यही नहीं मानव जीवन के परम लक्ष्य 'मोक्ष' तक पहुंचाने में मुद्रा विशेष सहायक होती है, किंतु इन मुद्राओं का अभ्यास योग्य गुरु के निर्देशन में ही करना चाहिए।

विविध मुद्राओं की तालिका–

विविध देवता की प्रमुख मुद्राओं की इस तालिका से वांछित मुद्रा का विवरण सहज ही जाना जा सकता है–

जप–पूजन–साधना–उपासना संबंधी परिभाषाएँ

मन्त्र–जप, देव–पूजन तथा उपासना के संबंध में प्रयुक्त होने वाले कतिपय विशिष्ट शब्दों का अर्थ नीचे लिखे अनुसार समझना चाहिए।

1. **पंचोपचार**– गन्ध, पुष्प, धूप, दीप तथा नैवेद्य द्वारा पूजन करने को 'पंचोपचार' कहते हैं।
2. **पंचामृत**– दूध, दही, घृत, मधु(शहद) तथा शक्कर इनके मिश्रण को 'पंचामृत' कहते हैं।
3. **पंचगव्य**– गाय के दूध, घृत, मूत्र तथा गोबर इन्हें सम्मिलित रूप में 'पंचगव्य' कहते है।
4. **षोडशोपचार**– आह्वान, आसन, पाद्य, अर्घ्य, आचमन, स्नान, वस्त्र, अलंकार, सुगन्ध, पुष्प, धूप, दीप, नैवेद्य, अक्षत, ताम्बुल तथा दक्षिणा इन सबके द्वारा पूजन करने की विधि को 'षोडशोपचार' कहा जाता है।
5. **दशोपचार**– पाद्य, अर्ध्य, आचमनीय, मधुपक्र, आचमन, गन्ध, पुष्प, धूप, दीप तथा नैवेद्य द्वारा पूजन करने की विधि को 'दशोपचार' कहते है।
6. **त्रिधातु**– सोना, चाँदी, और लोहा। कुछ आचार्य सोना, चांदी और तांबे के मिश्रण को भी त्रिधातु कहते हैं।
7. **पंचधातु**– सोना, चाँदी, लोहा, तांबा, और जस्ता।
8. **अष्टधातु**– सोना, चांदी, लोहा, तांबा, जस्ता, रांगा, कांसा और पारा।
9. **नैवेद्य**– खीर, मिष्ठान्न आदि मीठी वस्तुएँ।
10. **नवग्रह**– सूर्य, चन्द्र, मंगल, बुध, गुरु, शुक्र, शनि, राहु और केतु।
11. **नवरत्न**– माणिक्य, मोती, मूंगा, पन्ना, पुखराज, हीरा, नीलम, गोमेद, और वैदूर्य।
12. **अष्टगन्ध**– 1. अगर, तगर, गोरोचन, केसर, कस्तूरी, श्वेत चन्दन लालचन्दन और सिन्दूर (देव–पूजन हेतु) 2. अगर लालचन्दन, हल्दी, कुंकुम, गोरोचन, जटामांसी, शिलाजीत, और कपूर (देवी–पूजन हेतु)।

13. **गन्धत्रय**– सिन्दूर, हल्दी, कुंकुम।

14. **पचांग**– किसी वनस्पति के पुष्प, पत्र, फल, छाल, और जड़।

15. **दशांश**– दसवा भाग।

16. **श्राब सम्पुट**– मिट्टी के दो शकोरों को एक–दूसरे के मुँह से मिला कर बन्द करना।

17. **भोजपत्र**–एक वृक्ष की छाल (यह पंसारियों के यहां मिलती है) मन्त्र प्रयोग के लिए भोजपत्र का ऐसा टुकड़ा लेना चाहिए, जो कटा–फटा न हो (इसके बड़े–बड़े टुकड़े भी आते हैं)

18. **मन्त्र धारण**– किसी भी मन्त्र को स्त्री पुरुष दोनों ही कण्ठ में धारण कर सकते हैं, परन्तु यदि भुजा में धारण करना चाहे तो पुरुष को अपनी दायीं भुजा में और स्त्री को बायीं भुजा में धारण करना चाहिए।

19. **ताबीज**– यह तांबे के बने हुए बाजार में बहुतायत से मिलते हैं। ये गोल तथा चपटे दो आकारों में मिलते हैं। सोना, चांदी, त्रिधातु तथा अष्टधातु आदि के ताबीज सुनारों से कहकर बनवाये जा सकते हैं।

20. **आसन**– बैठने के ढंग को भी 'आसन' कहा जाता है, यथा– पद्मासन, सिद्धासन, स्वस्तिकासन आदि। इसके अतिरिक्त बिछावन अर्थात् जिसके ऊपर बैठा जाय, को भी आसन कहते हैं, यथा कुशासन, मृगचर्म, व्याघ्रचर्म, ऊनी कम्बल आदि।

21. **मुद्राएँ**– हाथों की अंगुलियों को किसी विशेष स्थिति में लाने की क्रिया को 'मुद्रा' कहा जाता है। मुद्राएं अनेक प्रकार की होती हैं।

22. **स्नान**– यह दो प्रकार का होता है। बाह्य तथा आन्तरिक, बाह्य स्नान जल से तथा आन्तरिक स्नान मन्त्र जप द्वारा किया जाता है।

23. **तर्पण**– नदी, सरोवर आदि के जल में घुटनों तक पानी में खड़े होकर, हाथ की अंजुलि द्वारा गिराने की क्रिया को 'तर्पण' कहा जाता है। जहां नदी, सरोवर आदि न हो, वहां किसी पात्र में पानी भरकर भी 'तर्पण' की क्रिया सम्पन्न कर ली जाती है।

24. **आचमन**– हाथ में जल लेकर उसे अपने मुँह में डालने की क्रिया को 'आचमन' कहते है।

25. **करन्यास**– अंगूठा, अंगुली, करतल तथा करपृष्ठ पर मन्त्र पढ़ने को 'करन्यास' कहा जाता है।

26. **हृदयाविन्यास**– हृदय आदि अंगों को स्पर्श करते हुए मन्त्रोच्चारण को 'हृदयाविन्यास' कहते हैं।

27. **अंगन्यास**– हृदय, शिर, शिखा, कवच, नेत्र एवं करतल– इन 6 अंगों से मन्त्र का न्यास करने की क्रिया को 'अंगन्यास' कहते है।

28 **अर्घ्य**– शंख, अंजलि आदि द्वारा जल छोड़ने को अर्घ्य देना कहा जाता है। घड़ा या कलश में पानी भरकर रखने को अर्घ्य–स्थापन कहते हैं। अर्घ्यपात्र में दूध, तिल, कुशा के टुकड़े, सरसों, जौ, पुष्प, चावल एवं कुंकुम इन सबको डाला जाता है।

29. **पंचायतन पूजा**– पंचायतन पूजा में पाँच देवताओं–विष्णु, गणेश, सूर्य, शक्ति तथा शिव का पूजन किया जाता है।

30. **काण्डानुसमय**– एक देवता के पूजाकाण्ड को समाप्त कर, अन्य देवता की पूजा करने को 'काण्डानुसमय' कहते हैं।

31. **उद्वर्तन**– उबटन।

32. **अभिषेक**– मन्त्रोच्चारण करते हुए शंख से सुगन्धित जल छोड़ने को अभिषेक कहते है।

33. **उत्तरीय**– वस्त्र।

34. **उपवीत**– यज्ञोपवीत (जनेऊ)।

35. **समिधा**– जिन लकड़ियों में अग्नि प्रज्जवलित कर होम किया जाता है, उन्हें समिधा कहते हैं। समिधा के लिए आक, पलाश, खदिर, अपामार्ग, पीपल, उदुम्बर, शमी, कुशा तथा आम की लकड़ियों को ग्राह्य माना गया है।

36. **मन्त्र ऋषि**– जिस व्यक्ति ने सर्वप्रथम शिवजी के मुख से मन्त्र सुनकर उसे विधिवत् सिद्ध किया था, वह उस मन्त्र का ऋषि कहलाता है। उस ऋषि को मन्त्र का आदि गुरू मानकर श्रद्धापूर्वक उसका मस्तक में न्यास किया जाता है।

37. **छन्द**– मन्त्र को सर्वतोभावेन आच्छादित करने की विधि को 'छन्द' कहते है। यह अक्षरों अथवा पदों से बनता है। मन्त्र का उच्चारण चूकिं मुख से होता है अतः छन्द का मुख से न्यास किया जाता है।

38. **देवता**– जीवमात्र के समस्त क्रिया–कलापों को प्रेरित, संचालित एवं नियंत्रित करने वाली प्राणशक्ति को देवता कहते हैं। यह शक्ति व्यक्ति के हृदय में स्थित होती है, अतः देवता का न्यास हृदय में किया जाता है।

39. **बीज**– मन्त्र शक्ति को उद्‌भावित करने वाले तत्व को बीज कहते हैं। इसका न्यास गुह्यागं में किया जाता है।

40. **शक्ति**– जिसकी सहायता से बीज मन्त्र बन जाता है, वह तत्व शक्ति कहलाता है। उसका न्यास पाद स्थान में करते है।

41. **विनियोग**– मन्त्र को फल की दिशा का निर्देश देना विनियोग कहलाता है।

42. **उपांशु जप**– जिह्वा एवं होंठ को हिलाते हुए केवल स्वयं को सुनायी पडने योग्य मन्त्रोच्चारण को उपांशु जप कहते हैं।

43. **मानस जप**–मन्त्र, मन्त्रार्थ एवं देवता में मन लगाकर मन ही मन मन्त्र का उच्चारण करने को मानस जप कहते हैं।

44. **अग्नि की जिह्वाएँ**– अग्नि की 7 जिह्वाएँ मानी गयी है। उनके नाम है– 1.हिरण्या, 2. गगना, 3. रक्ता, 4.कृष्णा, 5. सुप्रभा, 6.बहुरूपा एवं 7. अतिरिक्ता। कतिपय आचार्यो ने अग्नि की सप्त जिह्वाओं के नाम इस प्रकार बताये गये है–1. काली, 2. कराली, 3. मनोभवा, 4.सुलोहिता, 5. धूम्रवर्णा, 6. स्फुलिंगिनी तथा 7. विश्वरुचि।

45. **प्रदक्षिणा**– देवता को साष्टांग दण्डवत् करने के पश्चात इष्टदेव की परिक्रमा

करने को प्रदक्षिणा कहते है। विष्णु, शिव, शक्ति, गणेश और सूर्य आदि देवताओं की 4,1,2,1,3 अथवा 7 परिक्रमाएँ करनी चाहिए।

46. **साधना**– साधना 5 प्रकार की होती है– 1. अभाविनी, 2. त्रासी 3. दोर्वोधी, 4. सौतकी तथा 5: आतुरो।

(1) अभाविनी– पूजा के साधन तथा उपकरणों के अभाव से, मन से अथवा जलमात्र से जो पूजा साधना की जाती है, उसे अभाविनी कहते हैं।

(2) जो त्रस्त व्यक्ति तत्काल अथवा उपलब्ध उपचारों से या मानसोपचारों से पूजन करता है, उसे त्रासी कहते हैं, यह साधना समस्त सिद्धियां देती है।

(3) बालक, वृद्ध, स्त्री, मूर्ख अथवा ज्ञानी व्यक्ति द्वारा बिना जानकारी के की जाने वाली पूजा दाबांधी कही जाती हैं।

(4) व्यक्ति मानसिक सन्ध्या कर कामना होने पर मानसिक पूजन तथा निष्काम होने पर सब कार्य करें। ऐसी साधना को सौतकी कहा जाता है।

(5) रोगी व्यक्ति स्नान एवं पूजन न करें। देव मूर्ति अथवा सूर्यमण्डल की ओर देखकर, एक बार मूल मन्त्र का जप कर उस पर पुष्प चढायें। फिर रोग की समाप्ति पर स्नान करके गुरु तथा ब्राह्मणों की पूजा करके पूजा विच्छेद का दोष मुझे न लगें– ऐसी प्रार्थना करके विधि पूर्वक इष्ट देव का पूजन करे तो इस साधना को आतुर कहा जाएगा।

47. **अपने श्रम का महत्त्व**– पूजा की वस्तुएं स्वयं लाकर तन्मय भाव से पूजन करने से पूर्ण फल प्राप्त होता है तथा अन्य व्यक्ति द्वारा दिए गए साधनों से पूजा करने पर आधा फल मिलता है।

48. **वर्णित पुष्पादि**–

(1) पीले रंग की कट सरैया; नाग चम्पा तथा दोनों प्रकार की वृहती के फूल पूजा में नहीं चढ़ाये जाते।

(2) सूखे, वासी, मलिन, दुषित तथा उग्र गन्ध वाले पुष्प देवता पर नहीं चढ़ाये जाते।

(3) विष्णु पर अक्षत, आक तथा धतुरा नहीं चढ़ाये जाते।

(4) शिव पर केतकी, बन्धुक (दुपहरिया) कुन्द, मौलश्री,कौरैया जयपर्ण, मालती और जूही के पुष्प नहीं चढ़ाये जाते।

(5) दुर्गा पर दूब, आक, हरसिंगार, बेल तथा तगर नहीं चढ़ाये जाते।

(6) सूर्य तथा गणेश पर तुलसी नहीं चढ़ाई जाती।

(7) चम्पा तथा कमल की कलियों के अतिरिक्त अन्य पुष्पों की कलियां नहीं चढ़ाई जाती।

49. **ग्राह्य पुष्प**– विष्णु पर श्वेत तथा पीले पुष्प एवं तुलसी, सूर्य एवं गणेश पर लाल रंग के पुष्प, लक्ष्मी पर कमल एवं शिव के ऊपर आक, धतूरा, बिल्वपत्र तथा कनेर के पुष्प विशेष रूप से चढ़ाये जाते हैं। अमलतास के पुष्प तथा तुलसी को निर्माल्य नहीं माना जाता।

टिप्पणी– पुष्प, पत्र एवं फल– इन तीनों को अधोमुख करके देवता को समर्पित नहीं करना चाहिए। पुष्पांजलि में भी अधोमुख करके देवता को समर्पित नहीं करना चाहिए।

50. **ग्राह्य पत्र**– तुलसी, मौलश्री, चम्पा, कमलिनी, बेल, श्वेतकमल, अशोक, मैनफल, कुशा, दूर्वा, नागवल्ली, अपामार्ग, विष्णुक्रान्ता, अगस्त्य तथा आंवला इनके पत्ते देव–पूजन में ग्राह्य हैं।

51. **ग्राह्य फल**– जामुन, अनार, नींबू, इमली, बिजौरा, केला, आंवला, बेर, आम तथा कटहल– ये फल देव पूजन में ग्राह्य हैं।

52. **धूप**– अगर एवं गुग्गुल की धूप विशेष रूप से ग्राह्य हैं, यों चन्दन–चूरा, बालछड़ आदि का प्रयोग भी धूप के रूप में किया जाता है।

53. **दीपक की बत्तियां**– यदि दीपक में अनेक बत्तिया हों तो उनकी संख्या विषम रखनी चाहिए। दायीं ओर के दीपक में सफेद रंग की बत्ती तथा बायीं ओर के दीपक में लाल रंग की बत्ती डालनी चहिए।

❑❑❑

मंत्र योग

कुछ अक्षर, शब्द समूह अथवा शब्दों का निरन्तर जाप करके अन्तर्चेतना जागृत हो सकती है, तथा इस ध्वनि एवं तरंग की विधि को मन्त्र योग कहा जाता है। जाप मानसिक रूप से किया जा सकता है। कुछ ध्वनियों का रहस्मय संयोजन परमात्मा स्वरूप मंत्र होता है। मंत्र वे अक्षर अथवा संयुक्ताक्षर होते हैं, जिनका कोई सीधा अर्थ न होते हुए भी वह इष्ट देव से संबंधित, साधक एवं ब्रह्माण्ड की शक्ति से परिपूर्ण होते हैं। मंत्रों द्वारा उत्पन्न ध्वनि तरंगों का मनुष्य के मन एवं अंतश्चेतना पर भारी प्रभाव होता है। मंत्र ध्वनि की तरंगों में परम सत्य ही परमात्मा के रूप में विद्यमान होता है। मंत्र सूक्ष्म शक्तियों का वह पुंज है, जिनके संयोजन से ही हमारे चैतन्य में वस्तुओं का छाया रूप में सृजन होता है। मंत्र योग मन को साधने का तंत्र है।

मंत्र वे सूक्ष्म किंतु रहस्यमय तत्व हैं, जो कई स्थूल तथा सूक्ष्म तत्वों का नियमन करते हैं। आरम्भ में परमात्मा मन्त्र रूप में ही उपस्थित होता है । मन्त्र परम सत्य, अस्तित्व एवं चैतन्य हैं। इनमें प्रकृति की कई शक्तियों को वश में करने की सामर्थ्य होती है। उत्कृष्ट मन्त्र जाप द्वारा ही सभी सिद्धियाँ प्राप्त की जा सकती हैं। इसमें निहित तर्क यह है कि मनुष्य तथा समस्त ब्रह्माण्ड एक ही शक्ति स्वरूप है, क्योंकि मंत्र में ही परम सत्य निहित है, अतः साधक समस्त शारीरिक एवं बाह्य शक्तियों को अपने वंश में कर लेता है ।भिन्न–भिन्न प्रकार के मंत्रों द्वारा अपने अपने शब्द संयोजन के अनुसार शक्तियों का प्रस्फुटन होता है। साधक के आसपास का वायु मण्डल इन शक्तियों द्वारा उत्पन्न उर्जा से भर जाता है तथा ऐसे आभामण्डल का निर्माण हो जाता हैं, जिसके केन्द्र में साध ाक इन शक्तियों के नियामक के रूप में विद्यमान होता है। अवचेतन मन पर मन्त्रों का इतना सशक्त प्रभाव होता है कि साधक परमात्मा से साक्षात्कार करने हेतु व्याकुल हो उठता है।

मंत्र परमात्मा का नाम, प्रतीक तथा स्वरूप है। मन्त्र ही समस्त जगत के कारक हैं तथा ब्रह्माण्ड के आधार स्वरूप हैं तथा हमारे जीवन, विचारों तथा चेतना के आधार हैं। समस्त जगत् के आधार, नक्षत्र पुंजों, जगत की समस्त शक्तियों, सभी लोकों, तथा बुद्धि तथा भीतर एवं बाहर की सभी वस्तुओं का नियमन मंत्रों द्वारा होता है। जगत् का अस्तित्व एवं उसका विनाश मंत्र में ही निहित है।

मंत्र जाप से लाभ–

मन्त्र विज्ञान के अनुसार, भाग्य चक्र द्वारा जनित दुःखों सहित समस्त मानव दुःखों

का विनाश मंत्रों द्वारा किया जा सकता है।

प्रायः सभी मनुष्य सांसारिक सुखों के लिये लालायित रहते हैं, जैसे अर्थ, स्त्री, संतान, सम्मान, नाम, यश तथा आनन्द भोग आदि । अभीष्ट वस्तुओं की प्राप्ति तथा अनअभीष्ट वस्तुओं से छुटकारा प्राप्त करने को ही सुख कहते हैं। यही नहीं, अभीष्ट वस्तुओं से विलगाव एवं अनुअभीष्ट से संपर्क ही समस्त दुःखों का कारण है।

दुःखों को निम्न तीन श्रेणीयों में विभाजित किया जा सकता है:–

1. शारीरिक दुःख, शरीर, इन्द्रियों, अथवा मन के विकारों से उत्पन्न होते हैं।

2 प्राकृतिक दुःख, आपदायें, सूखा, अतिवृष्टि, भूकम्प, तड़ित, उद्वेलन, अकाल, अथवा भूत–प्रेतों द्वारा उत्पन्न होते हैं।

3. सांसारिक दुःख, मनुष्य, पशु, पक्षी, कीड़े, मकोड़े अथवा अन्य प्राणियों द्वारा जनित होते हैं।

सांसारिक भोगों एवं उन्नति प्राप्त करने हेतु मंत्र अत्यधिक शक्तिशाली उपाय हैं। मन्त्र सब प्रकार के दुःखों का नाश करने वाले तथा मुक्तिदायी होते हैं। सिद्ध महात्माओं द्वारा परम ध्यान की अवस्था में मंत्रों की संधारणा की गयी है, जिससे मानव के समस्त दुःखों का नाश किया जाकर उन्हें समस्त सांसारिक भोग उपलब्ध हो सकें तथा श्रद्धा एवं भक्ति पूर्वक मन्त्र जाप करने वालों को मुक्ति प्राप्त हो सके।

प्रच्छन मन्त्र जब जागृत हो जाता है, तो पूर्णरूपेण अक्षरशः सुख सुविधा एवं पूर्ण मुक्तिदायक होता है। साधक सभी प्रकार के शोकों तथा तीनों प्रकार के दुःखों से मुक्त होकर नाना प्रकार के सुन्दर दृश्य देखने लगता है तथा शक्ति आनन्द एवं चरम ज्ञान का अनुभव करता है।

जप–योग

जप से अर्थ है चक्रीय गति में घूमने की किया एवं जप योग से अर्थ है चैतन्य को बार–बार चक्रीय गति में घुमाकर आत्मा का परमात्मा से मिलन कराना। मंत्रों का लय बद्ध रूप से उच्चारण ही जाप है । भगवान कृष्ण गीता में कहते हैं "भेंट तथा अर्पण में सर्वश्रेष्ठ जाप रूप अर्पण मैं हूँ।" जप से किसी को भी किसी प्रकार की हानि नहीं हो सकती तथा सतत् जप से सीधे भगवान का दर्शन होता है।

अतः जप सभी प्रकार की बलि अथवा भेंट तथ अर्पण की अपेक्षा सर्वश्रेष्ठ है तथा जप की श्रेष्ठता करने हेतु ही भगवान ने जप को स्वयं के रूप में ही निरूपित किया है। मनु स्मृति में भी कहा गया है, "जप किसी भी सक्रिय पूजा से दस गुना श्रेष्ठ हैं, और मन ही मन गुनगुना कर किया हुआ जप शत गुना मूल्यवान है, जब कि मानसिक जप इससे भी सहस्त्र गुना मूल्यवान है।"

मन्त्र जाप में लय बद्ध ध्वनि के कंपन, संबधित इष्ट देव की छवि साधक के हृदय पटल पर अंकित कर देते हैं। मन्त्र का सतत् बार–बार जप करने से एक सृजनशील संवेग उत्पन्न होता हैं। सत्य तो यह है कि मंत्र जाप द्वारा साधक का मन संबंधित इष्ट

देव की छबि पर स्थिर हो जाता है तथा वह इष्ट की शक्ति एवं कृपा द्वारा शुद्ध एवं शक्तिमान हो जाता है। सतत् मन्त्र जाप से साधक का मन अपने इष्ट की छवि से इतना अधिक परिपूर्ण हो जाता है कि वहाँ अन्य किसी वस्तु के लिए स्थान ही नहीं रहता है।

मन्त्र चराचर में व्याप्त परम पिता सच्चिदानन्द का मूर्तिमन्त स्वरूप है। जप से मन के अन्य सभी विचार (बार–बार उठने वाले) नष्ट हो जाते हैं, और केवल शुद्ध आत्मा का विचार ही रह जाता है। जप से शुद्धि, परिपक्वता, सत्य, आनन्द, अमरत्व ज्ञान, सार्वभौमता इत्यादि तत्व जुड़े हैं।

मन्त्र का जाप एक दम ठीक एवं शुद्ध हो तथा उसके अर्थ का भी मनन चलता रहे, इसका हमें ध्यान रखना चाहिये। हमारे हृदय के अन्तरतम कोने तथा आत्मा से हमें यह अनुभव करना चाहिए कि मंत्र सर्वत्र व्याप्त है। यंत्रवत मंत्र जाप का लाभ अपने स्थान पर है, परन्तु पूर्णरूपेण लाभ तभी प्राप्त होता है, जब मंत्र के अर्थ को हृदय की गहराइयों में धारण कर उसे अत्यन्त कियाशील बना दिया जाये।

पाँच प्रकार के जप –

जप को निम्न पाँच प्रकारों में विभाजित किया गया है:–

1. **श्रव्य जपः** इनमें मन्त्र जाप इस प्रकार किया जाता है, कि आस पास बैठा व्यक्ति मन्त्र ध्वनि को सुन सके। आरम्भ में साधक को इसी प्रकार मन्त्र जाप करना चाहिये। कुछ समय के अभ्यास के पश्चात् मन शान्त एवं स्थिर हो जाता है। इस स्थिति में मन उपांशु जप की ओर बढ़ने के लिये परिपक्व हो जाता है।
2. **उपांशु जपः** इसमें मन्त्र का जाप इस प्रकार किया जाता है, कि वह केवल साधक द्वारा ही श्रव्य हो। इसके सतत् अभ्यास के द्वारा कुछ समय पश्चात् साधक मानसिक जप कर सकने के योग्य हो जाता है।
3. **मानसिक जपः**इसमें मन्त्र का जाप मन ही मन किया जाता है। यह कहा जाता है कि मानसिक जप में, साधक को परम ज्ञान प्राप्ति की स्थिति में पहुँचा देने का सामर्थ्य है।
4. **लिखित जपः** इसमें साधक द्वारा सैकड़ों बार मन्त्र को कागज पर लिखा जाता है। मन्त्र के अक्षरों को लघु रूप में सावधानी पूर्वक लिखा जाता है साथ ही मानसिक जप भी चलता रहता है।
5. **अजपा जप अथवा सहजा जपः** बिना किसी प्रयत्न के जब मन्त्र का जप सहज रूप से होता है, तो उसे अजपा जप कहते हैं। यह विश्वास किया जाता है, कि अजपा जप सीधा हृदय से उत्पन्न होता है, जब कि अन्य जप मुख द्वारा होते हैं, जिससे धीरे–धीरे मानसिक एवं शारीरिक विकारों को उत्पन्न करने वाले कारण नष्ट हो जाते हैं।

मंत्र–भक्ति योग

भक्ति योग में भक्त अपने इष्ट के स्वरूप पर ध्यान केन्द्रित करता है तथा संबंधित मंत्र का जाप करता है। कुछ भक्त गण किसी चक्र विशेष में अपने इष्ट को उपस्थित मानकर उस चक्र विशेष के मंत्र का जाप करते हैं। अतः यह स्पष्ट है कि भक्ति योग तथा मंत्र योग परस्पर संबंधित हैं।

भक्ति योग के अध्याय में हम बता चुके हैं कि चार प्रकार के साधकों के साथ ही चार प्रकार के देव भी होते हैं। प्रत्येक साधक अपने स्वभाव एवं इच्छानुसार अपने देव का चयन करता है। साधकों के अनुभव और विचार भिन्न–भिन्न होते हैं। अतः कई तरह के साधकों और उनकी इच्छानुसार ही मन्त्रों की संख्या भी अनंत है।

मंत्र एवं कुण्डलिनी योग –

यद्यपि मन्त्र योग भक्ति योग का एक अंग है तथापि कुण्डलिनी का जागृत होना मंत्रों से संबंधित है। मूल रूप से देखा जाय तो मंत्र का सभी योगों में उपयोग होता है।

मंत्र तथा गुरू

साधारणतया साधक को अपने गुरु द्वारा दिये हुए मन्त्र का ही जप करना चाहिए। दीक्षा देते समय गुरू एक मन्त्र विशेष साधक को देता है, जिससे वह आध्यात्मिक पथ के अभिष्टि शिखर पर पहुँच जाता है, परन्तु यह सब गुरू की शक्ति, साधक की गुरु के प्रति श्रद्धा तथा विशिष्ट मन्त्र पर निर्भर है। मंत्र यदि किसी साधारण व्यक्ति से अथवा पुस्तकों से प्राप्त किये जाएँ तो इच्छित सफलता प्रदान नहीं कर सकते हैं। किसी शिष्य विशेष की शक्ति को जागृत करने हेतु कौन सा मंत्र उपयुक्त है, यह गुरू भली प्रकार जानते हैं। गुरू द्वारा प्रदत्त मंत्रों में गुरू की आध्यात्मिक ऊर्जा सदैव प्रवाहित होती रहती है।

मंत्र तथा ध्यान साधना –

मंत्र जाप से मन सहज ही ऐसी अवस्था में पहुँच जाता है, जहाँ साधक ध्यान मग्न हो जाता है। आरम्भ में साधक प्रयत्न तथा प्रतीती पूर्वक मंत्र को बारबार जपता है। इस केन्द्रित प्रतीत से मन की चंचलता नष्ट हो जाती है। पर्याप्त समय निष्ठा पूर्वक सतत प्रयत्न के पश्चात साधक बिना किसी प्रयत्न के मंत्र जाप सहज रूप से करने लगता है। अन्ततः मंत्र अनायास ही मूर्त रूप धारण कर जाग्रत हो जाता है तथा साधक का मन मस्तिष्क मन्त्र के कम्पनों से प्लावित हो जाता है। मन्त्र ध्वनि पर मन केन्द्रित होने से वह मन्त्र में ही खो जाता है। मंत्र मन तथा मस्तिष्क का एक अंग ही बन जाता है तथा साधक समस्त बाह्य वस्तुओं से निरपेक्ष हो जाता है। समस्त विचारों से शून्य हो जाने तथा समस्त प्रलोभनों से मुक्त हो जाने के कारण साधक का ध्यान सदैव मन्त्र की ध्वनि में केन्द्रित हो जाता है तथा वह ध्यान की सर्वोच्च अवस्था को प्राप्त कर लेता है।

कुछ साधक मन्त्र जाप के साथ ही परमेश्वर के स्वरूप का भी ध्यान करते हैं। ध्यान में जैसे जैसे साधक उन्नति करता जाता है, मंत्र जाप स्वयं ही छूट जाता है और निर्विकल्प समाधि की अवस्था प्राप्त हो जाती है।

❑❑❑

षोडशी की तांत्रिक साधनाएं

तीसरी तांत्रिक शक्ति है षोडशी। अपने आप में सर्वाधिक तेजस्वी, जाज्वल्यमान और जीवन की सम्पूर्णता को देने में समर्थ महाविद्या है। यह अपने आप में एक ऐसी साधना है जो विरले व्यक्तियों को ही प्राप्त होती है। इस साधना के माध्यम से जीवन के चारों पुरुषार्थों की प्राप्ति तो होती ही है, साथ ही साथ इस साधना के माध्यम से आध्यात्मिक जीवन में भी सम्पूर्णता प्राप्त होती है। किसी भी साधना में किसी भी प्रकार की न्यूनता रह ही नहीं सकती, क्योंकि यह साधना अन्य साधनाओं की भी पूर्णता देने में समर्थ महाविद्या है। यदि इस साधना को पहले ही सम्पन्न कर लिया जाय तो जीवन में सब कुछ सरलता से प्राप्त हो सकता है।

इस तांत्रिक साधना की एक और विशेषता यह भी है कि यह भौतिक सुखों को भी पूर्णता के साथ देने में सर्व समर्थ महाविद्या है। हमारे जीवन में चाहे किसी भी प्रकार का अभाव हो, कष्ट हो, पीड़ा हो, बाधा हो, दुःख हो, दैन्य हो, न्यूनता हो, उन सभी को यदि एक ही बार में समाप्त करने की यदि कोई विद्या है तो यही षोडशी महाविद्या साधना है।

इस साधना की एक और विशेषता है वह है कायाकल्प करने में समर्थ। चाहे वह पुरुष हो या स्त्री। यदि कोई स्त्री है और उसके सौन्दर्य में किसी भी प्रकार की न्यूनता है या उसके जीवन में किसी भी प्रकार की कमी हो, तो इस साधना के सम्पन्न करने पर वह अपने आप में पूर्ण सौन्दर्यमयी और सम्मोहक नारी बन जाती है। उसके चेहरे की झाइयाँ और उसके चेहरे की न्यूनताएँ समाप्त हो जाती हैं। इसके साथ ही यदि किसी पुरुष के शरीर में किसी प्रकार की न्युनता या पारुषत्व की कमी या हिम्मत, साहस, बल, ओज की कमी हो, तो उसको भी पूर्णता देने में यह साधना समर्थ है। इस साधना से

साधक का चेहरा अपने में तेजस्वी, अद्वितीय दमक से युक्त ललाट, सिंह के समान दर्पोन्नत वक्षस्थल बन जाता है।

इस साधना की एक और विशेषता है वह निरन्तर अर्थ प्राप्ति। इस साधना के माध्यम से जीवन में निरन्तर धन प्राप्त होता ही रहता है और आय के सैकड़ों स्तोत्र खुल जाते हैं, चाहें वह व्यापार करता हो, चाहे वह नौकरी करता हो। इस प्रकार की सुविधाएँ, इस प्रकार के रास्ते अपने आप बन जाते हैं, जिनकी हम कल्पना भी नहीं कर सकते। इस प्रकार जीवन पर्यन्त कई माध्यमों से, कई क्रियाओं के माध्यम से, अकस्मात् धन प्राप्ति की संभावनाएँ बनी रहती है।

इस साधना को करने से किसी प्रकार की कोई हानि नहीं होती है। इस साधना को करने से जीवन में किसी भी प्रकार की कोई न्यूनता नहीं रहती। यदि इस साधना में किसी भी कारण से असफलता मिल भी जाये (वैसे यह संभव नहीं है) तो साधक का किसी भी प्रकार का अहित नहीं हो सकता। मात्रा आवश्यकता इतनी है कि इससे संबंधित यंत्र, चित्र, सामग्री, मंत्र और पूजन विधि पूर्णत सही, प्रामाणिक व प्राण प्रतिष्ठित हो।

प्रस्तुत पुस्तक अपने आप में एक जीवित, जाग्रत, चैतन्य साधना विधि है, एक ऐसी साधना विधि जो अब तक गोपनीय रही है, एक ऐसी साधना विधि जो अपने आप में सम्पूर्णता को समेटे हुए है, एक ऐसी साधना विधि जिसमें पंडितों के पचड़े में पड़ने की आवश्यकता नहीं होती, एक ऐसी साधना विधि जो विजय और सफलता प्रदान करती है।

इस पुस्तक में जो साधना विधि दी हुई है, वह सर्वथा गोपनीय और गुप्त साधना विधि है, जो अब तक दुर्लभ वृहद् ग्रंथों में अंकित थी, उसको पहली बार इन पृष्ठों पर उतार कर एक लघु ग्रंथ का आकार दिया है। यह पुस्तक भले ही कुछ सैकड़ों पन्नों की हो, परन्तु अपने आप में समुद्र से भी ज्ञान व चेतना लिये हुए विशिष्ट ग्रंथ है। हजारों–हजारों ग्रंथों से भी ज्यादा मूल्यवान है, क्योंकि उन ग्रंथों में जो ज्ञान है वह प्रामाणिक रुप से इस छोटी सी पुस्तक में संग्रहित है। इसलिए यह पुस्तक अपने–आप में सम्पूर्णता की परिचायक है।

वास्तव में वे अत्यन्त अभागे और दुर्भाग्यशाली होते हैं जो इस प्रकार की साधना सम्पन्न नहीं कर पाते। वास्तव में उनके भाग्य ही कमजोर होते हैं, जो इस साधना से परे हटते हैं। यह साधना अपने आप में स्वयं सिद्ध है, षोडशी त्रिपुर सुन्दरी तो अपने आप में विश्व–विख्यात देवी है, जो समस्त साधकों को और भक्तों को, साधुओं को और सन्यासियों को समान रुप से प्रिय है। इस साधना को सम्पन्न करने के लिये आवश्यकता है तो मात्रा योग्य गुरु की, आवश्यकता है प्रामाणिक विधान की और आवश्यक है, पूर्ण रुप से श्रद्धा और विश्वास की।

परम पूज्य गुरुदेव ने बहुत ही गोपनीय साधना विधि को पहली बार इस पुस्तक के माध्यम से स्पष्ट करने की आज्ञा दी है, जो साधकों के लिए वरदान तुल्य है, कल्पवृक्ष के समान है, जिसको सम्पन्न करने पर समस्त प्रकार के भौतिक, दैविक, दैहिक और

आध्यात्मिक फलों की प्राप्ति होती है।

पूज्य गुरुदेव ने बहुत ही गोपनीय साधना विधि को पहली बार इस पुस्तक के माध्यम से स्पष्ट किया है जो साधकों के लिये वरदान तुल्य है, कल्पवृक्ष के समान है, जिसको सम्पन्न करने पर समस्त प्रकार के भौतिक, दैविक, दैहिक और आध्यात्मिक फलों की प्राप्ति होती है।

इस साधना को सम्पन्न करने पर वृद्धों को अपने–आप में तरुणमय होते देखा है, वृद्ध महिलाओं को ऊर्जावान होते देखा है। मजदूरों को धनयुक्त होते देखा है, साधनाहीन लोगों को साधना सम्पन्न होते देखा है। दुःखी, पीड़ित, अपाहिज, बीमार, असहाय लोगों को पूर्ण स्वस्थ और तरोताजा होते देखा है। इसलिए यह साधना अपने आप में छोटी सी साधना नहीं है, अपने आप में सम्पूर्णता समेटे हुए महाविद्या है– और हमने इस गोपनीय विद्या को इस पुस्तक के पन्नों में उतारकर, साधकों के लिए एक जीवन–आधार दे दिया है, जिसके माध्यम से वे पूर्णता तक पहुँच सकें, सौभाग्यशाली बनें, यौवनवान बनें, तेजस्वी बनें और प्रत्येक दृष्टि से सर्वश्रेष्ठ बनें।

मैंने इस साधना को सम्पन्न कर जो कुछ अनुभव किया है– वह अपने आप में अतुलनीय है, क्योंकि इससे उच्चकोटि की अन्य कोई साधना नहीं है।

मुझे विश्वास है प्रत्येक पाठक और साधक इस साधना को अवश्य ही सम्पन्न करेंगे और तब तक करते रहेंगे, जब तक उन्हें पूरी सफलता नहीं मिल जाय।

"पूर्णस्य पूर्णमादाय पूर्णमेवावशिष्यते"...... उपनिषद की यह उक्ति, यह स्थिति इस साधना के माध्यम से ही सम्भव है, इसीलिए यह साधना जीवन की जाज्वल्यमान, तेजस्वी, अद्वितीय और श्रेष्ठ तथा परम उपयोगी साधना है।

षोडशी त्रिपुर सुन्दरी का उद्‍भव–

सूर्य उत्पन्न हुआ। उसमें पारमेष्ठय सोम की आहुति हुई। इससे उग्रता शान्त हो गयी। एवं रुद्रसूर्य शिव बन गया। बस, शिवभावापन्न सूर्य ही संसार का प्रभव है। शिवात्मक सूर्य ही पृथ्वी, अन्तरिक्ष, द्यौरूप त्रौलोक्यका, एवं उसमें रहनेवाली अमृत–मर्त्य प्रजाका निर्माण करते हैं। इसी आधार पर–

नूनं जनाः सूय्र्येण प्रसूताः।
निवेशयअमृतं मर्त्यच्च।
सूय्र्य आत्मा जगतस्तस्थुचश्र

–इत्यादि कहा जाता है। इस शिवात्मक सूर्यशक्ति का (जो शिव–तन्त्र में 'पंचमक्त्र' नाम से प्रसिद्ध) ही नाम 'षोडशी' है। रुद्र–शक्ति तारा थी, शिव –शक्ति षोडशी है। घोर सूर्यको मध्याह्न का सूर्य समझिये। शिवसूर्य को प्रातःकाल का शान्त सूर्य समझिये। उसकी शक्ति को उग्र समझियें। इसकी शक्ति को शिवा समझिये। षोडशी का निदान रहस्य बतलावें, इसके पहले प्रसंगागत पंचवक्त्र शिवसम्बन्धी निदान संक्षिप्त स्वरूप उपस्थित करते हैं।

मुक्तापीतयोदमौक्तिकजवावर्णैर्मुखैः
पचंभिास्यक्षैरक्षितमीशमिन्दुमुकुटं पूर्णेन्दुकोटिप्रभम्।
शूलं टक्ककृपाणवज्रदहनान् नागेन्द्रपाशाड्डुशान्
पाशं भीतिहरं दधानममिताकहपोज्ज्वलागं भजे।।

शक्ति एवं कार्य भेद से भगवान् शंकर के अनेक रूप हो जाते हैं। एक ही शिवसूर्य पाँच दिशाओं में व्याप्त होकर पंचमुख बन जाते हैं। पूर्वोक्त घ्यान उन्हीं पाँचों मूर्तियों का स्वरूप बतलाता है। उस एकही के वे पाँचों मुख पूर्वा, पश्चिमा, उत्तरा, दक्षिणा, ऊर्ध्वा दिग्भेद से क्रमशः– 1. तत्पुरुष, 2. सद्योजात, 3. वामदेव, 4. अधोर, 5. ईशान इन नामों से प्रसिद्ध हैं। पाँचों मुख क्रमशः चतुष्कल, अष्टकल, त्रायोदशकल, अष्टकल, पंचकल हैं। एवं पाँचों क्रमशः हरित, रक्त, धूम्र, नील, पीत वर्ण के हैं। इस पंचवक्त्रा शिव के 10 हाथ हैं। दशों में से 1. अभय, 2. टंक 3. शूल, 4. वज्र, 5. पाश, 6. खड्ग, 7. अकुंश, 8. घण्टा, 9. नाग, 10. अग्नि, ये 10 आयुध हैं। ये शिव सर्वज्ञ हैं। व्यक्षरूप हैं। अनादिबोधस्वरूप हैं। स्वतन्त्रा हैं। अलुप्तशक्ति हैं। अनन्त शक्तिमान् हैं। पाँच दिशाओं में इनकी व्याप्ति है। पाँचों ओर इनका रुख है। रुख ही मुख है। पंचमुख इसी भाव का निदान है। इस शिव के आग्नेय, वायव्य, सौम्य, तीन स्वरूप धर्म हैं। ये तीनों ही तीन–तीन प्रकार के हैं। आग्नेय प्राण के अग्नि, वायु, इन्द्र ये तीन भेद हैं। एवं सौम्य प्राण के वरुण, चन्द्र, दिक्, ये तीन भेद हैं। इस प्रकार उस शिव की 9 शक्तियां हो जाती हैं ये नवों घोर हैं। उग्र हैं। एवं इन सबका आधारभूत परोरजा नामका सर्वप्रतिष्ठारूप शान्तिमय प्राजापत्य प्राण है। 10 हाथ, 10 आयुध इन्हीं इश शक्तियों के निदान हैं। टंक से आग्नेय–ताप सूचित किया जाता है। शूल का वायव्य ताप से सम्बन्ध है। **'न वातेन विना शूलम्'** यह निश्चित सिद्धान्त है। वज्र से ऐन्द्र–ताप अभिप्रेत है। पाश के अधिष्ठाता वरुण ही है। **'वरुण्या वा एषा यद्रज्जुः'** के अनुसार पाश के अधिष्ठाता वरुण ही हैं। खण्ड का चान्द्रशक्ति से सम्बन्ध है। अंकुश से दिश्या हेति का सम्बन्ध है। नाग से संचर नाड़ी और विषैले वायुकी ओर इशारा है। जिस वायु सूत्र से रुद्र प्रविष्ट होते हैं यही संचर–नाड़ी कहलाती है। इस नाड़ी का नाक्षत्रिक सर्प–प्राण से सम्बन्ध है। सारे ग्रह सर्पाकार हैं। इनमें वह सौर–तेज व्याप्त रहता है। सब ग्रहरूप सर्पो के साथ रुद्र–सूर्य का योग होता है। अतएव उनके सर्वांग शरीर में सर्प लपेट दिये जाते हैं। इनकी दृष्टि प्रकाश रूपा है। इसी का निदान अग्नि ज्वाला है। सोमाहुतिका निदान मस्तकस्थ इन्दु है। शान्तिरूप परोरजाः प्राण का निदान अभय–मुद्रा है। आगम रहस्यानुसार स्वर–वाक्के अधिष्ठाता यही हैं। इसी का निदान घण्टा है। नीचे लिखी तालिकासे सब स्पष्ट हो जाता है।

1 अभयम् प्राजापत्यम् शान्तिः परोरजाः प्राणः

2 टंकः आग्नेयतापः अग्पिः आग्नेय प्राणः

3 शूलम् वायव्यतापः अग्निः आग्नेय प्राणः

4 वज्रम् ऐन्द्रतापः इन्द्रः आग्नेय प्राणः

5 पाशः वारुणहेति वरुणः सौम्यप्राणः

6 खण्डः चान्द्रहेतिः चन्द्रः सौम्यप्राणः

7 अंकुशः दिश्याहेतिः दिक् सौम्यप्राणः

8 घण्टा ध्वनिः शब्दः शब्दः वायव्यप्राणः

9 नागः संचरनाडी वायुः वायव्यप्राणः

10 अग्नि प्रकाशः अग्निः वायव्यप्राणः

इसी पंचवक्त्र शिवकी शक्ति का नाम षोडशी है। पंचकल अव्यय, पंचकल अक्षर, पंचकल आत्मक्षर परात्पर की समष्टि को पूर्व में हमने षोडशी पुरुष बतलाया है। स्व, पर, सूर्य, चन्द्र, पृथ्वी, इन पांचों में से एकमात्र सूर्य में ही उस षोडशी पूर्ण विकास होता है। स्वयम्भू अव्यक्त है। अतएव वहाँ भी पूर्ण विकास नहीं। परमेष्ठी में यज्ञवृत्ति के कारण विकास नहीं। वहाँ आया हुआ षोडशी अन्तर्लीर हो जाता है। परन्तु सूर्य अग्निमय होने से चितिधर्मा है। अतएव इसमें आया हुआ पाँचों में क्रमशः ब्रह्मा, विष्णु, इन्द्र, अग्नि, सोम इन पाँच अक्षरोंकी प्रधानता है। पाँचों में इन्द्रात्मक सूर्य में ही षोडशी का विकास है। अतएव इस सूर्यरूप इन्द्र के लिये 'इन्द्रो ह वै षोडशी' यह का जाता है। पंचकल अव्ययका सृष्टिसाक्षी भाग मन, प्राण वाग्रूप है। इसमें स्वयम्भू में केवल वास् का विकास है। परमेष्ठी में वाक् का विकास है। परमेष्ठी में वाक्–प्राण दो का विकास है। उधर पृथ्वी में केवल वाक्का विकास है। चन्द्र अन्तरिक्ष में वाक्प्राण का विकास है। परन्तु मध्यपतित चितिधर्मा सूर्य में मन, प्राण, वाक् तीनों का विकास है। इसी आधार पर–

1. वागिन्द्रः,
2. आदिस्यं मनः,
3. प्राणः प्रजानामुदयत्येष सूर्य्यः।

–इत्यादि कहा जाता है। 'स वा एष आत्मा वांगमयः' (बृहदारण्यक) के अनुसार सृष्टिसाक्षी आत्मा मनःप्राणवाङ्.मय है। सूर्य में तीनों की सत्ता है। अतएव 'सूर्य आत्मा जगत–स्तस्थुषश्च' इत्यादि रूप से सूर्य को स्थावर जग्ङ.मात्मक सम्पूर्ण विश्व का आत्मा बतलाया जाता है। चूँकि इसमें षेाडशकल पुरुष का पूर्ण विकास है, अतएव इसको हम अवश्य ही षोडशी कहने के लिये तैयार हैं। इसीलिये इसकी शक्ति को भी अवश्य ही 'षोडशी' कहा जा सकता है। भूः, भुवः, स्वः रूप तीनों ब्रह्मपुर इसी महाशक्ति से उत्पन्न हुए हैं। अतएव तन्त्र में यह 'त्रिपुरसुन्दरी' नाम से भी प्रसिद्ध है। इसी का स्वरूप बतलाते हुए ऋषि कहते हैं–

बालार्कमण्डलाभासां चतुर्बाहां त्रिलोचनाम्।
पाशांकुशशरांश्चापं धारयन्तीं शिवां भजे।।

(शाक्तप्रमोद–षोडशीतन्त्र)

सूर्य में प्रकाश है, ताप (अग्नि) है, आहुतसोम (चन्द्रमा) है। 'त्रीणि ज्योतींषि सचते स षोडशी' के अनुसार उस शिव–शक्ति ने इन्हीं तीन रूपों से विश्व को प्रकाशित कर

रक्खा है। अतएव सूर्य को लोकचक्षु कहा जाता है। इन्हीं तीन ज्योतियों का निदान तीन नेत्र हैं। सौरशक्ति सम्पूर्ण खगोल में व्याप्त है। खगोल चतुर्भुज है। इसी का निदान चार भुजाएँ हैं। सोमाहुति से यह शान्त बन रही है। प्रातः कालका बालसूर्य इसकी साक्षात् प्रतिकृति है। बालार्क इसी अवस्था का निदान है। सूर्य से उत्पन्न होने वाली प्रजा सौर आकर्षण सूत्र से बद्ध रहती है। स्वयं पृथ्वी भी उससे बद्ध है। अतएव वह कभी क्रान्तिवृत्त को नहीं छोड़ती। उस सौर शक्ति ने अपने आकर्षण रूप पाश से सबको बद्ध कर रक्खा है। पाश इसी का निदान है। अक्षररूपा उस नियति के डरसे सब अपना अपना काम यथावत् कर रहे हैं। स्वयं सूर्य भी उसका लोहा मानता है।

भयादस्याग्निस्तपति भयात्तपति सूर्यः।
भयादिन्द्रश्व वायुश्व मृत्युर्धावति पंचमः।।

के अनुसार वह सब पर अपना अंकुश रखती है। अंकुश इसी का निदान है। जो प्रधापराध से शक्ति के उन अटल नियमों का उल्लंघन करते हैं उनका वह नाश कर डालती है। पृथ्वी, अन्तरिक्ष, द्यौ तीनों लोकों में व्याप्त रुद्र के अन्न, वायु, वर्षा तीन प्रकार के इषु बाण हैं। वे इषु असलमें इस शक्ति के इषु हैं। इन्हीं के द्वारा वह संहार करती है। शर इन्हीं का निदान हैं सृष्टिकर्त्ता ब्रह्मा, पालक विष्णु, संहारक रुद्र, खण्डप्रलय के अधिष्ठाता यम, चारों देवता उसके अधीन हैं। वह चारों पर प्रतिष्ठित है। 'चतुर्बाहाम्' इसी अवस्था निदान है। पूर्वोक्त ध्यान इसी स्वरूप को प्रकट करता है।

षोडशी साधना करने का उद्देश्य–

धर्म मोक्ष एवं आर्थिक दृष्टि से उच्च कोटी की सफलता के लिए षोडशी मंत्र का विधान समस्त तांत्रिक ग्रंथों में है।

षोडशी साधना से शिव लोक की प्राप्ति होती है। अनेक जन्मों की उपासना, तपस्या के फलस्वरुप इस साधना का सौभाग्य प्राप्त होता है।

षोडशी की उत्पत्ति–

देवी की उत्पत्ति से सम्बन्धित अनेक कथाएँ प्राप्त होती हैं। ऋग्वेद में परब्रह्म का पितृ रुप 'प्रजापति' बातया गया है और मातृरुप 'अदिति' के नाम से वर्णित है। यह मातृशक्ति ही इस चराचर विश्व का अचल आधार है, यही मातृशक्ति श्रष्टा और सृष्टि दोनों ही है, अतः इसी से समस्त विश्व की उत्पत्ति होती है।

देवताओं की प्रार्थना पर देवी ने अपने स्वरुप को स्पष्ट करते हुए कहा– "मैं परब्रह्म स्वरुप हूँ, अजन्मा होते हुए भी परमार्थतः समय–समय पर विविध रुपों में जन्म लेती हूँ।"

जहाँ कहीं भी शक्ति का वर्णन प्राप्त होता है, उन्हें शिव की पत्नी के रुप में ही दर्शाया गया है, किन्तु गृहलक्ष्मी का अवतरण विष्णु की शक्ति के रुप में हुआ है।

मार्कण्डेय पुराण में विष्णु की इस वैष्णवी शक्ति को सिंहवाहिनी बताया गया है और उन्हें ब्रह्मा, विष्णु, रुद्र एवं समस्त देवताओं से वन्दिता बताया गया है।

सृष्टि के द्वितीय कल्प में जब समस्त देवता तथा धर्मपरायण व्यक्ति असुरों से त्रस्त हो गये, तो उन्होंने महामाया की आराधना कर असुरों के त्रास से मुक्त करने की प्रार्थना की। देवताओं की प्रार्थना पर देवी ने उन्हें अभय प्रदान करते हुए कहा– "जब भी तुम मेरा स्मरण करोगे, मैं अवश्य ही तुम लोगों की रक्षा के लिए उपस्थित होऊंगी।

समय–समय पर भगवती ने अपने मूल स्वरुप से अनेक रुपों में अवतरित होकर देवताओं को सुरक्षा प्रदान की है।

मधुकैटभ का वध–

प्रलयकाल में योगनिद्रा का आश्रय ले शेषनाग की शय्या पर भगवान विष्णु सो रहे थे। निद्रालीन विष्णु के कानों से महामाया ने मैल निकाली। उस मैल से "मधु" और "केटभ" दो असुर उत्पन्न हुए, जिन्होंने महामाया की घोर तपस्या कर, इच्छा–मृत्यु का वर प्राप्त कर लिया और निर्भय होकर सर्वत्र विचरण करने लगे। उन दोनों असुरों ने ब्रह्मा को युद्ध के लिए ललकारा। स्वयं को असमर्थ पा ब्रह्माजी विष्णु की शरण में गये और निद्रालीन विष्णु को जगाने के लिए योगनिद्रा का स्तवन किया– "हे देवी! तुम अपने उदार प्रभावों से प्रशंसित हो, अतः इन दोनों दुर्धर्ष असुरों को मोहित कर दो और भगवान विष्णु को इनका वध करने हेतु निद्रा से जगा दो।"

तदुपरान्त निद्रा का त्याग कर ब्रह्मा की प्रार्थना पर उन दोनों असुरों से युद्ध करने का निर्णय लिया। इच्छा मृत्यु वर के कारण विष्णु ने उन दैत्यों से विश्राम का अवसर चाहा और बारी–बारी से युद्ध करने की इच्छा व्यक्त की, मदमत्त असुरों ने सोचा, कि विष्णु पराजित हो ही जायेंगे, अतः उनके प्रस्ताव को स्वीकार कर कुछ समय के लिए युद्ध स्थगित कर दिया। अवसर प्राप्त होने पर विष्णु ध्यानस्थ होकर उनके वध का उपाय ढूँढने लगे, तभी ब्रह्मा की प्रार्थना कर महामाया ने विश्वास दिलाया कि मेरी माया से मोहित होकर दोनों असुर शीघ्र ही मृत्यु को प्राप्त हो जायेंगे।

निर्धारित समय पर पुनः युद्ध आरम्भ हुआ। कुछ समयोपरान्त विष्णु ने देंत्यों से वर मांगने को कहा।

मोहित असुरों ने कहा– "हे विष्णु! अब तुम परास्त होने वाले हो, अतः तुम्हारी वर देने की क्षमता भी समाप्तप्रायः है। अब तुम अपनी जान बचाने की चिन्ता करो। हाँ, तुम कहो तो हम तुम्हें अवश्य वर प्रदान करेंगे।"

महामाया की माया के कारण वे असुर समझ नहीं सके, कि उन्होनें क्या कह दिया है।

असुरों की बात सुनकर विष्णु ने कहा– "तुम दोनों मेरे हाथ से मारे जाओ, यही वर चाहिए।"

वचन से विमुख न होने के कारण मधु ने कहा– "ठीक है, तुम्हारी इच्छा पूर्ण होगी, किन्तु तुम को हम दोनों का वध उस स्थान पर करना होगा, जो जल रहित हो तथा पूर्व में वहाँ किसी की मृत्यु न हुई हो।

"तथास्तु" कहकर भगवान ने दोनों का वध अपनी जंघा पर किया। इस प्रकार देवी की कृपा से मधु–कैटभ का नाश हुआ।

महिषासुर का वध–

देवासुर संग्राम में "महिषासुर" देवताओं को तथा इन्द्र को परास्त कर स्वयं इन्द्रपद पर आसीन हो गया। महिषासुर से भयभीत देवता ब्रह्मा के साथ विष्णु और शिव के पास गये और कहा– "दुरात्मा महिष ने समस्त देवताओं को स्वर्ग से निकाल दिया है और स्वयं अधिष्ठाता बन बैठा है। उससे पीड़ित हम सभी देव आपकी शरण में आये हैं, आप कृपा कर उसके वध का उपाय करें।"

देवताओं की प्रार्थना पर विष्णु ने महिषासुर के वध का हेतु क्रिया द्वारा जाना और देवताओं को बताया– "समस्त देवताओं की सम्मिलित शक्ति से प्रकट हुई देवी के द्वारा ही महिषासुर का संहार होना नियति ने निर्धारित किया है, अतः तुम अपनी शक्ति को एक जगह एकत्र करो, जिससे महाशक्तिशाली देवी प्रकट हो सकें।"

चक्रप्राणी विष्णु के मुख से एक तेज प्रकट हुआ, इसी प्रकार ब्रह्मा, रुद्र, वरुण, इन्द्र, यम समस्त देवताओं के शरीर से तेज प्रकट हुआ, जो महान तेजपुंज के रुप में जाज्वल्यमान पर्वत के समान भासित होने लगा। यह तेजपुंज एक नारी रुप में परिणित हो गया, जिसकी तेजस्विता सम्पूर्ण दिशाओं को आलोकित कर रही थी।

तदन्तर उस देवी का दर्शन कर समस्त देव अत्यधिक प्रसन्न हुए और उन्हें अपने–अपने अस्त्र–शस्त्र प्रदान किये। देवताओं ने देवी का स्तवन किया। देवी ने प्रसन्न होकर देवताओं को अभय का वरदान दिया और लीला करने के उद्देश्य से "शतश्रृंग पर्वत" पर आई।

नारद ने महिष के मन में, षोडशी के रुप का वर्णन कर, उससे विवाह करने की भावना जाग्रत की। इस भावना से प्रेरित हो महिष ने अपने दूत को विवाह का प्रस्ताव लेकर देवी के पास भेजा। उस समय वे जम्मू से उत्तर दिशा में स्थित शतश्रृंग पर्वत पर "अर्द्धकुमारी" नामक स्थान पर विराजमान थी। देवी ने महिष के प्रस्ताव को अस्वीकार कर दिया।

प्रस्ताव के अस्वीकृत होने के कारण वह क्रोधित हो युद्ध के लिए प्रेरित हुआ। देवी ने इस युद्ध में दैत्यों की विशाल सेना को समाप्त कर दिया। सेना का संहार होता देख महिषासुर ने भैंसे का रुप धारण कर देवी पर प्रहार किया। क्रोधोन्मत्त असुर को अपनी ओर आता देख भगवती ने पाश फैंककर उसे बाँध दिया।

भैंसे का रुप त्यागकर महिष ने तुरन्त सिंह का रुप धारण कर लिया। ज्यों ही जगदम्बा उसका मस्तक काटने के लिए उद्यत हुई, उसने खड्गधारी असुर का रुप धारण कर लिया, जिसे देवी ने अपने बाणों से बींध डाला, किन्तु असुर ने तुरन्त हाथी का रुप धारण कर लिया और देवी के सिंह को अपनी सूंड में लपेट कर खींचने लगा, तब वैष्णवी ने उसकी सूंड काट दी।

तदुपरान्त महिष ने पुनः भैंसे रुप धारण कर लिया, यह देख देवी ने उस महा असुर को अपने पैर से दबाकर त्रिशूल से उसके कण्ठ पर प्रहार किया। प्रहार होत ही महिषासुर भैंसे के मुख से मानव रुप में बाहर आने लगा। आधा शरीर बाहर निकला था, तभी देवी ने उसका मस्तक काट गिराया। इस प्रकार महिषासुर के वध से समस्त देवगण प्रसन्न होकर देवी की स्तुति करने लगे।

कालान्तर में षोडशी ने अपने महाकाली, महालक्ष्मी व महासरस्वती स्वरुप में शुंभ, निशुंभ, धूम्रलोचन, रक्तबीज, चण्ड–मुण्ड अनेक महाअसुरों का वध कर इस पृथ्वी पर धर्म की स्थापना की।

साधना विधान–

'मन्त्र महोदधि में 'षोडशी महाविधा' का मन्त्र निम्नानुसार वर्णित है:–

मन्त्र–

"श्री ह्रीं क्लीं ऐं सौः ह्रीं श्रीं कएईल ह्रीं हसकहल
ह्रीं सकल ह्रीं सौः ऐं क्लीं ह्रीं श्रीं।"

यह अठ्ठाईस अक्षर का मन्त्र है। षडक्षरा (ॐ ह्रीं श्रीं कएईल ह्रीं हसकहल ह्रीं सकल ह्रीं) विधा को श्री, माया, काम, वाग् एवं शक्ति– इन पाँचों बीजों से सम्पुटित कर देने पर अनेक पुण्यों का फल देने वाली 'षोडशाक्षरी 'श्री विधा' बनती है।

विनियोग–

'अस्य श्री त्रिपुर सुन्दरी मन्त्रस्य दक्षिणामूर्ति ऋषिः पंक्तिश्छन्दः श्रीमत्त्रिपुर सुन्दरी देवता ऐं बीजं सौः शक्तिः क्लीं क्लीकं ममाभीष्ट सिद्धयर्थे जपे विनियोगः।

इस त्रिपुर सुन्दरी मन्त्र के दक्षिणामूर्ति ऋषि, पंक्ति छन्द, श्रीमदत्रिपुरसुन्दरी देवता, ऐ बीज, सौः शक्तिः तथा क्लीं कीलक है। अभीष्ट कार्य की सिद्धि हेतु जप में इसका विनियोग है।

मन्त्र के 'न्यास' आदि निम्नानुसार किये जाते है–

ऋष्यादि न्यासः–

"दक्षिणामूर्ति ऋषये नमः शिरसि।
पंक्तिश्छन्दसेनमः मुखे।
श्रीमत्त्रिपुर सुन्दरी देवतायै नमः हृदि।
ऐं बीजाय नमः गुह्ये।
सौः शक्तये नमः पादयोः।
क्लीं कीलकाय नमः नाभौ।
विनियोगाय नमः सर्वांगे।

कर शुद्धिन्यास–

इस महाविधा के सभी न्यास प्रारम्भ में 'माया' एवं 'श्री' बीज लगाकर करना चाहिए।

बिन्दु सहित श्रीकण्ठ एवं अनन्त (अं आ) तथा विसर्ग सहित 'सौ' (सौ:)– इन वर्णो के अन्त में 'नमः' लगाकर क्रमशः मध्यमा, अनामिका एवं कनिष्ठिका, फिर अंगुष्ठ तर्जनी तथा करतल कर पृष्ठ में न्यास करना चाहिए। इसे 'कर–शुद्धि न्यास' कहते हैं।

"ह्रीं श्रीं अं मध्यमाभ्यां नमः।
ॐ ह्रीं श्रीं आं अनामिकाभ्यां नमः।
ह्रीं श्रीं सौः कनिष्ठिकाभ्यां नमः।
ह्रीं श्रीं अं अङ्गुष्ठाभ्यां नमः।
ह्रीं श्रीं आं तर्जनीभ्यां नमः।
ह्रीं श्रीं सौः करतलकर पृष्ठभ्यां नमः।"

आसनन्यास–

इसके बाद आसन–न्यास करें। इस न्यास के समस्त मन्त्रों के प्रारम्भ में 'माया' एवं 'श्री' बीज लगायें। फिर प्रत्येक आसन के पहले उसके निर्दिष्ट बीज तथा अन्त में 'नमः' लगाकर न्यास करना चाहिए। यथा–

"ह्रीं श्रीं ह्रीं क्लीं ऐं सौः हृदयाय नमः।
ॐ ह्रीं श्रीं शिर से स्वाहा।
कएईल ह्रीं शिखायै वषट्।
हसकहल ह्रीं कवचाय हुम्।
सकल ह्रीं नेत्रत्रयाय वौषट्।
सौः ऐं क्लीं ह्रीं श्रीं अस्त्राय फट्।"

जगद् वशीकरण न्यास–

इसके बाद **'जगद्वशीकरण न्यास'** निम्नानुसार करें–

मन्त्राक्षरों से अमृत बरसाती हुई तथा उससे अपने शरीर को सप्लावित करती हुई, प्रदीप कलिका जैसे आकार वाली, ब्रह्मरन्ध्र में स्थित, सौभाग्यप्रदा देवी का ध्यान करते हुए मूल–मन्त्र के आरम्भ में प्रणव (ॐ) तथा अन्त में 'नमः' लगाकर मध्यमा तथा अनामिका से शिर में न्यास करें।

फिर बांये कान में परम सौभाग्य दण्डिनी मुद्रा करके, बांई और सिर से पांव तक आदि में प्रणव (ॐ) तथा अन्त में 'नमः' लगाकर, मूल मन्त्र का न्यास करें।

फिर 'सब लोकों का कर्ता मैं हूँ'– ऐसा विचारकर, 'त्रिखण्डा–मुद्रा' से आदि में 'प्रणव' (ॐ) तथा अन्त में 'नमः' लगाकर, ललाट में न्यास करें।

फिर 'रिपुजिह्वाग्रमुद्रा' को दिखाते हुए तथा 'मैं सब शुत्रुओं का निग्रह कर रहा हूं"

इस भावना से आदि में 'प्रणव' (ॐ) तथा अन्त में 'नमः' लगाकर, पाद मूल में न्यास करें।

फिर, मुख में संवेष्टित करते हुए आदि में 'प्रणव (ॐ) तथा अन्त में 'नमः' लगा कर, मूलमन्त्र का न्यास करें।

फिर दांये कान से बाँये कान तक उक्त विधि से न्यास करके, कण्ठ से मुख तक उसी प्रकार न्यास करना चाहिए।

फिर 'प्रणव' (ॐ) पुटित मूलमन्त्र का सर्वांग में न्यास करें। तत्पश्चात मुख पर 'योनि मुद्रा' बांधकर त्रिपुरसुन्दरीदेवी को प्रणाम करें।

अक्षर न्यास–

इसके बाद 'अक्षरन्यास' करें। अक्षर न्यास को 'वर्धन्यास' तथा 'संहारन्यास' भी कहा जाता है।

इसमें क्रमशः दोनो पांव, जंघा, जानु, कटिभाग, लिङग, पीठ, नाभि, पार्श्व, स्तन, स्कन्ध, कान, ब्रह्मरन्ध, मुख, नेत्र, कान तथा कर्ण शष्कुली में एक–एक अक्षर का न्यास किया जाता है। यथा–

"श्रीं नमः–पादयोः।
ह्रीं नमः– जंघयोः।
क्लीं नमः– जान्वोः।
ऐं नमः– कटिभागयोः।
सौः नमः–लिङ्गे।
ॐ नमः– पृष्ठे।
ह्रीं नमः–नाभिदेशे।
श्रीं नमः– पार्श्वयोः।
कएईल ह्रीं नमः–स्तनयोः।
हसकहल ह्रीं नमः– अंसयोः।
सकल ह्रीं नमः– कर्णयोः।
सौः नमः–ब्रह्मरन्ध्रे।
ऐं नमः– मुखे।
क्लीं नमः– नेत्रयोः।
ह्रीं नमः– कर्णयोः।
श्रीं नमः–कर्णवेष्टे।"

सृष्टि न्यासः–

इसके बाद 'सृष्टिन्यास' करें। इसमें ब्रह्मरन्ध्र, ललाट नेत्र, कान, नासिका, कपोल, दांत, होठ, जिह्वा, मुख, पीठ, सर्वांग, हृदय, स्तन, कुक्षि एवं लिंग पर क्रमशः एक–एक वर्ण का न्यास करके सम्पूर्ण मन्त्र द्वारा व्यापक न्यास करना चाहिए। जैसे–

"श्री नमः–ब्रह्मरन्ध्रे।
ह्रीं नमः– ललाटे।
क्लीं नमः– नेत्रयोः।
ऐं नमः– कर्णयोः।
सौः नमः–नासोः।
ॐ नमः– गण्डे।
ह्रीं नमः–दत्तेषु।
श्रीं नमः– ओष्ठयोः।
कएईल ह्रीं नमः–जिह्वायाम्।
हसकहल ह्रीं नमः– मुखमध्ये।
सकल ह्रीं नमः– पृष्ठे।
सौः नमः– सर्वाङ्गे।
ऐं नमः– हृदि।
क्लीं नमः– स्तनयो।
ह्रीं नमः– कुक्षो।
श्रीं नमः–लिंगे।"

स्थिति न्यास–

इसके बाद 'स्थिति न्यास' करें। इसमें हाथ में अंगूठे सहित पांचो अंगुलियों, ब्रह्मरन्ध्र, मुख, हृदय, नाभि से पांव तक, कण्ठ से नाभि तक, ब्रह्मरन्ध्र से कण्ठ तक तथा पांव को पांचो अंगुलियों में क्रमशः मन्त्र के एक–एक वर्ण का न्यास किया जाता है। यथा–

"श्रीं नमः– अगुष्ठयोंः।
ह्रीं नमः– तर्जन्योः।
क्लीं नमः– मध्यमयोः।
ऐं नमः– अनामिकयोः।
सौः नमः– कनिष्ठकयोः।
ॐ नमः– ब्रह्मरन्ध्रे।
ह्रीं नमः– मुखे।
श्रीं नमः– हृदि।
कएईल ह्रीं नमः–नाभ्यादिपादान्तम्।
हसकहल ह्रीं नमः– कण्ठादि नाभ्यन्तम्।
सकल ह्रीं नमः– ब्रह्मरन्ध्रात् कण्ठान्तम्।
सौः नमः–पादांगुष्ठयोः।
ऐं नमः– पादतर्जन्योः।
क्लीं ह्रीं नमः– पादमध्यमयोः।

ह्रीं नमः– पादानामिकयोः।
श्रीं नमः– पादकनिष्ठयोः।''

ध्यान–

''बालार्कायुंत् तेजसं त्रिनयना रक्ताम्ब रोल्लासिनों।
नानालंकृति राजमानवपुषं बालोडुराट् शेखराम।।
हस्तैरिक्षुधनुः सृणिंसुमशरंपाशं मुदा विभ्रतीं।
श्रीचक्रस्थित सुन्दरीं त्रिजगता माधारभूता स्मरेत।।''

भावार्थ– ''बालसूर्य जैसी कान्तिमान, तीन नेत्रों वाली, लाल रंग के वस्त्रों से सुशोभित, अनेक प्रकार के भूषनों से अलंकृत शरीर वाली, मस्तक पर चन्द्रकला धारिणी, अपने चारों हाथों में क्रमशः इक्षधनु, अंकुश, पुष्पवाण, एवं पाश धारण करने वाली, श्रीचक्र पर विराजमान तथा तीनों लोकों की आधारभूता भगवती त्रिपुरसुन्दरी का मैं स्मरण करता हूँ।''

जप संख्या तथा हवन– हस मन्त्र का 1,00,000 (एक लाख) की संख्या में जप करना चाहिए तथा त्रिमधुर, मिश्रित कनेर के फूलों द्वारा विधिवत् पूजित अग्नि में दशांश हवन करना चाहिए।

षोडशी पूजन विधि

अब षोडशी यन्त्र उद्धार तथा षोडशोयन्त्र पूजन की विधि का वर्णन किया जाता है, जिसके प्रयोग से साधक को अभीष्ट सिद्धि प्राप्त होती है।

षोडशी पूजन यन्त्र

षोडशी यन्त्र के उद्धार की विधि निम्नानुसार है–

''स्व गर्भ में बिन्दु सहित त्रिकोण लिखकर, उसके ऊपर अष्टदल लिखें। फिर उसके ऊपर क्रमशः दो दश दल, चतुर्दशदल, अष्ट दल एवं षोडशदल लिखकर इन्हें तीन रेखात्मक भूपुर से वेष्टित करें।

उक्त विधि से **'षोडशीयन्त्र'** का जो स्वरूप बनेगा, उसे नीचे दिए गए चित्र में प्रदर्शित किया गया है।

पात्र स्थापन–

श्रीयन्त्र पर श्रीविधा का पूजन आरम्भ करना चाहिए। उसके लिए सर्व प्रथम पात्र–स्थापन किया जाता है। प्रात्र स्थापन की विधि इस प्रकार है–

विधि– दक्षिण अथवा वाम जो भी स्वर चल रहा हो, उसी ओर के हाथ में वक्ष्यमाण यन्त्र को लिखें। त्रिकोण के मध्य मे षट्कोण, फिर वृत्त एवं भूपुर सहित यन्त्र को लिखें।

यन्त्र के मध्य की 'बाला–मन्त्र' से पूजा करनी चाहिए तथा उसके तीनों कोणों की बाला–मन्त्र के तीनों बीजों से पूजा करनी चाहिए। इन तीनों बीजों को अनुलोम एवं विलोम करके, उनसे क्रमशः षट्कोणों का पूजन करना चाहिए।

फिर उक्त यन्त्र के ऊपर'अष्त्राय फट्'– इस मन्त्र से प्रक्षलित पात्राधार को रखें तथा 31 अक्षर वाले मन्त्र द्वारा उस आधार का पूजन करें। आधार–पात्र की पूजा का 31 अक्षर वाला मन्त्र इस प्रकार है–

''ॐ रां रीं रूं म्ल्व्यूं रं अग्निमण्डलाय धर्मप्रददशकलात्मने ऐं कलशाधारायः नमः।''

उक्त आधार–पात्र के ऊपर प्रदक्षिण क्रम से अग्नि की दशकलाओं का पूजन करें।

1. धूम्रार्चि, 2. उष्मा, 3. ज्वलिनी, 4. विष्फुलिगिंनी, 6. सुरूपा, 8. कपिला, 9. हव्यवहा तथा 10. कव्यवहाये सविन्दु यकार आदि 10 वर्णों के साथ अग्नि की कलाएं कही गई हैं। इनके नाम के बाद 'कलाश्रीपादुकां पूजयामि' पद बोलते हुए उनका प्राण–स्थापन करना चाहिए। यथा–

'' यं धूम्राचिषे नमः धूम्रार्चि कला श्रीपादुकां पूजयामि नमः।''
रं उष्मायै नमः उष्मा श्रीपादुकां पूजयामि नमः।
लं ज्वलिन्यै नमः ज्वलिनी श्रीपादुकां पूजयामि नमः।
वं ज्वालिन्यै नमः ज्वालिनी श्रीपादुकां पूजयामि नमः।
शं विष्फुलिंगिन्यै नमः विष्फुलिंगनी श्रीपादुकां पूजयामि नमः।
पं सुश्रियै नमः सुश्रीः श्रीपादुकां पूजयामि नमः।
सं सुरूपायै नमः सुरूपा श्रीपादुकां पूजयामि नमः।
हं कपिलायै नमः कपिला श्रीपादुकां पूजयामि नमः।
ळं हव्यवहायै नमः हव्यवहा श्रीपादुकां पूजयामि नमः।
क्षं कव्यवाहायै नमः कव्यवहा श्रीपादुकां पूजयामि नमः।

इसके पश्चात इन कलाओं की पात्राधार पर प्राण–प्रतिष्ठित करें। फिर पात्राधार पर 'अस्त्राय फट्''– मन्त्र से प्रक्षालित स्वणं आदि से निर्मित कलश रखकर, **''ॐ हां हीं हूं हम्ल्व्यूं हं सूर्यमण्डलाय वसुप्रदद्वादश कलात्मने क्लीं कलशाय नमः।''**

इस मन्त्र से कलश का पूजन करें। फिर कलश पर निम्नलिखित मन्त्रों से तपिनी आदि सूर्य की कलाओं का पूजन करें। यथा–

''कं भं तपिन्यै नमः तपिनीकला श्रीपादुकां पूजयामि नमः।
खं बं तापिन्यै नमः तापिनींकला श्रीपादुकां पूजयामि नमः।
गं फं धूम्रायै नमः धूम्राकला श्रीपादुकां पूजयामि नमः।
धं पं मरीच्यै नमः मरीचिकला श्रीपादुकां पूजयामि नमः।
ङं नं ज्वालिन्यै नमः ज्वालिनीकला श्रीपादुकां पूजयामि नमः।
चं धं रूच्यै नमः रूचि कला श्रीपादुकां पूजयामि नमः।
छं दं सुषुम्णायै नमः सुघुम्ना कला श्रीपादुकां पूजयामि नमः।
जं थं भोगदायै नमः भोगदा कला श्रीपादुकां पूजयामि नमः।

झं तं विश्वायै नमः विश्वा कला श्रीपादुकां पूजयामि नमः।
ञं णं बोधिन्यै नमः बेाधिनी कला श्रीपादुकां पूजयामि नमः।
टं ढं धारिण्यै नमः धमिणी कला श्रीपादुकां पूजयामि नमः।
ठं डं क्षमायै नमः क्षमा कला श्रीपादुकां पूजयामि नमः।

इसके बाद "अं आं इं ई.............ळं क्षं" तक मातृकावर्णो को बोलते हुए कलश में जल भरकर–

"ॐ सां सीं सूं स्म्ल्व्यूं सं सोम मण्डलाय कामप्रदषोडशकलात्मने सौः कलशामृताय नमः।"

इस मन्त्र से कलशोदक का पूजन करें। फिर निम्नलिखित मन्त्रों का उच्चारण करते हुए जल में 'अमृता' आदि चन्द्रमा की 16 कलाओं का पूजन करें। जैसे–

"अं अमृतायै नमः अमुताकला श्रीपादुकां पूजयामि नमः।
आं मानदायै नमः मानदा कला श्रीपादुकां पूजयामि नमः।
इं पूषायै नमः पूषाकला श्रीपादुकां पूजयामि नमः।
ईं तुष्टयै नमः तुष्टिकला श्रीपादुकां पूजयामि नमः।
उं पुष्टयै नमः पुष्टि कला श्रीपादुकां पूजयामि नमः।
ऊं रत्यै नमः रति कला श्रीपादुकां पूजयामि नमः।
ऋं धृत्यै नमः धृति कला श्रीपादुकां पूजयामि नमः।
ॠं शशिन्यै नमः शशिनी कला श्रीपादुकां पूजयामि नमः।
लृं चन्द्रिकायै नमः चन्द्रिका कला श्रीपादुकां पूजयामि नमः।
लॄं कान्त्यै नमः कान्ति कला श्रीपादुकां पूजयामि नमः।
एं ज्योत्सनयै नमः ज्योत्स्ना कला श्रीपादुकां पूजयामि नमः।
ऐं श्रियै नमः श्री कला श्रीपादुकां पूजयामि नमः।
ओं प्रीत्यै नमः प्रतिकला श्रीपादुकां पूजयामि नमः।
औं अंगदायै नमः अंगदा कला श्रीपादुकां पूजयामि नमः।
अं पूर्णायैनमः पूर्णा कला श्रीपादुकां पूजयामि नमः।
अः पूर्णामृतायै नमः पूर्णामृताकला श्रीपादुकां पूजयामि नमः।

इसके पश्चात जल में–

"ह्स्क्ष्म्ल्व्लूं सुधा देव्यै वौषट्।"

इस मन्त्र से सुधा देवी का पूजन करना चाहिए। फिर क्रमशः 1. मत्स्य, 2. अस्त्र, 3. कवच तथा 4. धेतु म्रदाऐं दिखाकर, 5. सन्निरोधिनी मुद्रा से सन्निरोधन कर, 6. मूसल, 7. चक्र, 8. महामुद्रा तथा 9. यानि मुद्राएं प्रदर्शित करनी चाहिए।

पीठ पूजा विधि

पात्र स्थापन करने के बाद देवी का विधिवत् ध्यान तथा मानसोपचार–पूजन करके, यन्त्रराज के ऊपर निम्नलिखित मन्त्रों द्वारा पीठ–देवताओं तथा पीठ–शक्तियों का पूजन करें। यथा–

कर्णिका में–

"ॐ मण्डूकाय नमः।
ॐ कालाग्नि रूद्राय नमः।
ॐ मूलप्रकृत्यै नमः।
ॐ आधार शक्तये नमः।
ॐ कूर्माय नमः।
ॐ शेषाय नमः
ॐ वाराहाय नमः
ॐ पृथिव्यै नमः।
ॐ सुधाम्बुधये नमः।
ॐ रत्नद्वीपाय नमः
ॐ मेरवे नमः
ॐ नन्दनवनाय नमः।
ॐ कल्पवृक्षाय नमः।

कर्णिका मूल में–

"ॐ विचित्रानन्दभूम्यै नमः।"

फिर कर्णिका के ऊपर–

"ॐ श्री रत्नमन्दिराय नमः।
ॐ रत्नवेदिकायै नमः।
ॐ धर्मवारणाय नमः।
ॐ रत्नसिंहासनाय नमः।"

चारो दिशाओं में–

"ॐ धर्माय नमः।
ॐ ज्ञानाय नमः
ॐ वैराग्याय नमः।
ॐ ऐश्वर्याय नमः।
ॐ अधर्माय नमः।
ॐ अज्ञानाय नमः।
ॐ अवैराग्ययाय नमः।
ॐ अनैश्वर्याय नमः।"

फिर मध्य में–

"ॐ आनन्दकन्दाय नमः।
ॐ संविन्नालाय नमः।
ॐ सर्वतत्वात्मक पद्माय नमः।
ॐ प्रकृतिमय पत्रेभ्यो नमः।
ॐ विकारमय केसरेभ्यो नमः।
ॐ प०चाशद्बीजाढ्य कर्णिकायै नमः।
ॐ अं द्वादंश कलात्मने सूर्यमण्डलाय नमः।
ॐ उं षोडशकलात्मने सोममण्डलाय नमः।
ॐ मं दशकलात्मने ब‍ि मण्डलाय नपमः।
ॐ सं सत्त्वाय नमः।
ॐ रं रजसे नमः।
ॐ तं तमसे नमः।
ॐ अं आत्मने नमः।
ॐ उं अन्तरात्मने नमः।
ॐ मं परमात्मने नमः।
ॐ ह्रीं ज्ञानात्मने नमः।"

तत्रेव–

"ॐ मां मायातत्त्वाय नमः।
ॐ कें कलतत्त्वाय नमः।
ॐ विशविद्यातत्त्वाय नमः।
ॐ णं परतत्त्वाय नमः।

तत्रैव–

"ॐ बं ब्रह्मप्रेताय नमः।
ॐ विं विष्णु प्रेताय नमः।
ॐ रूं रूद्र प्रेताय नमः।
ॐ इं ईश्वर प्रेताय नमः।
ॐ सं सदाशिव प्रेताय नमः।

तत्रैव–

"ॐ सुधार्णवासनाय नमः।
ॐ प्रेताम्बुजासनाय नमः।

ॐ दिव्यासनाय नमः।

ॐ दिव्यासनाय नमः।

ॐ चक्रासनाय नमः।

ॐ सर्वयन्त्रासनाय नमः।

ॐ साध्यसिद्धासनाय नमः।"

इसके पश्चात विधिवत् चक्रराज का पूजन करने पूर्वादि दिशाओं तथा मध्य में निम्नलिखित मन्त्रों द्वारा 9 पीठ शक्तियों का पूजन करना चाहिए। यथा–

"ॐ इं इच्छायै नमः।

ॐ ज्ञां ज्ञानायै नमः।

ॐ क्रिं क्रियायै नमः।

ॐ कां कामिन्यै नमः।

ॐ कां कामइदायिन्यै नमः।

ॐ रं रत्यै नमः।

ॐ रं रतिप्रियायै नमः।

ॐ नं नन्दायै नमः।"

मध्य में–

"मं मनोन्मन्यै नमः।"

षडदर्शन पूजन

पंच–पंचिकाओं का पूजन करने के पश्चात 6 दर्शनों का पूजन करना चाहिए। 1. शैव, 2. शाक्त, 3. ब्राह्म, 4. वैष्णव, 5. सौर, 6. सौगत– ये 6 दर्शन हैं। प्रथम दर्शन का मध्य में, फिर चारों दर्शनों का क्रमशः पूर्व, दक्षिण, पश्चिम तथा उत्तर– इन चारों दिशाओं में तथा अन्तिम दर्शन का अग्रभाग में पूजन करना चाहिए।

उक्त 6 दर्शनों के नामों के आगे "श्री पादुका पूजयामि नमः" लगाने से उनके पूजन मन्त्र बन जाते है। यथा–

1. शैव दर्शन श्री पादुकां पूजयामि नमः – मध्ये।
2. शाक्त दर्शन श्री पादुकां पूजयामि नमः – पूर्वे।
3. ब्राह्म दर्शन श्री पादुकां पूजयामि नमः – दक्षिणे।
4. वैष्णव दर्शन श्री पादुकां पूजयामि नमः – पश्चिमे।
5. सौर दशंन श्री पादुकां पूजयामि नमः – उत्तरे।
6. सौगत दर्शन श्री पादुकां पूजयामि नमः – अग्रभागे।

तर्पण मन्त्र– इसके बाद मूल मन्त्र में '**महात्रिपुर सुन्दरी श्रीपादुकां तर्पयामि नमः** लगाकर तीन बार तर्पण करें। यथा–

"श्री ह्रीं क्लीं ऐं सौः ॐ ह्रीं श्रीं कएईल ह्रीं हसकहल ह्रीं सकल ह्रीं सौः ऐं क्लीं ह्रीं श्रीं महात्रिपुर सुन्दरी श्रीपादुकां तर्पयामि नमः।"

इस प्रकार से बिन्दु चक्र में स्थित श्रदीमत्त्रिपुर सुन्दरी का विधिवत् पूजन करने के बाद निम्नानुसार आवरण पूजा प्रारम्भ करनी चाहिए।

आवरण पूजा

भूपुर से प्रारम्भ तक बिन्दु पर्यन्त प्रतिलोम क्रम से 9 आवरणों की पूजा करनी चाहिए। आवरण देवताओं के नाम से पहले मायाबीज एवं श्री बीज तथा अन्त में "श्रीपादुका पूजयामि नमः'– यह पद सर्वत्र लगाना चाहिए।

आग्नेय, ईशान, नेत्रृत्य, वायव्य, अग्रभाग तथा चारों दिशाओं में षडङ्ग पूजा करनी चाहिए।

भूपुर की प्रथम रेखा में, आठ दिशाओं, उर्ध्व तथा अधोभाग में क्रमशः 10 सिद्धियों का पूजन करना चाहिए। सिद्धियों के नाम इस प्रकार है– 1. अणिमा, 2. महिमा, 3. लघिम, 4. ईशित, 5. वशिता, 6. सिद्धि, 7. प्राकाम्या, 8. भूक्तिरिच्छा, 9. प्राप्ति एवं 10 सर्वाकाम्या। तप्तस्वर्ण जैसी आभावाली, पाश एवं अंकुश धारण करने वाली तथा साधकों को रत्न समुदाय देती हुई सिद्धियों का ध्यान करना चाहिए।

भूपुर की मध्य रेखा में 8 मातृका शक्तियों का पूजन करना चाहिए। उनके नाम इस प्रकार है– 1. ब्राह्मी, 2. माहेश्वरी, 3.कौमारी, 4. वैष्णवीं, 5. वाराही, 6. इन्द्राणी, 7. चामुण्डा और 8. महालक्ष्मी समस्त आभूषणों से अंलकृत तथा अपने आठ हाथों में क्रमशः पुस्तक, शूल, शक्ति, चक्र, गदा, वज्र दण्ड एवं कमल को धारण करने वली एवं समस्त मनोरथों को पूर्ण करने वाली इन शक्तियों का ध्यान करना चाहिए।

भूपुर की तृतीय रेखा में 10 मुद्राओं का पूजन करना चाहिए। उनके नाम इस प्रकारर है– 1. क्षोभण, 2. द्रावण, 3. आकर्षण, 4. वश्य, 5. उन्माद, 6. महांकुशा, 7. खेचरी, 8. बीज, 9. योनि, 10. त्रिखण्डा।

इस प्रकार प्रथमावरण में भूपुर का पूजन करके क्षोभ–मुद्रा प्रदर्शित करनी चाहिए, तदुपरान्त "त्रैलोक्य मोहन चक्र मेंये प्रकट योगिनियां पूजन एवं तपण से अभीष्ट फलदायक हो"– यह प्रार्थना करके मूल–मन्त्र द्वारा बिन्दु पर पुष्पांजलि चढानी चाहिए। यथा–

षडंगपूजा–

सर्वप्रथम यन्त्र के आग्नेय आदि कोणों में क्रमशः निम्नलिखित मन्त्रों से षडङ्ग पूजा करें–

"श्रीं ह्रीं क्लीं ऐं सौः हृदयायनमः – आग्नेये।
ॐ ह्रीं श्रीं शिरसे स्वाहा – ईशाने।
कएईल ह्रीं शिखायै वषट् – नेत्रृत्ये।

हसकहल ह्रीं कवचाय हुम – वायव्ये।
सकल ह्रीं नेत्र त्रयाय वौषट् – अग्रे।
सौः ऐं क्लीं ह्रीं श्रीं अस्त्राय फट्– दिक्षु।''

इसके बाद क्रमशः आवरण पूजा आरम्भ करें।

अथप्रथमावरण पूजा–

सर्वप्रथम निम्नलिखित मन्त्र से देवी का ध्यान करें–

''तप्तहेमसमानाभा पाशांकुशधराः शुभा।
साधकेभ्यः प्रयच्छन्ति रत्नोघं सिद्धयस्सदा।।''

इसके बाद भूपुर की प्रथम रेखा में, पर्व आदि दिशाओं में निम्नलिखित मन्त्रों द्वारा 'अणिमा' आदि 10 सिद्धियों का पूजन करें। यथा–

'ह्रीं श्री अणिमा सिद्धि श्रीपादुका पूजयामि –पूर्वे।
ह्रीं श्री महिमा सिद्धि श्रीपादुका पूजयामि –आग्नेये।
ह्रीं श्री लधिमा सिद्धि श्रीपादुका पूजयामि – दक्षिणे।
ह्रीं श्री ईशिता सिद्धि श्रीपादुका पूजयामि –नैर्ऋत्ये।
ह्रीं श्री वशिता सिद्धि श्रीपादुका पूजयामि –पश्चिमें।
ह्रीं श्री सिद्धि सिद्धि श्रीपादुका पूजयामि –वायव्ये।
ह्रीं श्री प्राकाम्या सिद्धि श्रीपादुका पूजयामि –उत्तरे।
ह्रीं श्री भुक्तिरिच्छा सिद्धि श्रीपादुका पूजयामि –ईशान्ये।
ह्रीं श्री प्राप्ति सिद्धि श्रीपादुका पूजयामि –ऊर्ध्वभाग।
ह्रीं श्री सर्वकामा सिद्धि श्रीपादुका पूजयामि –ऊधोभागे।'

इसके बाद भूपुर की द्वितीय रेखा में पश्चिम आदि दिशाओं में निम्नलिखित मन्त्रों द्वारा 'ब्राह्मी' आदि 8 मातृकाओं का पूजन करें। यथा–

'ह्रीं श्रीं ब्राह्मी मातृका श्री पादुकां पूजयामि –पश्चिमें।
ह्रीं श्रीं माहेश्वरी मातृका श्री पादुकां पूजयामि –वायव्ये।
ह्रीं श्रीं कौमारी मातृका श्री पादुकां पूजयामि –उत्तरे।
ह्रीं श्रीं वैष्णवी मातृका श्री पादुकां पूजयामि –ईशान्ये।
ह्रीं श्रीं वाराही मातृका श्री पादुकां पूजयामि –पूर्वे।
ह्रीं श्रीं इन्द्राणी मातृका श्री पादुकां पूजयामि –आग्नेये।
ह्रीं श्रीं चामुण्डा मातृका श्री पादुकां पूजयामि –दक्षिणे।
ह्रीं श्रीं महालक्ष्मी मातृका श्री पादुकां पूजयामि –नैर्ऋत्ये।

इसके बाद भूपुर की तृतीय रेखा में–दिशाओं, उर्ध्व तथा अधोभाग में निम्नलिखित मन्त्रों द्वारा 'क्षोभण' आदि 10 मुद्राओं का पूजन करें। यथा–

''ही श्रीं क्षोभण मुद्रा श्री पादुका पूजयामि –पश्चिमे।
ही श्रीं द्रावण मुद्रा श्री पादुका पूजयामि –वायव्ये।

ह्री श्रीं आकर्षण मुद्रा श्री पादुका पूजयामि –दक्षिणे।
ह्री श्रीं दश्य मुद्रा श्री पादुका पूजयामि –नेर्ऋत्ये।
ह्री श्रीं उन्माद मुद्रा श्री पादुका पूजयामि –पश्चिमे।
ह्री श्रीं महांकुशा मुद्रा श्री पादुका पूजयामि –वायव्ये।
ह्री श्रीं खेचरी मुद्रा श्री पादुका पूजयामि –उत्तरे।
ह्री श्रीं बीज मुद्रा श्री पादुका पूजयामि –ईशान्ये।
ह्री श्रीं योनि मुद्रा श्री पादुका पूजयामि –ऊर्ध्वभागे।
ह्री श्रीं त्रिखण्डा मुद्रा श्री पादुका पूजयामि –अधोभागे।''

उक्त विधि से 'प्रथम–आवरण' का पूजन कर, 'क्षोभमुद्रा' प्रदर्शित कर–

''त्रैलोक्यमोहने चक्रे इमाः प्रकट योगिन्यः पूजितास्तर्पिता इष्टदाः सन्तुः।''

यह प्रार्थना कर, मूल मन्त्र से बिन्दु पर पुष्पांजलि चढायें।

बलिदान विधि–

फिर श्री चक्र के ईशान, आग्नेय, नैर्ऋत्य तथा वायव्य कोण में हुतशेष द्रव्य द्वारा अपने–अपने मन्त्रों तथा मुद्राओं से बटुक, योगिनी, क्षेत्रफल तथा गणपति को पूर्वोक्त रीति से बलि दें। फिर प्रदक्षिण एवं नमस्कार कर, मूल–विधा का जप करना चाहिए।

बलिदान की विधि निम्नानुसार है–

''एह्येहि देवीपूत्र वटुकनाथ कपिल जटाधारभासुरत्रिनेत्र–ज्वालामुख सर्वविघ्नान्नाशय नाशय सर्वोपचार सहितं बलिं ग्रह्ण गृह्ण स्वाहा।''

उक्त मन्त्र से तर्जनी एवं अंगूठा मिलाकर हुत शेष (होम करने से बचा हुआ) द्रव्य से ईशानकोण में 'बटुक' को बलि प्रदान करें।

फिर–

''ऊर्ध्व ब्रह्माण्डतो वा दिवि गगनतले भूतले निष्कले वा, पाताले वातले वा सलिलपवनयोर्यत्र कुत्र स्थिता वा। क्षेत्रे वीणेप पठादिषु च कृतपदा धूपवदीपाद्रिकेन, प्रीता देव्यः सदा नः शुभबलि विधिना पातु वीरेन्द्रबन्धाः।।'' यां योगिनीभ्यो नमः।''

उक्त मन्त्र से अनामिका, कनिष्ठा तथा अंगुष्ठ को मिलाने से निर्मित पूरय स्वाहा।''

फिर–

''क्षां क्षीं क्षूं क्षैं क्षौं क्षः हुं स्थान क्षेत्रपालेश सर्वकामं पूरय स्वाहा।''

उक्त मन्त्र द्वारा बांये हाथ के अंगूठा तथा अनामिका को मिलाने से निर्मित मुद्रा द्वारा हुतशेष द्रव्य से श्रीचक्र के नैर्ऋत्यकोण में क्षेत्रपाल को बलि प्रदान करें। फिर–

''गां गीं गूं गं गणपतये वरवरद सर्वजनं मे वशमानय सर्वोपचार सहितं बलिं गृह्ण गृह्ण स्वाहा।''

इस मन्त्र द्वारा किंचित् वक्र (टेढ़ी) की हुई मध्यमा अंगुली से हुतशेष–द्रव्य द्वारा श्रीचक्र से वायव्यकोण में स्थापित गणपति को बलिप्रदान करें।

इसके पश्चात दक्षिणा एवं नमस्कार कर मूल मन्त्र का जप करना चाहिए।

जो जितेन्द्रिय साधक उक्त विधि से प्रतिदिन 9 आवरणों के साथ भगवती त्रिपुर सुन्दरी का पूजन करता है। वह समस्त मनोरथों को प्राप्त कर लेता है।

काम्य प्रयोग–

अब भगवती त्रिपुर सुन्दरी के साधक को अभीष्ट सिद्धि देने वाले प्रयोगों के विषय में बताया जाता है।

1. इस मन्त्र का 9,00,000 (नौ लाख) की संख्या में जप करने वाला रूद्रत्व को प्राप्त करता है।
2. मल्लिका (बेला) तथा मालती के फूलों से होम करने पर वानीशता (वाणी पर प्रभुत्व) प्राप्त होती है तथा कनेर एवं जवाकुसुम के होम से साधक संसार को मोहित कर लेता है।
3. चम्पा एवं गुलाब पुष्पों के होम से साधक संसार को अपने वश में कर सकता है।
4. कपूर, कुंकुम तथा कस्तुरी के होम से जातक कामदेव से भी अधिक सुन्दर बन जाता है।
5. लाजा (धान की खीलें) के होम से राज्य प्राप्त होता है।
6. मधु के होम से उपद्रव नष्ट हो जाते है।
7. रात्रि के समय छाग–मांस के होम से शत्रु की सेना नष्ट हो जाती है।
8. दही के होम से आरोग्य, घृत के होम से सम्प्रत्ति, दूध के होम से गांव तथा मधु के होम से धन की प्राप्ति होती है।
9. कमलों के होम से धन सम्पत्ति मिलती है तथा अनार के होम से राजा वशीभूत होता है।
10. बिरोजा के होम से क्षत्रिय, नारंगी के होम से वैश्य तथा पेठा के होम से शूद्र शीघ्र ही वश में हो जाते हैं।
11. कटहल से 1 लाख आहुतियां देकर होम करने से चक्रवर्ती राजा वश में हो जाते है। केला के होम से मन्त्री वश में होते हैं।
12. अंगूर के होम से इष्ट–सिद्धि मिलती है। नारियल के होम से सम्पत्ति मिलती है। तिल के होम से सभी कामनाएं पूर्ण होती हैं। गुग्गुल के होम से दुःख नष्ट होते हैं तथा चकवर और गुड़ के होम से समस्त मनोरथ पूरे होते है।
13. खीर के होम से धन–धान्य मिलते है।
14. बन्धूक (दुपहरिया) के फूलों के होम से प्राणी वश में होते है।
15. पके हुए आमों की 1 लाख आहुतियां देने से पृथ्वी पर रहने वाले सभी जीव वश में हो जाते हैं।
16. राई मिला लवण का होम करने से दुष्टों का नाश होता हे।

17. कपूर के होम से कवित्व की शीघ्र प्राप्ति होती है।
18. करंजपाल के होम से भूत–प्रेत वश में हो जाते है।
19. बेलाफल के होम से अतुल लक्ष्मी तथा ईख के टुकड़ों के होम से सुख की उपलब्धि होती है।
20. घृत के होम से इच्छित वस्तु की प्राप्ति होती है।
21. तन्दुल (चावल) के होम से शांति मिलती है।

यह मन्त्र सभी अभीष्टों को सिद्ध कर सकता है।

श्रीविद्या कवच

देव्युवाच।
देवदेव महादेव भक्तनां प्रीतिवर्धनम्।
सूचितं यन्महादेव्याः कवचं कथयस्व में।।1।।
महादेव उवाच।
श्रृणु देवि प्रवक्ष्यामि कवचं देवदुर्लभम्।
न प्रकाश्यं परं गुह्यं साधकाभीष्टसिद्धिदम्।।2।।
कवचस्य ऋषिर्देवि दक्षिणामूर्तिरव्ययः।
छदः पंक्तिः समुदिृष्टं देवी त्रिपुरसुन्दरी।।3।।
धर्मार्थकाममोक्षाणं विनियोगस्तु साधने।
वागमवः कामराजश्व शक्तिर्बीजं सुरेश्वरी।।4।।
(ऐं) वाग्भवः पातु शीर्षे मां (क्लीं) कामराजस्तथा हृदि।
(सौः) शक्तिवीजं सदा पातु नाभौ गुह्ये च पाद्योः।।5।।
ऐं श्रीं सौः बदने पातु बाला मां सर्वसिद्धये।
हसैं हसकलरीं हसौः पातु भैरवी कण्ठदेशतः।।6।।
सुन्दरी नाभिदेशे च शीर्षे कामकलासदा।
भ्रूनासयोरंतराले महात्रिपुरसुन्दरी।।7।।
ललाठे सुभगा पातु भगा मां कण्ठदेशतः।
भगोदया च ह्रदये उदरे भगसर्पिणी।।8।।
भागमाला नाभिदेशे लिंगे पातु मनोभवा।
गुह्ये पातु महादेवी राजराजेश्वरी शिवा।।9।।
चैतन्यरूपिणी पातु पादयोर्जगदम्बिका।
नारायणी सर्वगात्रे सर्वकार्ये शुभंकरी।।10।।
ब्रह्माणी पातु मां पूर्वे दक्षिणे वैष्णवी तथा।
पश्चिमे पातु वाराही उत्तरे तु महेश्वरी।।11।।

आग्नेयां पातु कौमारी महालक्ष्मीस्तु नैर्ऋते।
वायव्यां पातु चामुंडा इन्द्राणी पातु ईशके।।12।।
जले पातु महामाया पृथिव्यां सर्वमंगला।
अकाशे पातु वरदा सर्वत्र भुवनेश्वरी।।13।।
इदं तु कवचं देव्या देवानामपि दुर्लभम्।
पठेत्प्रातः समुत्थाय शुचिः प्रयत मानसः।।14।।
नाधयो व्याध्यस्तत्य न भयं च क्वचिद्भवेत्।
न च मारी भयं तस्य पातकानां भयं तथा।।15।।
न दारिद्र्यवशं गच्छेत्तिष्ठेन्मृत्युवशे न च।
गच्छेच्छिवपुरं देवि सत्यं सत्यं वदाम्यहम्।।16।।
इदं कवचमज्ञात्वा श्रीविद्यां यो जपेत्सदा।
स नाप्नोति फलं तस्य प्राप्नुयाच्छस्त्रघातनम्।।17।।
इति सिद्धयामले श्रीविद्याकवचं समाप्तम्।

षोडशीस्तोत्र

कल्याण वृष्टिभिरिवामृत पूरिताभिर्लक्ष्मीस्वयंवरण मंगल दीजिकाभिः।
सेवाभिरम्ब तव पादसरोज मूले नाकारि किं मनसि भक्तिमतां जनानाम्।।1।।
एतावदेव जननि स्पृहणीयमास्ते त्वद्वन्दनेषु सलिलस्थसरोजनेत्रे।
सन्निध्यमुद्यदरुणाम्बुजसोदरस्य त्वद्विग्रहस्य सुधया परयाऽऽप्लुतस्य।।2।।
ईषत्प्रभावकलुषाः कति नाम संति ब्रह्मादयः प्रतिदिनं प्रलयाभिभूताः।
एकस्स एव जननि स्थिरसिद्धिरास्ते यः पादयोस्तव सकृत्प्रणतिं करोति।।3।।
लब्ध्वा सकृत् त्रिपुरसुन्दरि तावकीनं कारुण्यकन्द लतिकातिभरं कटाक्षम्।
कन्दर्प्प भावसुभगास्त्वयि भक्तिभाजः सम्मोहयन्ति तरुणीं भुवनत्रयेऽपि।।4।।
ह्रींकारमेव तव नाम गृणन्ति ये वा मातस्त्रिकाोणनिलये त्रिपुरे त्रिनेत्रे।
त्वसंमृतौ यमभटाभिभवं विहाय दीव्यन्ति नन्दनवने सह लोकपालैः।।5।।
हन्तुः पुरामधिगलं परिपूर्णमानः क्रूरः कथन्न भविता गरलस्य वेगः।
नाश्वासनाय यदि मातरिदं तवार्द्धदेहस्य शश्वदमृताप्लुतशीतलस्य।।6।।
सर्वज्ञतां सदसि वाक्पटुतां प्रसूते देवि त्वदंघ्रिसरसीरुहयोः प्रणामः।
किंच स्फुरन्मुज्ज्वल मातपत्रं द्वे चामरे च महतीं वसुधां दधाति।।7।।
कल्पद्रुमैरभिमतप्रतिपादनेषु कारुण्यवारिधिभिरम्ब भवत्कटाक्षैः।
आलोकय त्रिपपुरसुन्दरि मामनाथं त्वयेव भक्तिभरितं त्वयि बद्धदृष्टिम्।।8।।
हन्तेतरेष्वपि निधाय मनांसि चान्ये भक्ति वहंति किल सापरदैवतेषु।
त्वामेव देवि मनसा हनुमस्मरामि त्वामेव नौमि शरणं जननि त्वमेव।।9।।
लक्षेषु सत्स्वपि तवाक्षिविलोकनानामालोकय त्रिपुरसुन्दरि मां कथंचित्।

नूनं मया च सदृशं करुणैकपात्रं जातो जनिष्यति जनो न च जायते वा।।10।।
ह्रींह्रींमिति प्रतिदिनं जपतां तवाख्यां किन्नाम दुर्लभमिह त्रिपुराभिधाने।
मालाकिरीटमदवारणमाननीयांस्तान्सेवते मधुमती स्वययेव लक्ष्मीः।।11।।
सम्पत्कराणि सकलेन्द्रियनन्दनानि साम्राज्यदानकुशलानि सरोरुहाणि।
त्वद्वंदनानि दुरितोद्धरणोद्यतानि मामेव मातरनिशं कलयन्तु नान्यम्।।12।।
कल्पोप संहरण कल्पितताण्डवस्य देवस्य खण्डपरशोः परभैरवस्य।
पाशांकुशैक्षवशरासनपुष्पबाणाः सा साक्षिणी विजयते तव मूर्तिरेका।।13।।
लग्नं सदा भवतु मातरिदं त्वदीयं तेजः परं बहुल कुंकुमपंकशोणम्।
भास्वत्किरीटममृतंकुशलावतंसं रूपं त्रिकोणमुदितं परमामृताक्तम्।।14।।
ह्रींकारत्रयसम्पुटेन महता मंत्रेण संदीपितं स्तोत्रं यः प्रतिवासरं तव पुरो
मातर्जपेन्मंत्रवित्।
तस्य क्षोणिभुजो भवन्ति वशगा लक्ष्मीश्चिरं स्थायिनी वाणी
निर्मलसूक्तिभावभरिता जागर्ति दीर्घयशः।।15।।
।। इति ब्रह्मविरचितं षोडशीकल्याणीस्तोत्रं समाप्तम्।।

षोडशीसहस्रनामस्तोत्र

कैलासशिखरे रम्ये नानारत्नोपशोभिते।
कल्प पादपमध्यस्थे नानापुष्पोपशोभिते।।1।।
मणिमण्डलमध्यस्थे मुनिगन्धर्वसेविते।
कदाचि त्सुखमासीर्न भगवन्तं जगत्गुरूम्।।2।।
कपालखट्वांगघरं चन्द्रार्धकृतशेखरम्।
हस्तत्रिशूलडमरूं महावृषभवाहनम्।।3।।
जटाजूटंगधरं देवं कण्ठभूषणवासुकिम्।
विभूतिभूषणं देव नीलकण्ठं त्रिलोचनम्।।4।।
द्वीपिचर्म्मपरीधानं शुद्धस्फटिकसन्निभम्।
सहस्रादित्यसंकाशं गिरिजार्द्धांगभूषणम्।।5।।
प्रणम्य शिरसानाथं कारणं विश्वरूपिणम्।
कृतांजलिपुटो भूत्वा प्राहैनं शिखिवाहनः।।6।।

कार्तिकेय उवाचः

देवदेव जगन्नाथ सृष्टिस्थितिलयात्मक।
त्वमेव परमात्मा च त्व गतिस्सर्वदेहिनाम्।।7।।
त्वं गतिस्संर्वलोकानां दीनानां च त्वमेव हि।
त्वमेव जगदाधारस्त्वमेव विश्वकारणम्।।8।।

त्वमेवपूज्यस्सर्वेषां त्वदन्यो नास्ति मे गतिः।
किं गुह्यंपरमं लोके किमेक सर्वसिद्धिदम्।।9।।
किमेकं परमं श्रेष्ठं को योगः स्वर्गमोक्षदः।
बिना तीर्थेन तपसा विना दानैर्विना मखैः।।10।।
विना लयेन ध्यानेन नरः सिद्धिमवाप्नुयात्।
कस्मादुत्पद्यते सृष्टिः कस्मिंश्च प्रलयो भवेतू।।11।।
कस्मादुत्तीर्यते देव संसारार्णवसंकटातू।
तदहं श्रोतुमिच्छामि कथयस्व महेश्वर।।12।।

ईश्वर उवाचः

साधु साधु त्वया पृष्टं पार्वतीप्रियनन्दन।
अस्ति गुह्यतमं पुत्र कथयिष्याम्यसंशयम्।।13।।
सत्वं रजस्तमश्चैव ये चान्ये महदादयः।
ये चान्ये बहवो भूताः सर्वे प्रकृतिसम्भवाः।।14।।
सैव देवी पराशक्तिर्महात्रिपुरसुन्दरी।
सैव प्रसूयते विश्वं विश्वं सैव प्रपास्यति।।15।।
सैव संहरते विश्वं जगदेतच्चराचरम्।
आधारः सर्वभूतानां सैव रोगार्तिहारिणी।।16।।
इच्छाज्ञानक्रियाशक्तिर्ब्रह्मविष्णुशिवात्मिका।
त्रिधा शक्तिस्वरूपेण सृष्टिस्थितिविनाशिनी।।17।।
सृज्यते ब्रह्मरूपेण विष्णुपेण पाल्यते।
ह्रियते रुद्ररूपेण जगदेतच्चराचरम्।।18।।
यस्या योनौ जगत्सर्वमद्यापि परिवर्वते।
यस्यां प्रलीयते चान्ते यस्यां च जायते पुनः।।19।।
यां समाराध्य त्रैलोक्ये सम्प्राप्तं पदमुत्तमम्।
तस्या नाम सहस्रं तु कथयामि श्रृणुष्व तत्।।20।।

विनियोगः

ॐ अस्य श्रीमहात्रिपुरसुन्दरीसहस्रनामस्तोत्रमन्त्रस्य श्रीभगवान् दक्षिणामूर्तिर्ऋषिः जगतीच्छन्दः समस्तप्रकटगुप्तसम्प्रदायकुलकौलोत्तीर्णनिर्गर्भरहस्याचिन्त्यप्रभावती देवता ॐ बीजं माया शक्तिः कामराजेति कीलकं धर्मार्थकाममोक्षार्थ जपे विनियोगः।

ॐ आधारे तरुणार्कबिम्बरुचिरं हेमप्रभं वाग्भवं
बीजं मन्मथमिन्द्रगोपसदृशं हृत्पंकजे संस्थिताम्।
विष्णु ब्रह्मपदस्थशक्तिकलितं सोमप्रभाभासुरं ये
ध्यायन्ति पदत्रयं तव शिवे ते यान्ति सौख्यं पदम्।।21।।

कल्याणी कमला काली कराली कामरूपिणी।
कामाख्या कामदा काम्या कामचारिणी।।22।।
कालरात्रिर्महारात्रिः कपाली कालरूपिणी।
कौमारी करुणा मुक्तिः कलिकल्मषनाशिना।।23।।
कात्यायनी कराधारा कौमुदी कमलप्रिया।
कीर्तिदा बुद्धिदा मेधा नीतिज्ञा नीतिवत्सला।।24।।
माहेश्वरी महामाया महातेजा महेश्वरी।
महाजिह्वा महाघोरा महादंष्ट्रा महाभुजा।।25।।
महामोहान्धकारघ्नी महामोक्षप्रदायिनी।
महादारिद्रयनाशा च महाशत्रुविमर्दिनी।।26।।
महामाया महावीर्या महापातकनाशिनी।
महामखा मन्त्रमयी मणिपूरकवासिनी।।27।।
मानसी मानदा मान्या मनश्चक्षू रणेचरा।
गणमाता च गायत्री गणगन्धर्वसेविता।।28।।
गिरिजा गिरिशा साध्वी गिरिस्था गिरिवल्लभा।
चण्डेश्वरी चण्डरूपा प्रचण्डा चण्डमालिनी।।29।।
वर्विका चर्चिकाकारा चण्डिका चारुरूपिणी।
यज्ञेश्वरी यज्ञरूपा जपयज्ञपरायणा।।30।।
यज्ञमाता यज्ञभोक्त्री यज्ञेशी यज्ञसंभवा।
सिद्धयज्ञक्रियासिद्धिर्यज्ञांगी यज्ञरक्षिका।।31।।
यज्ञक्रिया यज्ञरूपा यज्ञांगी यज्ञरक्षिका।
यज्ञक्रिया च यज्ञा च यज्ञायज्ञ क्रियालया।।32।।
जालन्धरी जगन्माता जातवेदा जगत्प्रिया।
जितेन्द्रिया जितक्रोधा जननी जन्मदायिनी।।33।।
गंगा गोदावरी चैव गोमती च शतद्रुका।
घर्घरा वेदगर्भा च रेचिका समवासिनी।।34।।
सिन्धुर्मन्दाकिनी क्षिप्रा यमुना च सरस्वती।
भद्रा रागविपाशा च गण्डकी विन्ध्यवासिनी।।35।।
नर्मदा सिन्धुकावेरी वेत्रवत्या सुकौशिकी।
महेन्द्रतनया चैव अहल्या चर्मकावती।।36।।
अयोध्या मथुरा माया काशी कांची अवन्तिका।
पुरी द्वारावती तीर्था महाकिल्विषनाशिनी।।37।।
पद्मिनी पद्ममध्यस्था पद्मकिंजल्कवासिनी।
पद्मवक्त्रा चकोराक्षी पद्मस्था पद्मसम्भवा।।38।।
ह्रींकारा कुण्डलाधारा हृत्पद्मस्था सुलोचना।

श्रींकारा भूषणा लक्ष्मीः क्लींकारी क्लेशनाशिनी।।39।।
हरिवक्त्रोद्भवा शांता हरिवक्त्रकृतालया।
हरिवक्त्रोद्भवा शांता हरिवक्षस्स्थलस्थिता।।40।।
वैष्णवी विष्णुरूपा च विष्णुमातृस्वरूपिणी।
विष्णुमाया विशालाक्षी विशालनयनोज्ज्वला।।41।।
विश्वेश्वरी च विश्वात्मा विश्वेशी विश्वरूपिणी।
विश्वेश्वरी शिवाराध्या शिवनाथा शिवप्रिया।।42।।
शिवमाता शिवाख्या च शिवदा शिवरूपिणी।
भवेश्वरी भवाराध्या भवेशी भवनायिक।।43।।
भवमाता भवागम्या भवकण्टकनाशिनी।
भवप्रिया भवानन्दा भवानी भवमोहिनी।।44।।
गायत्री चैव सावित्री ब्रह्माणी ब्रह्मरूपिणी।
ब्रह्मेशी ब्रह्मदा ब्रह्मा ब्रह्माणी ब्रह्मवादिनी।।45।।
दुर्गस्था दुर्गरूपा च दुर्गा दुर्गार्तिना शिनी।
सुगमा दुर्गमा दान्ता दयादोग्ध्री दुरापहा।।46।।
दुरितघ्नी दुराध्यक्षा दुरा दुष्कृतनाशिनी।
पंचास्या पंचमी पूर्णा पूर्ण पीठनिवासिनी।।47।।
सत्वस्था सत्वरूपा च सत्वस्था सत्वसम्भवा।
रजस्था च रजोरूपा रजोगुणसमुद्भवा।।48।।
तमस्था च तमारूपा तामसी तामसप्रिया।
तमोगुणसमुद्भूता सात्विकी राजसी कला।।49।।
काष्ठा मुहूर्ता निमिषा अनिमेषा ततः परम्।
अर्द्धमासा च मासा च सम्वत्सरस्वरूपिणी।।50।।
योगस्था योगरूपा च कल्पस्था च कल्परूपिणी।
नानारत्नविचित्रांगी नानाभरणमण्डिता।।51।।
विश्वात्मिका विश्वमाता विश्वपाशविनाशिनी।
विश्वासकारिणी विश्वा विश्वशक्तिविचक्षणा।।52।।
यवा कुसुमसंकाशा दाडिमीकुसुमोपमा।
चतुरंगी चतुर्बाहुश्च तुराचारवासिनी।।53।।
सर्वेशी सर्वदा सर्वा सर्वदा सर्वदायिनी।
माहेश्वरी च सर्वाद्या शर्वाणी सर्वमंगला।।54।।
नलिनी नन्दिनी नन्दा आनन्दानन्दवर्द्धिनी।
व्यापिनी सर्वभूतेषु भवभारविनाशिनी।।55।।
सर्वश्रृंगारवेषाढया पाशांकुशकरोद्यता।
सूर्यकोटिसहस्रभा चन्द्रकोटिनिभानना।।56।।

गणेशकोटिलावण्या विष्णुकोटयरिमर्दिनी।
दावाग्नीकोटिदलिनी रुद्रकोढयग्ररूपिणी।।57।।
समुद्रकोटिगम्भीरा वायुकोटिमहाबला।
आकाशकोटिविस्तारा यमकोटिमयंकरी।।58।।
मेरुकोटि समुच्छाया गणकोटि समृदिद्धा।
निष्कस्तोका निराधारा निर्गुणा गुणवर्जिता।।59।।
अशोका शोकरहिता तापत्रयविवर्जिता।
वशिष्ठा विश्वजननी विश्वाख्या विश्ववर्दिनी।।60।।
चित्रा विचित्रचित्रांगी हेतुगर्भा कुलेश्वरी।
इच्छाशक्तिर्ज्ञानशक्तिः क्रियाशक्तिः शुचिस्मिता।।61।।
शुचिः स्मृतिमयी सत्या श्रुतिरूपा श्रुतिप्रिया।
महासत्वमयी सत्वा पंचतत्वोपरि स्तिथा।।62।।
पार्वती हिमवत्पुत्री पारस्था पाररूपिणी।
जयंती भद्रकाली च अहल्या कुलनायिका।।63।।
भूतधात्री च भूतेशी भूतस्था भूतभावाना।
महाकुण्डलिनी शक्तिर्महाविभववर्द्धिनी।।64।।
हंसाक्षी हंसरूपा च हंसस्था हंसरूपिणी।
सोमसूर्याग्निमध्यस्था मणिमण्डल वासिनी।।65।।
द्वादशारसरोजस्था सूर्यमण्डलवासिनी।
अकलंका शशांकाभा षोडशारनिवासिनी।।66।।
डाकिनी राकिनी चैव लाकिनी काकिनी तथा।
शाकिनी हाकिनी चैव षट्चक्रेषु निवासिनी।।67।।
सृष्टिस्थितिविनाशाय सृष्टि स्थित्यंतकारिणी।
श्रीकण्ठप्रियहृत्कण्ठा नन्दाख्या बिन्दुमालिन्नी।।68।।
चतुष्षष्टिकलाधारा देहदण्डसमाश्रिता।
माया काली धृतिर्मेधा क्षुधा तुर्ष्टिर्महाद्युतिः।।69।।
हिंगुला मंगला सीता सुषुग्ना मध्यगामिनी।
परघोरा करालांक्षी विजया जयदायिनी।।70।।
हृत्पद्मनिलया भीमा महाभैरवनादिनी।
आकाशलिंगसम्भूता भुवनोद्यानवासिनी।।71।।
महत्सूक्ष्मा च कंकाली भीमरूपा महाबला।
मेनकागर्भसम्भूता तप्तकांचनसन्निभा।।72।।
अन्तरस्था कूटबीजा त्रिकूटाचलवासिनी।
वर्णाख्या वर्णरहिता पंचाशद्वर्णभेदिनी।।73।।
विद्याधरी लोकधात्री अप्सरा अप्सरःप्रिया।

दीक्षा दाक्षायणी दक्षा दक्षयज्ञविनाशिनी।।74।।
यशः पूर्णा यशोदा च यशोदागर्भसम्भवा।
देवकी देवमाता च राधिका कृष्णवल्लभा।।75।।
अरुन्धती शचीन्द्राणी गान्धारी गन्धमालिनी।
ध्यानातीता ध्यानगम्या ध्यानज्ञा ध्यानधारिणी।।76।।
लम्बोदरी च लम्बोष्टी जाम्ववन्ती जलोदरी।
महोदरी मुक्तकेशी मुक्तकामार्थसिद्धिदा।।77।।
तपस्विनी तपोनिंष्ठा सुपर्णा धर्मवासिनी।
वाणचापधरा धीरा पांचाली पंचमप्रिया।।78।।
गुह्यांगी च सुभीमा च गुह्यतत्वां निरंजना।
अशरीरा शरीरस्था संसारार्णवतारिणी।।79।।
अमृता निष्कला भद्रा सकला कृष्णपिंगला।
चक्रपिया च चक्राह्वा पंचचक्रदिदारिणी।।80।।
पद्मरागप्रतीकाशा निर्मलाकाशसन्निभा।
अधःस्था ऊर्ध्वरूपा च ऊर्ध्वपद्मनिवासिनी।।81।।
कार्यकारणकर्तृत्वे शश्द्रूदेषु संस्थिता।
रसज्ञा रसमध्यस्था गन्धस्था गन्धरूपिणी।।82।।
परब्रह्मास्वरूपा च परब्रह्मनिवासिनी।
शब्दब्रह्मस्वरूपा च शब्दस्था शब्दवर्जिता।।83।।
सिद्धिर्बुद्धिः पराबुद्धिः सन्दीप्तिर्मध्यसंस्थिता।
स्वगुह्या शाम्भवी शक्तिस्तत्वस्था तत्वरूपिणी।।84।।
शाश्वती भूतमाता च महाभूताधिपप्रिया।
शुचिप्रेता धर्मसिद्धिर्धर्मवृद्धिः पराजिता।।85।।
कामसंदीपिनी कामा सदाकौतूहलप्रिया।
जटाजूटधरा मुक्ता सक्ष्मा शक्तिविभूषणा।।86।।
द्वीपिचर्मपरीधाना चीरवल्कलधारिणी।
त्रिशूलडमरुधरा नरमालाविभूषणा।।87।।
अत्युग्ररूपिणी चोग्रा कल्पांतदहनोपमा।
त्रैलोक्यसाधिनी संध्या सिद्धिसाधकवत्सला।।88।।
सर्वविद्यामयी सारा चासुराणां विनाशिनी।
दमनी दामनी दान्ता दयादोग्ध्री दुरापहा।।89।।
अग्निजिह्वोपमा घोरा घोरघोरतराननना।
नारायणी नारसिंही नृसिंहहृदये स्थिता।।90।।
योगेश्वरी योगरूपा योगमाता च योगिनी।

खेचरी खचरी खेला निर्वाणपदसंश्रया।।91।।
नागिनी नागकन्या च सुवेशा नागनायिका।
विषज्वालावतीदीप्ता कलाशतविभूषणा।।92।।
तीव्रवक्त्रा महावक्त्रा नागकोटित्वधारिणी।
महासत्वा च धर्मज्ञा धर्मातिसुखदायिनी।।93।।
कृष्णमूर्द्धा महामूर्द्धा घोरमूर्द्धा बरानना।
सर्वेन्द्रियमनोन्मत्ता सर्वेन्द्रिय मनोमयी।।94।।
सर्वसंग्रामजयदा सर्वप्रहरणोद्यता।
सर्वपीडोपशमनी सर्वारिष्टनिवारिणी।।95।।
सर्वैश्वर्यसमुत्पन्ना सर्वग्रहविनाशिनी।
मातंगी मत्तमातंगी मातंगीप्रियमण्डला।।96।।
अमृतोदधिमध्यस्था कटिसूत्रैरलकृता।
अमृतोदधिमध्यस्था प्रवाल वसनाम्बुजा।।97।।
मग्गिमण्डलमध्यस्था ईषत्प्रहसितानना।
कुमुदा ललिता लोला लाक्षालोहितलोचना।।98।।
दिग्वासा देवदूती च देवदेवाधिदेवता।
सिंहोपरि समारूढा हिमाचलनिवासिनी।।99।।
अट्टाट्टहासिनी घोरा घोरदैत्यविनाशिनी।
अत्युग्ररक्तवस्त्राभा नागकेयूरमण्डिता।।100।।
मुक्ताहारलतोपेता तुंगपीनपयोधरा।
रक्तोत्पलदलाकारा मदाघूर्णितलोचना।।101।।
समस्त देवतामूर्तिः सुरारिक्षयकारिणी।
खंगिनी शलहस्ता च चक्रिणी चक्रमालिनी।।102।।
शंखिनी चापिनी-बाणा वज्रिणी वज्रदण्डिनी।
आनन्दोदधिमध्यस्था कटिसूत्रैरलंकृता।।103।।
नानाभरणदीप्तांगी नानामणिविभूषिता।
जगदानन्दसम्भूता चिन्तामणिगुणान्विता।।104।।
त्रैलोक्यनमिता तुर्यचिन्मयानन्दरूपिणी।
त्रैलोक्यनन्दिनी देवी दुःखदुस्स्वप्ननाशिणी।।105।।
घोराग्निदाहशमनी राजदेवार्थसाधिनी।
महापराधराशिघ्नी महाचौरभयापहा।।106।।
रागादिदोषरहिता जरामरणवर्जिता।
चन्द्रमण्डलमध्यस्था पीयूषार्णवसम्मवा।।107।।
सर्वदेवैः स्तुता देवी सर्वसिद्धैर्नमस्कृता।
अचिन्त्यशक्तिरूपा च मणिमन्त्रमहौषधिः।।108।।

अस्तिस्वस्तिमयी बाला मलयाचलवासिनी।
धात्री विधात्री संहारी रतिज्ञा रतिदायिनी।।109।।
रुद्राणी रुद्ररूपा च रुद्ररौद्रार्तिनाशिनी।
सर्वज्ञा चैव धर्मज्ञा रसज्ञा दीनवत्सला।।110।।
अनाहता त्रिनयना निर्भारा निर्वृतिः परा।
परा घोरा करालाक्षी सुमतिश्रैष्ठ्यदायिनी।।111।।
मन्त्रालिका मन्त्रगम्या मन्त्रमाला सुमन्त्रिणो।
श्रद्धानन्दा महाभद्रा निर्द्वन्द्वा निर्गुणात्मिका।।112।।
धरिणी धारिणी पृथ्वी धराधात्री वसुन्धरा।
मेरुमन्दरमध्यस्था स्थितिः शंकरवल्लभा।।113।।
श्रीमती श्रीमयी श्रेष्ठा श्रीकरी भावभाविनी।
श्रीदा श्रीमा श्रीनिवासा श्रीमती श्रीमतांगतिः।।114।।
उमा सारंगिणी कृष्णा कुटिला कुटिलालका।
त्रिलोचना त्रिलोकात्मा पुण्यपुण्या प्रकीर्तिता।।115।।
अमृता सत्यसंकल्पा सा सत्या ग्रन्थिभेदिनी।
परेशी परमा साध्या परा विद्या परात्परा।।116।।
सुन्दरांगी सुवर्णाभा सुरासुरनमस्कृता।
प्रजा प्रजावती धन्या धनधान्यसमृद्धिदा।।117।।
ईशानी भुवनेशानी भवानी भुवनेश्वरी।
अंनतानंतमहिता जगत्सारा जगद्भवा।।118।।
अचिन्त्यात्मा चिन्त्यशक्तिश्चिन्ता चिन्त्यस्वरूपिणी।
ज्ञानगम्या ज्ञानमूर्तिर्ज्ञानिनी ज्ञानशालिनी।।119।।
असिता घोररूपा च सुधाधारा सुधावहा।
भास्करी भास्वती भीतिर्भास्व दक्षानुशायिनी।।120।।
अनसूया क्षमा लज्जा दुर्लभाभरणात्मिका।
विश्वघ्नी विश्ववीरा चविश्वघ्नी विश्वसंस्थिता।।121।।
शीलस्था शीलरूपा च शीला शीलप्रदायिनी।
बोधिनी बोधकुशला रोधिनी बोधिनी तथा।।122।।
विद्योतिनी विचित्रात्मा विद्युत्पटलसन्निभा।
विश्वयोनिर्महायोनिः कर्मयोनिः प्रियात्मिका।।123।।
रोहिणी रोगशमनी महारोगज्वरापहा।
रसदा पुष्टिदा पुष्टिर्मानदा मानवप्रिया।।124।।
कृष्णांगवाहिनी कृष्णा कृष्णा कृष्णसहोदरी।
शाम्भवी शम्भुरूपा च शम्भुस्था शम्भुसम्भवा।।125।।
विश्वोदरी योगमाता योगमुद्राध्नयोगिनी।

वागीश्वरी योगनिदा योगिनी कोटिसेविता।।126।।
कौलिका मन्दकन्या च शृंगारपीठवासिनी।
क्षमंकरी सर्वरूपा दिव्यरूपा दिगम्बरा।।127।।
धूम्रवक्त्रा धूम्रनेत्रा धूम्रकेशी च धूसरा।
पिनाकी रुद्रवेताली महावेतालरूपिणी।।128।।
तपिनी तापिनी दीक्षा विष्णु विद्यात्मना श्रिता।
मन्थरा जठरा ताम्रा अग्निजिह्वा भयापहा।।129।।
पशुघ्नि पशुरूपा च पशुहा पशुवाहिनी।
पिता माता च धीरा च पशुपाशविनाशिनी।।130।।
चन्द्रप्रभा चन्द्ररेखा चन्द्रकान्तिविभूषणा।
कुंकुमांकितसर्वांगी सुधासद्गुरुलोचना।।131।।
शुक्लाम्बरधरा देवी वीणापुस्तकधारिणी।
ऐरावतपद्मधरा श्वेतपद्मासनस्थिता।।132।।
रक्ताम्बरधरा देवी रक्त पद्मविलोचना।
दुस्तरा तारिणी तारा तरुणी जररूपिणी।।133।।
सुधाधारा च धर्मज्ञा धर्मसंगीपदेशिनी।
भगेश्वरी भगाराध्या भगिनी भगनायिका।।134।।
भगबिम्बा भगक्लिन्ना भगयोनिर्भगप्रदा।
भगेश्वरी भगाराध्या भगिनी भगनायिका।।135।।
भगेशी भगरूपा च भगगुह्या भगावहा।
भगोदरी भगानन्दा भगस्था भगशालिनी।।136।।
सर्वसंक्षोभिणी शक्तिस्सर्वविद्राविणी तथा।
मालिनी माधवी माध्वी मधुरूपा महोत्कटा।।137।।
भरुण्डचन्द्रिका ज्योत्स्ना विश्वचक्षुस्तम पहा।
सुप्रसंन्ना महादूती यमदूति भयंकरी।।138।।
उन्मादिनी महारूपा दिव्यरूपा सुरार्चिता।
चैतन्यरूपिणी नित्या क्लिन्ना काममदोद्धता।।139।।
मदिरानन्दकैवल्या मदिराक्षी मदालसा।
सिद्धेश्वरी सिद्धविद्या सिद्धाद्या सिद्धसम्भवा।।140।।
सिद्धर्द्धिः सिद्धमाता च सिद्धिस्सर्वार्थसिद्धिदा।
मनोमयी गुणातीता परज्योतिःस्वरूपिणी।।141।।
परेशी परगा पारापरा सिद्धिः परा गतिः।
विमला मोहिनी चाद्या मधुपानपरायणा।।142।।
वेदवेदांगजननी सर्वशास्त्रविशारदा।
सर्वदेवमयी विद्या सर्वशास्त्रमयी तथा।।143।।

सर्वज्ञानमयी देवी सर्वधर्ममयीश्वरी।
सर्वज्ञानमयी यज्ञा सर्वमन्त्राधिकारिणी।।144।।
सर्वसम्पत्प्रतिष्ठात्री सर्वविद्राविणी परा।
सर्वसंक्षोभिणी देवी सर्वसंगलकारिणी।।145।।
त्रैलोक्याकर्षिणी देवी सर्वाह्लादनकारिणी।
सर्वसंमोहिनी देवी सर्वस्तम्भनकारिणी।।146।।
त्रैलोक्यजृम्भिणी देवी तथा सर्ववशंकरी।
त्रैलोक्यरंजिनी देवी सर्वसम्पत्तिदायिनी।।147।।
सर्वमन्त्रमयी देवी सर्वद्वन्द्वक्षयंकरी।
सर्वसम्पत्प्रदायिनी।।148।।
सर्वप्रियकरी देवी सर्व मंगलकारिणी।
सर्वकामप्रदा देवी सर्वदु:खविमोचिनीं।।149।।
सर्वमृत्युप्रशमनी सर्वविघ्नविनाशिनी।
सर्वांग सुन्दरी माता सर्वसौभाग्यदायिनी।।150।।
सर्वज्ञा सर्वशक्तिश्च सर्वश्वर्यफलप्रदा।
सर्वज्ञानमयी देवी सर्वव्याधिविनाशिनी।।151।।
सर्वाधारस्वरूपा च सर्वपापहरा तथा।
सर्वानन्दमयी देवी सर्वेक्षायाः स्वरूपिणी।।152।।
सर्वलक्ष्मीमयी विद्या सर्वेप्सितफलप्रदा।
सवारिष्टप्रशमनी परमानन्ददायिनी।।153।।
त्रिकोणनिलया त्रिस्था त्रिमात्रा त्रितनुस्थिता।
त्रिवेणी त्रिपथा त्रिस्था त्रिमूर्तिस्त्रिपुरेश्वरी।।154।।
त्रिधाम्नी त्रिदशाध्यक्षा त्रिवित् त्रिपुरवासिनी।
त्रयीविद्या च त्रिशिरास्त्रैलोक्या च त्रिपुष्करा।।155।।
त्रिकोटरस्था त्रिविधा त्रिपुरा त्रिपुरात्मिका।
त्रिपुरश्रीस्त्रिजननी त्रिपुरा त्रिपुरसुन्दरी।।156।।

फलश्रुतिः—

इदं त्रिपुरसुन्दर्याः स्तोत्रं नाम सहस्रकम्।
गुह्याद्‌गुह्यतरं पुत्र तव प्रीत्यं प्रकीर्तितम्।।157।।
गोपनीयं प्रयत्नेन पठनीयं प्रयत्नतः।
तातः परतरं पुण्यं नातः परतरं तपः।।158।।
नातः परतरं स्तोत्रं नातः परतरा गतिः।
स्तोत्रं सहस्र नामाख्यं मम वक्त्राद्विनिर्गतम्।।159।।
यः पठेत्प्रयतो भक्त्या श्रृणुयाद्वा समाहितः।

मोक्षार्थी लभते मोक्षं स्वर्गार्थी स्वर्गमाप्नुयात् ।।160।।
कामांश्च प्राप्नुयात्कामी धनार्थी च लभेद्धनम् ।
विद्यार्थी लभते विद्यां यशोर्थी लभते यशः ।।161।।
कन्यार्थी लभते कन्यां सुतार्थी लभते सुतम् ।
गुर्विणी जनयेत्पुत्रं कन्या विन्दति सत्पतिम् ।।162।।
मूर्खोपि लभते शास्त्रं हीनोऽपि लभते गतिम् ।
संक्रांत्यां वार्क्यामावास्यामष्टम्योश्च विशेषतः ।।163।।
पौर्णमास्यां चतुर्दश्यां नवम्यां भौमवासरे ।
पठेद्वा पाठयेद्वापि श्रृणुयाद्वा समाहितः ।।164।।
स मुक्तस्सर्वपापेभ्यः कामेश्वरसमो भवेत् ।
लक्ष्मीवान्धनवांश्चैव वल्लभस्सर्वयोषिताम् ।।165।।
तस्य वश्यं भवेदाशु त्रैलोक्यं सचराचरम् ।
रुद्रं दृष्ट्वा यथा देवा विष्णुं दृष्ट्वा च दानवाः ।।166।।
यथाहिर्गरुडं दृष्ट्वा सिंह दृष्ट्वा यथा गजाः ।
कीटवत्प्रपलायन्ते तस्य वक्त्रावलोकनात् ।।167।।
अग्निचौरभयं तस्य कदाचिन्नैव सभवेत् ।
पाप्मानो विदिधाः शतिं मेरुपर्वतसन्निभाः ।।168।।
यस्मात्तच्छृणुयाद्विघ्नांस्तृणं वह्निहुतं ।
यथा एकदा पठनादेव सर्वपापक्षयो भवेत् ।।169।।
दशधा पठनादेव वाचां सिद्ध प्रजायते ।
शतधा पठनाद्वापि खेचरो जायते नरः ।।170।।
सहस्रदशसंख्यं वा यः पठेद्भक्तिमानसः ।
मातास्य जगतां धात्री प्रत्यक्षा भवति ध्रुवम् ।।171।।
लक्षं पूर्ण यथा पुत्र स्तोत्रराजं पठेत्सुधीः ।
भवपाशविनिर्मुक्तो मम तुल्यो न संशयः ।।172।।
सर्वतोर्थेषु यत्पुण्यं सकृज्जप्त्वा लभेन्नरः ।
सर्ववेदेषु यत्प्रोक्तं तत्फल परिकीर्तितम् ।।173।।
भूत्वा च वलवान् पुत्र धनवान् सर्वसम्पदः ।
देहान्ते परमं स्थानं यत्सुरैरपि दुर्लभम् ।।174।।
स यास्यति न संदेहः स्तवराजस्य कीर्तनात् ।।175।।
इति श्रीवामकेश्वरतंत्रे हरकुमारसंवादे महात्रिपुरसुन्दर्याः
षोडश्याः सहस्रनामस्तोत्रं समाप्तम् ।

❑❑❑

भुवनेश्वरी की तांत्रिक साधनाएं

दशमहाविद्याओं में भगवती **"भुवनेश्वरी"** चतुर्थ विद्या है। इनकी पूजा उपासना करके जगत् के जीवमात्र को सम्मोहित किया जा सकता है। ये वाणी को स्तम्भित भी कर देती है तथा शक्तिहीन करके शक्ति प्रदान करने वाली महाशक्ति हैं। इनका अमरनाम **"राजराजेश्वरी"** है। ये सिद्धी दात्री तथा सिद्ध विद्या है। इनके शिव **"त्र्यम्बक"** हैं।

सूर्य उत्पन्न हुआ। पारमेष्ठय सोम की आहूति हुई, इससे यज्ञ हुआ। यज्ञ से त्रैलोक्य निर्माण हुआ। तीनों भुवन उत्पन्न हो गये, विश्वोत्पत्ति के उपक्रम में षोडशी की सत्ता थी। भवनों को उत्पन्नकर उनका संचालन करती हुई वही शक्ति आज **"भुवनेश्वरी"** बन गयी। यही चौथी सृष्टि धारा है, चौथी सृष्टि–विद्या है। इसी का स्वरूप बतलाते हुए ऋषि कहते हैं–

उद्यदिनद्युतिमिन्दुकिरीटां तुंगकुचां नयनत्रययुक्ताम्।
स्मेरमुखीं वरदांकशपाशाभीतिकरां प्रभजे भुवनेशीम्।।

(शाक्तप्रमोद–भुवनेश्वरीतन्त्र)

यदि सूर्य में सोमाहुति न होती तो यज्ञ असम्भव था। बिना यज्ञ के भुवन रचना का अभाव था। बिना भुवन के 'भुवनेश्वरी' उन्मुग्ध थी। सूर्य के मस्तक भाग पर प्रतिष्ठित ब्राह्यणसपत्य सोम आहुत हेा रहा है। इसी से भुवनोत्पत्ति है। इसी से भुवनेश्वरी उद्बृद्ध है। 'इन्दुकिरीट' इसी अवस्था का निदान है। ये तीनों लोकों पर दृष्टि रखती है, यही इनके 'त्रिनेत्र' होने का निदान है।

संसार में जितनी भी प्रजा है। सबको उसी त्रिभुवन व्याप्ता भुवनेश्वरी से अन्न मिल रहा है। 84 लाख योनियाँ उसी से अन्न लेकर जीवित हैं। इसी का निदान वरदा स्वरुप

है। जो भुवन प्रलय–समुद्र में विलीन था आज वही इसी शक्ति के प्रभाव से विकसित हो रहा है। मानों वह शक्ति अपनी उग्रता छोड़कर विश्वपर कृपा दृष्टि कर रही है। 'स्मरमुखी' शब्द इसी भाव का पर्याय है।

भगवती के हाथों में अंकुश–पाश आदि का होना उनकी शासन शक्ति का परिचायक हैं।

भगवती भुवनेश्वरी की उपासना मुख्यतः वशीकरण, सम्मोहन, वाक्सिद्धिं, सौभाग्य लाभ एवं शत्रुओं पर विजय पाने के लिये किया जाता है।

शासनशक्ति का निदान अंकुश–पाशादि है।

भुवनेश्वरी एकाक्षर मन्त्र प्रयोग

मन्त्र– भगवती भुवनेश्वरी का एकाक्षर मन्त्र निम्नलिखित है।

"ह्रीं।"

इस मंत्र के 'विनियोग' तथा न्यास आदि निम्नानुसार हैं–

विनियोग–

"अस्य श्री भुवनेश्वरी मन्त्रस्य शक्तिर्ऋषिगयित्री छन्दो हकारो बीजं ईकारः शक्तीरेफः कीलकं श्रीभुवनेश्वरी देवता चतुवर्ग सिद्धयर्थे जपे विनियोगः।"

विनियोग के बाद निम्नानुसार "**ऋष्यादि न्यास**" करें–

ऋष्यादि न्यास–

शक्ति ऋषये नमः – शिरसि।
गायत्रीच्छंदसे नमः –मुखे।
भुवनेश्वर्ये देवतायै नमः – हृदि।
हंबीजाय नमः – गुह्ये।
ईशक्तये नमः – पादयो।
रं कीलकायनमः – नाभौ।
विनियोगाय नमः –सर्वाङ्गे।

इसके बाद निम्नानुसार 'करन्यास–' करें–

भुवनेश्वरी साधना से लाभ–

भुवनेश्वरी मंत्र में महाकाली, महालक्ष्मी, महासरस्वती तीनों ही महादेवियों के बीज मंत्र हैं। इसका जप करने से शक्ति, बल, सामर्थ्य, लक्ष्मी सम्पदा, वैभव और सभी प्रकार की उत्तम विद्याएँ, भक्ति, ज्ञान वैराग्य प्राप्त होता है। किसी शुभ और उचित कामना को लेकर अनुष्ठान करने से या केवल मंत्र सिद्धि करने से भी सफलता और इष्ट सिद्धि होती है।

सभी महाविद्याओं की भाँति भुवनेश्वरी साधना से पूर्व भी दीक्षा लें। यह अनिवार्य है। बिना दीक्षा के कोई भी महाविद्या साधना सफल नहीं होगी। भुवनेश्वरी मंत्र के जप करने से सभी विघ्न बाधाएँ दूर हो जाती हैं, कार्यों में सफलता मिलती है।

साधना के लिये पवित्र होकर स्वच्छ आसन पर बैठकर पूजा करें। लाल रंग के पदार्थ पूजा में विशेष रुप से प्रयोग में लायें। लाल रंग के पुष्प, लाल चन्दन, कुंकूम, सेव, लाल आसन, लाल पुष्पों की माला, जप के लिए लाल मुंगे की माला, पहनने की धोती एवं दुपट्टा भी लाल ही हो।

किसी भी लकड़ी की चौकी (पट्टा, बाजोट) आदि पर लाल वस्त्र बिछाकर देवी का चित्र स्थापित करें। यंत्र स्थापित करें। यंत्र का यथाविधि पूजन करें। विनियोग, न्यास, ध्यान, कवच आदि के पाठ के उपरान्त मंत्र जप करें।

जप से पूर्व माला की पूजा करें। विनियोग, न्यास, ध्यान आदि नहीं कर सकें तो केवल पूजा व जप करें और मन में माँ भुवनेश्वरी की छवि धारण करते हुए उपासना करें।

करन्यास–

ॐ ह्रां अंगुष्ठाभ्यां नमः। ॐ ह्रीं तर्जनीभ्यां नमः।
ॐ ह्रूं मध्यमाभ्यां नमः। ॐ ह्रैं अनामिकाभ्यां नमः।
ॐ ह्रौं कनिष्ठिकाभ्यां नमः। ॐ ह्रः करतलकर पृष्ठाभ्यां नमः।

इसके बाद निम्नानुसार 'हृदयादि षडङगन्यास' करें–

हृदयादि षडंगन्यास–

ॐॐ ह्रां हृदयाय नमः। ॐ ह्रीं शिरसे स्वाहा।
ॐॐ ह्रूं शिखायै वषट्। ॐ ह्रैं कवचाय हूं।
ॐॐ ह्रौं नेत्रत्रयाय वौषट्। ॐ ह्रः अस्त्राय फट्।

उक्त न्यासों को करने के बाद सर्वदेवोपयोगी पद्धति मार्ग से 'सृष्टि–स्थिति–संहार मातृका न्यास' करना चाहिए। यदि इन्हें करने में असमर्थ हो तो फिर निम्नानुसार 'मन्त्रवर्ण न्यास' आदि करने चाहिए–

मन्त्रा वर्ण न्यास–

ॐॐ हृल्लेखायै नमः –शिरसि। ॐ एं गगनायै नमः –मुखे।
ॐॐ उं रक्तायै नमः हृदि। ॐ इं करालिकायै नमः गुह्ये।
ॐॐ अं महोच्छुष्मायै नमः पादपोः

इसके बाद निम्नानुसार 'प०च वक्त्रन्यास' करें–

पश्चवक्त्रन्यास–

ॐ ओं हृल्लेखायै ऊर्ध्ववक्त्राय नमः शिरसि।

ॐ एं गगनायै पूर्ववक्त्राय नमः मुखे।
ॐ उं रक्तायै दक्षिणवक्त्राय नमः हृदि।
ॐ इं करालिकायै उत्तरवक्त्राय नमः गुह्य।
ॐ अं माहेच्छुष्मायै पश्चिमवक्त्राय नमः पादयोः।

विन्यास–

इसके बाद निम्नानुसार 'विन्यास' करें–

ॐ गायत्री सहित ब्रह्मणे नमः भाले।
ॐ सावित्री सहित विष्णवे नमः दक्षिण कपोले।
ॐ वागीश्वरी सहित महेश्वरायनमः वाम कपोले।
ॐ श्रीसहितधनवतये नमः वामकर्णाग्रे।
ॐ रतिसहितस्मराय नमः मुखे।
ॐ पुष्टि सहित गणपतये नमः दक्षिणकर्णोपरि।
ॐ शंख निवये नमः दक्षिणगण्डकर्णान्तराले।
ॐ पद्म निधये नमः वामगण्ड कर्णान्तराले।
ॐ ह्रीं मूलदेवता भुवनेश्वर्यै नमः मुखे।

इसके पश्चात–

ॐ गायत्री सहित ब्रह्मणे नमः कण्ठमूले।
ॐ सावित्री सहित विष्णवे नमः दक्षिणस्तने।
ॐ वागीश्वरीसहित महेश्वराय नमः वाम स्तने।
ॐ श्रीसहित धनपतये नमः वामांले।
ॐ रति सहितस्मराय नमः हृदयकमले।
ॐ पुष्टि सहितगणपतये नमः दक्षिणांले।
ॐ शंखनिधये नमः दक्षिण पार्श्वे।
ॐ पद्मनिधये नमः वाम पार्श्वे।
ॐ ह्रीं मूलदेवता भुवनैश्वर्य नमः नाभौ।

इसके पश्चात–

ॐ ब्राह्मयै नमः भाले। ॐ माहेश्वर्ये नमः वामाले।
ॐ कौमार्ये नमः वामपार्श्वे। ॐ वैष्णव्यै नमः जठरे।
ॐ वाराह्यै नमः दक्षिण पार्श्वे। ॐ इन्द्राण्यै नमः दक्षिणांसे।
ॐ चामुण्डायै नमः कण्ठे। ॐ महालक्ष्यै नमः हृदि।

उक्त विधि से विन्यास करने के बाद हृदय पर हाथ रखकर–

"ॐ ह्रीं मूलदेवता भुवनेश्वर्ये सवांगें व्यापकं भव।"

इस प्रकार से विन्यास करके देवतारूप की भावना करते हुए निम्नानुसार ध्यान करें–

ध्यान–

"उद्यदिनद्युतिमिन्दु किरीटां, तुंगकुचां नयनत्रययुक्ताम्।
स्मेरमुखीं वरदांकुशपाशा, भीतिकरां प्रभजे भुवनेशीम्।।"

भावार्थ– माता भुवनेश्वरी देवी के शरीर के अंगों की आभा प्रभात काल के सूर्य के समान लालिमा लिए हुए है, मस्तक पर मुकुट स्वरुप चन्द्रमा शोभायमान है। उभरे हुए स्तनों वाली मां के तीन नेत्र हैं। मन्द–मन्द मुस्करा रही है। चारों भुजाओं में वरद मुद्रा (वरदान देने वाली मुद्रा) अंकुश, पाश एवं अभय मुद्रा हैं। भक्तों को अभय प्रदान करने वाली भुवनेश्वरी देवी का मैं ध्यान करता हूँ।

भुवनेश्वरी यंत्र

उक्त प्रकार से ध्यान करके सर्वतोभद्रमण्डल में पद्धति मार्ग से पीठ–देवता को स्थापित करके अथवा–

"मं मण्डूकादि परतत्त्वान्त पीठदेवताभ्यो नमः।"

इस मन्त्र द्वारा पीठ देवताओं की पूजा करके पूर्वादि क्रम से पीठ–शक्तियों की निम्नानुसार पूजा करें–

ॐ जयायै नमः। **ॐ विजयायै नमः।**
ॐ अजितायै नमः। **ॐ अपराजितायै नमः।**
ॐ नित्यायै नमः। **ॐ विलासिन्यै नमः।**
ॐ दोग्ध्र्यै नमः। **ॐ अघोरायै नमः।**

पीठमध्ये–

ॐ मंगलायै नमः।

उक्त विधि से नव पीठ शक्तियों की जा करने के बाद पुषट्कोणाष्टदलवृत्त तथा षोडशदल पुष्पा भूपुर वाले स्वर्णादि से निर्मित अग्न्युत्तारण पूर्वक यन्त्र (यन्त्र का स्वरूप आगे प्रदर्शित है) को "ॐ ह्रीं सर्वशक्ति कमलासनाय नमः।"– इस मन्त्र द्वारा पुष्पाद्यासन देकर, पीठ के मध्य उसे स्थापित कर, उसमें प्राण प्रतिष्ठा कर, पुनः ध्यान करके, मूलमन्त्र द्वारा मूर्ति की कल्पना करके आवाहन से लेकर पुष्पांजलि प्रदान पर्यन्त उपचारों से पूजा करके, देवी की आज्ञा लेकर आवरण पूजा करें–

आवरण पूजा

आवरण पूजा का क्रम निम्नानुसार है। पहले **'प्रथमावरण पूजा'** की विधि लिखी जाती है इसमें निम्नलिखित मन्त्रों का उच्चारण करते हुए पूजा करें–

देवी के समीप, मध्य में–

ॐ ह्ल्लेखायै नमः। ह्ल्लेखा श्रीपादुकां पूजयामि तर्पयामि नमः।

पूर्व में–

ॐ एं गगनायै नमः। गंगना श्रीपादुकां पूजयामितर्पयामि नमः।

दक्षिण में–

ॐ ॐ रक्तायै नमः। रक्ता श्रीपादुका पूजयामि तर्पयामि नमः।

उत्तर में–

ॐ ई करालिकायै नमः। करालिका श्रीपादुकां पूजयामि तप्रयामि नमः।

पश्चिम में–

ॐ महोच्छुष्मायै नमः। महोच्छुष्मा श्रीपादुका पूजयामि तर्पयामि नमः।

उक्त प्रकार से पूजा करने के उपरान्त पुष्पांजलि लेकर मूलमन्त्र का उच्चारण करते हुए निम्नलिखित श्लोक पढ़ें–

"ॐ अभीष्टसिद्धि मे देहि शारणागत वत्सले।
भक्त्या समर्पये तुम्यं प्रथमावरणार्चनम्।।"

इसके पश्चात षट्कोण केसरों में 'द्वितीयावरणपूजा' निम्नलिखित मन्त्रों का उच्चारण करते हुए करें–

अग्निकोणे–

ॐ ह्रां हृदयाय नमः। हृदय श्रीपादुकां पूजयामि तर्पयामि नमः।

निर्ऋतिकोणे–

ॐ ह्रीं शिरसे स्वाहा। शिरः श्रीपादुकां पूजयामि तर्पयामि नमः।

वायव्ये–

ॐ ह्रूं शिखायै वषट्। शिखा श्रीपादुकां पूजयामि तर्पयामि नमः।

ईशान्ये–

ॐ ह्रैं कवचाय हूं। कवच श्रीपादुका पूजयामि तर्पयामि नमः।

पूज्य–पूजकयोर्मध्ये–

ॐ ह्रौं नेत्र भयाय वौषट्। नेत्रत्रय श्रीपादुकां पूजयामि तर्पयामि नमः।

देवी पश्चिमे–

ॐ ह्रः अस्त्राय फट्। अस्त्र श्रीपादुकां पूजयामि तर्पयामि नमः।

उक्त विधि से षडगों की पूजा कर पुष्पांजलि लेकर, मूलमन्त्र का उच्चारण करते हुए निम्नलिखित श्लोक पढ़ें–

"ॐ अभीष्टसिद्धिं मे देहिं शारणागत वत्सले।
भक्त्या समर्पये तुभ्यं द्वितीया वरणार्चनम्।।"

इसके पश्चात निम्नलिखित मन्त्रों द्वारा षट्कोणों के अग्रभाग में तृतीया वरण पूजा करें–

पूर्वे–

ॐ गायत्र्यै नमः। गायत्री श्रीपादुकां पूजयामि तर्पयामि नमः।
ॐ ब्रह्मणे नमः। ब्रह्म श्रीपादुकां पूजयामि तर्पयामि नमः।

नेर्ऋते–

ॐ सावित्र्यै नमः। सावित्री श्रीपादुका पूजयामि तर्पयामि नमः।
ॐ विष्णवे नमः। विष्णु श्रीपादुका पूजयामि तर्पयामि नमः।

वायुकोणें–

ॐ सरस्वत्यै नमः। सरस्वती श्रीपादुका पूजयामि तर्पयामि नमः।
ॐ रूद्राय नमः। रूद्र श्रीपादुका पूजयामि तर्पयामि नमः।

अग्निकोणे–

ॐ श्रियै नमः। श्रीपादुका पूजयामि तर्पयामि नमः।
ॐ धनपतये नमः। धनपति श्रीपादुका पूजयामि तर्पयामि नमः।

पश्चिमे–

ॐ रत्यै नमः। रति श्रीपादुकां पूजयामि तर्पयामि नमः।
ॐ स्मराय नमः। स्मर श्रीपादुकां पूजयामि तर्पयामि नमः।

ईशान्याम्–

ॐ पुष्ट्ये नमः। पुष्टि श्रीपादुका पूजयामि तर्पयामि नमः।

ॐ गणपतये नमः। गणपति श्रीपादुका पूजयामि तर्पयामि नमः।

षट्कोण दक्षिणे–

ॐ शंखनिधयेनमः। शंखनिधयेनमः श्रीपादुका पूजयामि तर्पयामि नमः।

ॐ पद्मनिधये नमः। पद्मनिधि श्रीपादुका पूजयामि तर्पयामि नमः।

उक्त विधि से पूजा कर, पुष्पांजलि लेकर, मूलमन्त्र का उच्चारण करते हुए निम्नलिखित श्लोक पढ़ें–

"ॐ अभीष्टसिद्धि मे देहि शरणागत वत्सले।
भक्त्या समर्पये तुम्यं तृतीयावरणार्चनम्।"

इसके पश्चात पूर्वादि अष्ट दलों में आठ शक्तियों की निम्नलिखित मन्त्रों का उच्चारण करते हुए –'चतुर्थावरणपूजा' करें–

ॐ अनंगकुसुमायै नमः। अनंगकुसुमा श्रीपादुका पूजयामि तर्पयामि नमः।

ॐ अनंग कुसुमातुरायै नमः। अनंगकुसुमातुरा श्रीपादुका पूजयामि तर्पयामि नमः।

ॐ अनंगदमनायै नमः। अनंगदमना श्रीपादुका पूजयामि तर्पयामि नमः।

ॐ अनंग मदनातुरायै नमः। अनंगमदनातुरा श्रीपादुका पूजयामि तर्पयामि नमः।

ॐ भुवनपालायै नमः। भुवनपाला श्रीपादुका पूजयामि तर्पयामि नमः।

ॐ गगन वेगायै नमः। गगनवेगा श्रीपादुका पूजयामि तर्पयामि नमः।

ॐ शशिरेखायै नमः। शशिरेखा श्रीपादुका पूजयामि तर्पयामि नमः।

ॐ गगन रेखायैनमः। गगनरेखा श्रीपादुका पूजयामि तर्पयामि नमः।

उक्त विधि से पूजा कर, पुष्पांजलि लेकर मूलमन्त्र का उच्चारण करते हुए अग्रलिखित श्लोक पढ़ें–

"ॐ अभीष्ट सिद्धि मे देहि शरणागत वत्सले।
भक्त्या समर्पये तुभ्यं चतुर्थावरणार्चनम्।"

इसके पश्चात षोडश दलों में पूर्वादि क्रम से निम्नलिखित मन्त्रों द्वारा षोडश देवियों की 'पंचमावरण पूजा' करें–

ॐ कराल्यै नमः। कराली श्रीपादुका पूजयामि तर्पयामि नमः।

ॐ विकराल्यैनमः। विकरालौ श्रीपादुका पूजयामि तर्पयामि नमः।

ॐ उमायै नमः। सरस्वती श्रीपादुका पूजयामि तर्पयामि नमः।

ॐ श्रियैनमः। श्री श्रीपादुका पूजयामि तर्पयामि नमः।

ॐ दुर्गायै नमः। दुर्गा श्रीपादुका पूजयामि तर्पयामि नमः।

ॐ उषायै नमः। उषा श्रीपादुका पूजयामि तर्पयामि नमः।

ॐ लक्ष्यै नमः। लक्ष्मी श्रीपादुका पूजयामि तर्पयामि नमः।

ॐ श्रुत्यैनमः। श्रुति श्रीपादुका पूजयामि तर्पयामि नमः।

ॐ स्मृत्यै नमः। स्मृति श्रीपादुका पूजयामि तर्पयामि नमः।

ॐ घृत्यैनमः। घृति श्रीपादुकां पूजयामि तर्पयामि नमः।

ॐ श्रद्धायै नमः। श्रद्धा श्रीपादुका पूजयामि तर्पयामि नमः।

ॐ मेघायै नमः। मेघा श्रीपादुका पूजयामि तर्पयामि नमः।

ॐ मत्यै नमः। मति श्रीपादुका पूजयामि तर्पयामि नमः।

ॐ कान्त्यै नमः। कान्ति श्रीपादुका पूजयामि तर्पयामि नमः।

ॐ आर्ध्यायै नमः। आर्ध्या श्रीपादुका पूजयामि तर्पयामि नमः।

उक्त विधि से पूजा कर पुष्पांजलि लेकर मूल–मंत्र का उच्चारण करते हुए निम्नलिखित श्लोक पढ़ें–

"ॐ अभीष्टसिद्धि में देहि शरणागतवत्सले।
भक्त्या समर्पये तुभ्यं पंचमावरणार्चनम्।।

इसके बाद भूपुर के अभ्यन्तर में पूर्वादि क्रम से निम्नलिखित मन्त्रों का उच्चारण करते हुए 'षष्ठावरण पूजा' करें–

ॐ अनंग्रूपायै नमः। अनड़ग्रूपा श्रीपादुकां पूजयामि तर्पयामि नमः।

ॐ अनड़ग्मदनायै नमः। अनड़ग्रूपा श्रीपादुकां पूजयामि तर्पयामि नमः।

ॐ अनंग्मदनातुरायै नमः। अनड़ग्मदनातुरा श्रीपादुकां पूजयामि तर्पयामि नमः।

ॐ भुवय रेखायै नमः।ॐ अनंग्मदना रेखा श्रीपादुकां पूजयामि तर्पयामि नमः।

ॐ भुवन पालिकायै नमः। भुवन पालिका श्रीपादकां पूजयामि तर्पयामि नमः।

ॐ सर्वशिशिरायै नमः। सर्वशिशिरा श्रीपादुकां पूजयामि तर्पयामि नमः।

ॐ अनंग् वेदनायै नमः। अनंग् वेदना श्रीपादुकां पूजयामि तर्पयामि नमः।

ॐ अनंग् मेखलायै नमः। अनंग् मेखला श्रीपादुकां पूजयामि तर्पयामि नमः।

उक्त विधि से पूजा कर, पुष्पांजलि लेकर मूल–मन्त्र का उच्चारण करते हुए निम्नलिखित श्लोक पढ़ें–

"ॐ अभीष्टसिद्धि में देहि शरणागतवत्सले।
भक्त्यासमर्पये तुल्यं षष्ठमावरणार्चनम्।।"

इसके बाद भूपुर में पूर्वादि क्रम से सायुध, सवाहन तथा सपरिवार इत्यादि दस दिक्पालों का निम्नलिखित मन्त्रों का उच्चारण करते हुए 'सपामावरण पूजा' करें–

ॐ इन्द्राय देवाधिपतये सामुधाय सवाहनाय सपरिवाराय नमः।
इन्द्र श्रीपादुकां पूजयामि तर्पयामि नमः।

ॐ रं अग्नेय तेजोधिपतये सायुधय सवाहनाय सपरिवाराय नमः।
अग्नि श्रीपादुकां पूजयामि तर्पयामि नमः।

ॐ मां यमाय प्रेताधिपतये सामुधाय सवाहनाय सपरिवाराय नमः।
यम श्रीपादुकां पूजयामि तर्पयामि नमः।

ॐ क्षं निर्ऋतये रक्षाधिपतये सायुधाय सवाहनाम सपरिवाराय नमः।
निर्ऋति श्रीपादुकां पूजयामि तर्पयामि नमः।

ॐ वं वरूणाय जलाधिपतये सामुधाय सवाहनाय सपरिवाराय नमः।
वरूण श्रीपादुकां पूजयामितर्पयामि नमः।

ॐ यं वायवे प्राणाधिपतये सामुधाय सवाहनाय सपरिवाराय नमः।
वायु श्रीपादुकां पूजयामि तर्पयामि नमः।
ॐॐ सौं सोमाय ताराधिपतये सामुधाय सवाहनाय सपरिवाराय नमः।
सोम श्रीपादुकां पूजयामि तर्पयामि नमः।
ॐ हं ईशानाया गणाधिपतये सामुधाय सवाहनाय सपरिवाराय नमः।
ईशान श्रीपादुकां पूजयामि तर्पयामि नमः।

इन्द्रेशानयोर्मध्ये–

ॐ आं ब्रह्मणे प्रजाधिपतये सामुधाय सवाहनाय सपरिवाराय नमः।
ब्रह्म श्रीपादुकां पूजयामि तर्पयामि नमः।

निर्ऋति वरणोर्मध्ये

ॐ ह्रीं अनन्ताय नामाधिपतये सामुधाय सवाहनाय सपरिवाराय नमः।
अनन्त श्रीपादुकां पूजयामि पर्ययामि नमः।

इस प्रकार दिक्पालों की पूजा करने के पश्चात् भूपुर के बाहर पूर्वादि क्रम से निम्नलिखित मन्त्रों का उच्चारण करते हुए आयुधों का पूजन करें–

ॐ वं वज्राय नमः।
ॐ शं शक्तये नमः।
ॐ दं दण्डाय नमः।
ॐ खं वाशाय नमः।
उँ गं गदाय नमः।
ॐ त्रि त्रिशूलाय नमः।
ॐ पं पद्याय नमः।
ॐ चं चक्राय नमः।

उक्त विधि से वस्त्रों की पूजा कर, पुष्पांजलि लेकर, मूल–मन्त्र का उच्चारण करते हुए निम्नलिखित श्लोक पढ़ें–

"ॐ अमीष्ट सिद्धि में देहि शरणागत वत्सले।
भक्त्या समर्पये तुभ्यं सप्तमावरणार्चनम्।।"

पुश्चरण–

उक्त प्रकार से आवरण–पुजा सम्पन्न करके धूप–दान से लेकर नीराजन पर्यन्त पूजा करके मन्त्र–जप करें।

इस मन्त्र का पुरश्चरण 32,0000 (बत्तीस लाख) जप है। जप का दशांश हवन, हवन का दशांश तर्पण, तर्पण का दशांश मार्जन तथा मार्जन का दशांश ब्राह्मण भोजन कराना चाहिए। इस प्रकार जप करने से मन्त्र सिद्ध हो जाता है।

मन्त्र के सिद्ध हो जाने पर प्रयोग को सिद्ध करना चाहिए।

1. पीपल 2. गूलर

3. पलाश एवं 4. बरगद की समिधाएँ तथा

5. पीली सरसों, 6. तिल

7. खीर और

8. इन आठों को 'होम–द्रव्य' कहा गया है। इन पदार्थों से होम करने वाला समस्त देवताओं से पूजित होता है।

काम्य प्रयोग –

मन्त्र सिद्ध हो जाने के बाद काम्य–प्रयोग निम्नानुसार करने चाहिए–

1. मधु, घृत, शर्करा तथा पीपल की समिधाओं से होम करने पर ब्राह्मण वशीभूत हो जाते हैं।
2. कमल के पुष्पों के फूलों से होम करने पर राजा वश में हो जाता है।
3. पलाश के फूलों से होम करके राज–पत्नियों को वश में किया जा सकता है।
4. कुमुद पुष्पों का होम करने से मन्त्री वश में हो जाते हैं।
5. मन्त्र द्वारा पच्चीसबार अभिमिन्त्रित जल से प्रतिदिन अपना ही अभिषेक करने वाला साधक सर्व सौभाग्यवान् होता है।
6. मन्त्र द्वारा पच्चीस बार अभिमन्त्रित जल को नित्य प्रातःकाल पीने वाला मनुष्य अत्यन्त बुद्धिमान होकर श्रेष्ठ कवि बन जाता है।
7. कपूर तथा अगर युक्त केसर से सिद्ध किए हुए तिलक को धारण करंने से राजा का वशीकरण होता है।
8. घृत, मधु तथा शक्कर के साथ चावल के आटे द्वारा निर्मित पुतली को मन्त्र से अभिमन्त्रित करके, उसमें प्राण–प्रतिष्ठा करके उसे रविवार के दिन खाने वाला साधक राजा तथा स्त्री–पुरूषों को वश में कर लेता है।
9. अकण्ठ पानी में खड़े होकर जल में सूर्य के प्रतिबिम्ब को देखते हुए, तीन हजार की संख्या में मन्त्र–जप करने वाला मनुष्य इष्ट–कन्या को पत्नी के रूप में प्राप्त करता है।
10. मन्त्र द्वारा अभिमन्त्रित अन्न को सेवन करने से लक्ष्मी की वृद्धि होती है।
11. अमावस्या के दिन लकड़ी के पटरे पर उक्त मन्त्र को लिखकर गर्भवती स्त्री को दिखाने से उसे तत्काल ही सुखपूर्वक प्रसव होता है।

भुवनेश्वरी त्रैलोक्यमंगल कवचम्

देव्युवाच

भुवनेश्वर्याश्च देवेश या या विद्याः प्रकाशिताः।
श्रुताश्चाधिगताः सर्वाः श्रोतुमिच्छामि साम्प्रतम्।।1।।
त्रैलोक्यमंगलं नाम कवचं यत्पुरोदितम्।
कथयस्व महादेव मम प्रीतिकरं परम्।।2।।

ईश्वर उवाच

शृणु पार्वति वक्ष्यामि सावधानाऽवंधारय।
त्रैलोक्यमंगलं नाम कवचं मन्त्रविग्रहम्।।3।।
सिद्धविद्यामयं देवि सर्वैश्वर्यप्रदायकम्।
पठनाद्धारणान्मर्त्यस्त्रैलोक्यैश्वर्यभाग्भवेत्।।4।।
त्रैलोक्यमंगलस्यास्य कवचस्य ऋषिश्शिवः।
छन्दो विराट् जगद्धात्री देवता भुवनेश्वरी।।5।।
धर्मार्थकाममोक्षेषु विनियोगः प्रकीर्तितः।
ह्रीं बीजं मे शिरः पातु भुवनेशी ललाटकम्।।6।।
ऐं पातु दक्षनेत्रं मे ह्रीं पातु वामलोचनम्।
श्रीं पातु दक्षकर्ण मे त्रिवर्णात्मा महेश्वरी।।7।।
वामकर्ण सदा पातु ऐं घ्राणं पातु मे सदा।
ह्रीं पातु वदनं देवी ऐं पातु रसनां मम।।8।।
वाक्पुटा च त्रिवर्णात्मा कण्ठं पातु पराम्बिका।
श्रीं स्कन्धौ पातु नियतं ह्रीं भुजौ पातु सर्वदा।।9।।
क्लीं करौ त्रिपुरेशानी त्रिपुरैश्वर्यदायिनी।
ॐ पातु हृदयं ह्रीं मे मध्यदेश सदावऽतु।।10।।
क्रौं पातु नाभिदेशं सा त्र्यक्षरी भुवनेश्वरी।
सर्वबीजप्रदा पृष्ठं पातु सर्ववशंकरी।।11।।
ह्रीं पातु गुह्यदेशं मे नमो भगवती कटिम्।
माहेश्वरी सदा पातु सक्थिनी जानुयुग्मकम्।।12।।
अन्नपूर्णा सदा पातु स्वाहा पातु पदद्वयम्।
सप्तदशाक्षरी पायादन्नपूर्णात्मिका पुरा।।13।।
तारं माया रमा कामः षोडशार्णा ततः परम्।
शिरस्था सर्वदा पातु विंशत्यर्णात्मिका परा।।14।।
तारं दुर्गे—युगं रक्षिणी स्वाहेति दशाक्षरी।
जयदुर्गा घनश्यामा पातु मां सर्वतो मुदा।।15।।

मायाबीजदिका चैषा दशार्णा च परा तथा।
उत्तप्तकांचनाभासा जयदुर्गाऽननेऽवतु।।16।।
तारं ह्रीं दुं च दुर्गायै नमोऽष्टार्णात्मिका परा।
शंखचक्रधनुर्बाणधरा मां दक्षिणेऽवतु।।17।।
महिषमर्दिनी स्वाहा वसुवर्णात्मिका परा।
नैर्ऋत्यां सर्वदा पातु महिषासुरनाशिनी।।18।।
माया पद्मावती स्वाहा सप्तार्णा परिकीर्तिता।
पद्मावती पद्मसंस्था पश्चिमे मां सदाऽवतु।।19।।
पाशांकुशपुटा माये हि परमेश्वरि स्वधा।
त्रयोदशार्णा ताराद्या अश्वारूढाऽनलेऽवतु।।20।।
सरस्वती पंचशरे नित्यक्लिन्ने मदद्रवे।
स्वाहारव्यक्षरी विद्या मामुत्तररे सदाऽवतु।।21।।
तारं माया तु कवचं खे रक्षेत् सततं वधूः।
हूं क्षें ह्रीं फट् महाविद्या द्वादशार्णाखिलप्रदा।।22।।
त्वरिताष्टाहिभिः पायात् शिवकोणे सदा माम्।
ऐं क्लीं सौः सततं वाला मूर्ध्वदेशेततोऽवतु।।23।।
विंद्वन्ता भैरवी बाला भूमौ च मां सदाऽवतु।
इति ते कथितं पुण्यं त्रैलोक्यमंगलं परम्।।24।।
सारं सारतरं पुण्यं महाविद्यौघविग्रहम्।
अस्यापि पठनात् सद्यः कुबेरोपि धनेश्वरः।।25।।
इन्द्राद्याः सकला दैवोः पठनाद्धारणाद्यतः।
सर्वसिद्धीश्वराः सन्तः सर्वैश्वर्यमवाप्नुयुः।।26।।
पुष्पांजल्यष्टकं दत्वा मूलेनैव पठेत्सकृत्।
संवत्सरकृतायास्तु पूजायाः फलमाप्नुयात्।।27।।
प्रीतिमन्योन्यतः कृत्वा कमला निश्चला गृहे।
वाणी च निवसेद्वक्त्रे सत्यं सत्यं न संशयः।।28।।
यो धारयति पुण्यात्मा त्रैलोक्यमंगलाभिधम्।
कवचं परम पुण्यं सोपि पुण्यवतां वरः।।29।।
सर्वैश्वर्ययुतौ भूत्वा त्रैलोक्यविजयी भवेत्।
पुरुषो दक्षिणे बाहौ नारी वामभजे तथा।।30।।
बहुपुत्रवती भुत्वा वन्ध्यापि लभते स्तम्।
ब्रह्मस्त्रादीनि शस्त्रापि नैव कृन्तति तं जनम्।।31।।
एतत्कवचमज्ञात्वा मो जपेट्भुवनेश्वरीम्।
दारिद्र्यं परमं प्राप्य सोऽचिरान्मृत्युमाप्नुयात्।।32।।
।।इति रुद्रयामले त्रैलोक्यमंगलं नाम श्री भुवनेश्वरी कवचं।।

भुवनेश्वरी पंजरस्तोत्रम्

इदं श्री भुवनेश्वर्याः पंजरं भुवि दुर्लभम्। येन संरक्षितो मर्त्यो वाणैः शस्त्रैर्न बाध्यते।।1।।

ज्वर–मारी–पशु–व्याघ्र–कृत्या–चौराद्युपद्रवैः।
नद्यम्बु–धरणी– विद्युत्कृशानु–भुजगारिभिः।।2।।

सौभाग्यारोग्य–सम्पत्ति– कीर्तिकान्ति यशोर्थदम्।
ओं क्रों श्रीं ह्रीं ऐं सौः पूर्वेऽधिष्ठाय मां पाहि चक्रिणि भुवनेश्वरि।।3।।

योगविद्ये महामाये योगिनी गण सेविते। कृष्णवर्णे मंहम्भूते वृहत्कर्णे भयंकरि।।4।।

देवि देवि महादेवि मम शत्रूनू विनाशय। उत्तिष्ठ पुरुषे किं स्वापिषि भयं मे समुपस्थितं।।5।।

यदि शक्यमशक्यं तन्मे भगवति शमय स्वाहा।
त्रैलोक्यमोहिन्यै विद्महे विश्वजनन्यै धीमहि तन्नः शक्तिः प्रचोदयात्।।6।।

ममाग्नेयां स्थिता पाहि गर्दिनी भुवनेश्वरी। योगविद्ये महामाये योगिनी–गण–सेविते।।7।।

कृष्णवर्णे महद्भूते लम्बकर्णे भंयंकरि। देवि देवि महादेवि मम शत्रून् विनाशय।।8।।

उत्तिष्ठ पुरुषे किं स्वपिषि भयं मे समुपस्थितं।
यदि शक्यमशक्यं वा तन्मे भगवति शमय स्वाहा।।9।।

त्रैलोक्यमोहिन्यै विद्महे विश्वजनन्यै धीमहि तन्नः शक्ति प्रचोदयात्।
याम्येऽधिष्ठाय मां पाहि शंखिनी भुवनेश्वरी।।10।।

नैर्ऋत्ये मां स्थिता पाहि खड्गिनी भुवनेश्वरी। योगविद्ये महामाये शंखिनी भुवनेश्वरी।।11।।

पश्चिमे मां स्थिता पाहि पाशिनी भुवनेश्वरी। योगविद्ये महामाये शंखिनी भुवनेश्वरी।।12।।

वायव्ये मां स्थिता पाहि शक्तिनी भुवनेश्वरी। योगविद्यं महामाये शंखिनी भुवनेश्वरी।।13।।

सौम्येऽधिष्ठाय मां पाहि चापिनी भुवरेश्वरी। योगविद्ये महामाये शंखिनी भुवनेश्वरी।।14।।

ईशेऽधिष्ठाय मां पाहि शूलिनी भुवनेश्वरी। योगविद्ये महामाये शंखिनी भुवनेश्वरी।।15।।

ऊर्ध्वेऽधिष्ठाय मां पाहि पद्मिनी भुवनेश्वरी। योगविद्ये महामाये शंखिनी भुवनेश्वरी।।16।।

अधस्तान्मां स्थिता पाहि वाणिनी भुवनेश्वरी। योगविद्ये महामाये शंखिनी

भुवनेश्वरी।।17।।
अग्रतो मां स्थिता पाहि प्रासिनी भुवनेश्वरी। योगविद्ये महामाये शंखिनी भुवनेश्वरी।।18।।
पृष्ठतो मां स्थिता पाहि वरदे भुवनेश्वरी। योगविद्ये महामाये शंखिनी भुवनेश्वरी।।19।।
पश्चिमो मां सदा पाहि सांकुशे भुवनेश्वरी। योगविद्ये महामाये शंखिनी भुवनेश्वरी।।20।।
सर्वतो मां सदा पाहि सायुधे भुवनेश्वरी। योगविद्ये महामाये शंखिनी भुवनेश्वरी।।21।।
प्रोक्ता दिङ्‌मनवो देवि चतुर्दश शुभप्रदाः। एतत् पंजरमाख्यातं सर्वरक्षाकरं नृणाम्।।
गोपनीयं प्रयत्नेन स्वयोनिरिव पार्वति। न भक्ताय प्रदातव्यं नाशिष्याय कदाचन।।
सिद्धिकामो महादेवि गोपयेन्मातृजारवत्। भयकाले होमकाले पूजाकाले विशेषतः।।
दीपस्यारम्भकाले वै यः कुर्यात्पंजरं सुधीः। सर्वान् कामानवाप्नोति प्रत्यूहैर्नाभिभूयते।।
रणे राजकुले द्यूते सर्वत्र विजयी भवेत्। कृत्या–रोग–पिशाचाद्यैर्न कदाचित् प्रवाध्यते।।
प्रातःकाले च मध्याह्ने सन्ध्यायामर्द्धरात्रके। यः कुर्यात् पंजरं मर्त्यो देवी ध्यात्वा समाहितः।।
कालमृत्युमपि प्राप्तं जयेदत्र न संशयः। ब्रह्मस्त्रादीनि शस्त्राणि तद्गात्रं न लगन्ति च।।

पुत्रवान् धनवाल्लोके यशस्वी जायते नरः।।

।।इति श्री रुद्रयामले भुवनेश्वरी–पंजर–स्तोत्रं समाप्तम्।।

भुवनेश्वरी सहस्रनाम स्तोत्रम्

श्रीपार्वत्युवाच–

देव देव महादेव सर्वशास्त्रविशारद। कपालखट्वांगधर
चित्रभस्मांगलेपन।।1।।
या आद्या प्रकृतिर्नित्या सर्वशास्त्रेषु गोपिता। तस्याः श्रीभुवनेश्वर्या
नामाष्टकसहस्रकम्।।2।।
कथयस्व महादेव येन देवी प्रसीदति।

श्रीमहेश्वर उवाच

साधु पुष्टं महादवि साधु लोकहिताय च।।3।।
या आद्या प्रकृतिर्नित्या सर्वशास्त्रेयु गोपिता।
यस्याः स्मरणमात्रेण सर्वपापैः प्रमुच्यते।।4।।
आराधनाद्भवेद्यस्या जीवन्मुक्तो न संशयः।
तस्या नामसहस्राणि कथयामि शृणुष्व ततू।।5।।
अस्य श्रीभुवनेश्वरी नाम स्तोत्रस्य दक्षिणामूर्ति ऋषिः पंक्तिर्विराट् छन्द आद्या भुवनेश्वरी देवता मम धर्मार्थकाममोक्षार्थ विनियोगः।
ॐ आद्या कमला वाणी माया श्रीभुवनेश्वरी। भुवना भावना भव्या भवानी भवमोचनी।।6।।
रुद्राणी रुद्रभक्ता च तथा रुद्रप्रिया सती। उमा कामेश्वरी दुर्गा सर्वाणी सर्वमगला।।7।।
त्रिपुरा परमेशानी सुन्दरी सुन्दरप्रिया। रमणी रमणा रामा कामकार्यकरी शुभा।।8।।
ब्राह्मी नारायणी चण्डा चामुण्डा चण्डनायिका। माहेश्वरी च कौमारी वाराही चापराजिता।।9।।
महामाया मुक्तकेशी महात्रिपुरसुन्दरी। सुन्दरी शोभना रक्ता रक्तवस्त्रपिधायिनी।।10।।
रक्ताभा रक्तवर्णा च रक्तबीजनिसूदिनी। रक्तचन्दनलिप्तांगी रक्तपुष्पप्रिया सदा।।11।।
लक्ष्मीर्लोलांचला चंचलाक्षी च चपलप्रिया। भैरवी भयकर्त्री च महाभयप्रदायिनी।।12।।
भयंकरी महाभीमा भयदा भयनाशिनी। श्मशाने प्रान्तरे दुर्गे संस्थिता भयवर्द्धिनी।।13।।
जया च विजया चैव जयपूर्वा जयप्रदा। यमुना यामुना याम्या यमश्रेष्ठा यमप्रिया।।14।।
सर्वेशी जनिका जन्या जयवर्द्धनकारिणी।
कालीकपालिनी कुल्या कालिका कालरात्रिका।।15।।
महाकालहृदिस्था च कालभैरवरूपिणी। कपालखट्वांगधरा पाशांकुशविधारिणी।।16।।
अभया च भया चैव तथा चाभयदायिनी। महामाया भीमवेगा महावेगा महास्तनी।।17।।
गौरी गौरांगका गौरा गौरवर्णा जयप्रदा। उग्रा उग्रप्रभा शान्ता शान्तिदा शान्तिदायिनी।।18।।

उग्रतारा तथा चोग्रा नीला चैकजटा तथा। हंसरूपा महातारा तथा च सिद्धिकालिका।।19।।

तारा नीला च वागीशी तथा नीलसरस्वती। गंगा काशी सती सत्या सर्वतीर्थमयी तथा।।

तीर्थपुण्यानार्थरूपा तीर्थदा तीर्थसेविका।।20।।

पुण्यापुण्यनार्थरूपा च पुण्यदात्री सनातनी। पुण्यकान्ता पुण्यसंस्था तथा पुण्यजनप्रिया।।21।।

तुलसी तुलना तुल्या बालिका वेधसः प्रिया। सत्य सत्यवती भीमा रुक्मिणी कृष्णवल्लभा।।22।।

देवकी कुष्णमाता च सुभद्रा भद्ररूपिणी। मनोहरा तथा सौम्या सोमांगी सोमदर्शना।।23।।

कुमारी बालिका क्षुद्रा कुमारीरूपधारिणी। युवती युवतीरूपा युवतीरसरंज्किा।।24।।

पीनस्तनी क्षीणमध्या प्रौढ़ा च जनवल्लभा। अतिवृद्धा स्थाणुरूपा चार्वगी चंचलानना।।25।।

देवमाता देवरूपा देवकार्यकरी शुभा। देवमाता देवदीक्षा सर्वमाता सनातनी।।26।।

प्राणप्रिया पालिनी च चपला पललप्रिया। मत्स्यमांसप्रिया मांसाशिनी च जनवल्लभा।।27।।

तपस्विनी तपी तप्या तपःसिद्धिप्रदायिनी। हविष्याशी हविर्भोक्ती हव्यकव्यविलासिनी।।28।।

स्वधाः स्वाहा स्वधाधारा यज्ञांगी यज्ञभुक् सदा। दक्षा दाक्षायणी दुर्गा दक्षयज्ञविनाशिनी।।29।।

पार्वती पर्वतप्रीत्य्र तथा पर्वतवासिनी। हैमी हैमा हेमरूपा मौलिमान्या मनोरमा।।30।।

कैलासवासिनी शुक्ला शिवक्रोडनिवासिनी। चार्वगी चारुरूपा च शुभा चैव शुभानना।।31।।

चलत्कुण्डलगण्डा च लौहकुण्डलधारिणी। हेमसिंहपरिस्था च हेमभूषणभूषणा।।32।।

हेमांगदा हेमभूषा सूर्यकोटिसमप्रभा। तरुणादित्यसंकाशा सिन्दूरर्चितविग्रहा।।33।।

यवा यावकरूपा च रक्तचन्दनरूपधृक्। कोटरी कोटराक्षी च निर्लज्जा च दिगम्बरी।।34।।

पूतना वत्समाता च सूर्यमण्डलवासिनी। श्मशानवासिनी शून्या दृप्तचत्वरवासिनी।।35।।

मधुकैटभसंहर्त्रीं महिषासुरघातिनी। निशुम्भशुम्भशमनी चण्डमुण्डविनाशिनी।।36।।

शिवानी शिवरूपा च शिवदूती शिवप्रिया। शिवदा शिववक्षस्थ शिवेष्टा शिवकारिणी।।37।।

इन्दाणी इन्द्रकन्या च राजकन्या सुरप्रिया। लज्जाशीला साधुशीला कुलस्त्री कुलपूजिता।।38।।

महाकुलीना निष्कामा विलज्जा भूषणान्विता। कुलीना कुलकन्या सा तथैव कुलभूषिता।।39।।

अनन्तानन्तपाणिकाऽनन्तासुरविनाशिनी। सदाशिवसुसंगेन राजिताऽऽनन्ददायिनी।।40।।

नागांनी नागभूषा च नागहारविधायिनी। धरणी धारिणी माया महासिद्धिप्रदायिनी।।41।।

भूतप्रेतपिशाचा च राकिनी लाकिनी तथा। भूतप्रेतपिशाचानां वलदा यक्षिणी शिवा।।42।।

धृतिः कीर्तिः स्मृतिर्मेधा पुष्टिस्तुष्टिरुमा उषा। शंकरी शाम्भवी मेना रतिः प्रीतिः सुलोचना।।43।।

अनंगमदना देवी अनंगमदनाऽऽतुरा। भुवनेशी महामाया तथा भुवनपालिनी।।44।।

ईश्वरी ईश्वरप्रीता चन्द्रशेखरभूषिता। चित्तानन्दकरी नन्दा चित्तसंस्था चितायुता।।45।।

स्वरूपा सर्वरूपा च ब्रह्मरूपा चिदात्मिका। आनन्दरूपिणी नित्या तथाऽऽनन्दप्रदायिनी।।46।।

त्वरिता तरुणा भव्या भाविका च विभाविनी। चन्द्रसूर्यसमा दीप्ता चन्द्रसूर्यस्य पालिका।।47।।

नारसिंही हंसग्रीवा हिरण्याक्षविनाशिनी। वैष्णवी विष्णुभक्ता च शालग्रामनिवासिनी।।48।।

चतुर्भुजा चाष्टभुजा सहस्रभुजसंज्ञिता। आद्या कात्यायनी नित्या सर्वाद्या सर्वदायिका।।49।।

सर्वमन्त्रमयी देवी सर्वलोकमयी तथा। सर्वसम्मोहनी देवी सर्वलोकवशंकरी।।50।।

रंजिनी रंजिता रागा देहलावण्डयरंजिता। घटी नटी प्रिया धूर्ता तथा धूर्त्तजनप्रिया।।51।।

महामाया महामोहा महासत्वविमोहिता। वलिप्रिया मांसरुचिर्मधुमांसप्रिया तथा।।52।।

मधुमत्ता माधविका मधुमाधवरूपिका। दिवामयी रात्रिमयी सन्ध्या सन्ध्यास्वरूपिणी।।53।।

कामरूपा सूक्ष्मरूपा सूक्ष्मिणी सूक्ष्मरूपिणी। तिथिरूपस्वरूपा च तथा वासर–रूपिणी।।54।।

सर्वभूतमयी देवी पंचभूतनिवासिनी। ग्रहाणां स्थितिरूपा च इन्द्रादीनां च सम्भवा।।55।।

ऋषीणां ब्रह्मपुत्राणां तपःसिद्धिप्रदायिनी। शवस्था शवरूपा च शवसंगकुतूहला।।56।।

योगिनी योगरूपा च योगीन्द्रस्वान्तहारिणी। सुप्रसन्ना महादेवी यामिनी भुक्तिदायिनी।।57।।

महामाया विष्णुमाया मोहिनी सुरमोहिनी। कार्यसिद्धिकरी देवी सर्वकार्यनिवासिनी।।58।।

कार्याकार्यकरी रौद्री महाप्रलयकारिणी। स्त्री पुम्भेदा अभेदा च भेदिनी भयनाशिनी।।59।।

सुप्रशस्तो समस्ता च छिन्नमस्ता सुनासिका। त्रिरूपा विश्वरूपा च चित्तरूपा चिदात्मिका।।60।।

बहुशास्त्रा अशास्त्रा च सर्वशास्त्रप्रहारिणी। शास्त्रा शास्त्रविवादे च नानाशास्त्रर्थवादिनी।।61।।

काव्यशास्त्रप्रमोदा च काव्यालंकारवासिनी। रसज्ञा रसना जिह्वा रसनाग्रथा रसप्रदा।।62।।

नानाकौतुकसंयुक्ता नानारसनिवासिनी। अरूपा च स्वरूपा च विश्वरूपा च रूपिणी।।63।।

रूपा जीवा तथा वेश्या वेश्याद्या वेशधारिणीं। नानावेशधरा देवी नानावेशेषु संस्थिता।।64।।

कुरूपा कुस्थिता कृष्ण कृष्णरूपा च कालिका। लक्ष्मीप्रदा महालक्ष्मीः सर्वलक्षणसयुता।।65।।

कुबेरगृहसंस्थाना धनरूपा धनप्रदा। नानारूपप्रदा देवी रत्नपुष्पेषु संस्थिता।।66।।

वर्णस्था वर्णरूपा च सर्ववर्णमयी तथा। ॐकाररूपिणी आद्या आप्तिस्था ज्योतिरूपिणी।।67।।

संसारमोहिनी देवी संसारजयदायिननी। जयस्वरूपा जयदा जयिनी जयकारिणी।।68।।

मान्या मानप्रिया मान्य–मानिनीनां महोदया।।69।।

साधका साधिका साध्या साधना साधनप्रिया। स्थावरा जंगमा सूक्ष्मा चपला चपलप्रिया।।70।।

ऋद्धिदा वृद्धिरूपा च सिद्धिदा सिद्धिरूपिणी। क्षेमंकरी शंकरी च सर्वसम्मोहकारिणी।।71।।
वांछिता वांछनीया च सर्ववांछाप्रदायिनी। भगलिंगप्रमोदा च भगलिंगप्रदायिना।।72।।
भगरूपा भगाभोग्या त्लिंगरूपा च लिंगिनी। भगगीतिर्महाप्रीति लिंगनीतिसुग्वावहा।।73।
स्वयंभूपुण्यरूपा स्वयंभूकुसुमाकुला। स्वयंभूपुण्यरूपा च स्वयंभूकुसुमप्रिया।।74।।
शुक्लरूपा महाशुक्ला शुक्लसिन्धुनिवासिनी। अक्षमालाध्रा देवी पानद्रव्यविधायिनी।।75।।
शूलहस्ता चक्रहस्ता पाशिनी पाशरूपिणी। खंगिनी गदिनी चैव तथा सर्वांस्त्रधारिणी।।76।।
माव्या भव्या भवानीया भवभुक्तिप्रदायिनी। चतुरा चतुरप्रीता चतुराननपूजिता।।77।।
देवस्तव्या देवपूज्या सर्वपूज्या सुरेश्वरी। जननी जनपुण्या च जनमानसचारिणी।।78।।
जटिनी केशबन्धा च सुकेशी केशवासिका। अहिंसा वेशिका वेश्या सर्वविद्विट्विनाशिनी।।79।।
उच्चाटिनी स्तम्भिनी च मोहिनी मधुरेक्षणा। क्रीडाव्रीडावती लेखा करुणा करुणाकरी।।80।।
सर्वज्ञा सर्वगम्या च सर्वभक्षा सुरारिहा। सर्वरूपा सर्वशास्त्री सर्वेषां प्राणधारिणा।।81।।
सृष्टिस्थितिकरी देवी तथा प्रलयकारिणी। सर्वतत्वात्मिका गौरी नानामूर्तिविधारिणी।।82।।
गक्तानि यानि देनेश्श्यनुक्तानि च महेश्वरि। यत्किंचिद्दृश्यते देवि तत्सर्व भुवनेश्वरी।।83।।
इति श्री भुवनेश्वर्या नामान्यक्तानि ते प्रिये। सहस्राणि महादेवि फलमेषां निगद्यते।।84।।

फलश्रुति।

यः पठेत् प्रातरुत्थाय अर्द्धरात्रौ तथा परे। प्रातःकाले तथा मध्ये सायाह्ने हरवल्लभे।।85।।
यथाकाले यथास्थाने तस्य सिद्धिर्न संशयः। यः पठेत् पाठयेद्वापि शृणु याद्धयायते तथा।।86।।
तस्य सर्व भवेत् सत्यं मनसा यच्च वांछितं। अष्टम्यां च चतुर्दश्यां नवम्यां च विशेषतः।।87।।

कुहूमंगसंयुक्ते संक्रांत्यां शनिभौमयोः। यः पठेत् पाठयेद्भक्त्या देव्या नामसहस्रकम्।।88।।
तस्य देहे च संस्थानं कुरुते भुवनेश्वरी। तस्य सर्व भवेदृवि अन्यथा न कदाचन।।89।।
श्मशाने प्रान्तरे वापि शून्यागारे च पार्वति। चतुष्पथे चैकलिंगे जलमध्ये विशेषतः।।90।।
रणमध्ये च संग्रामे तथा प्राणस्य संशये। जप्त्वा मन्त्र सहस्रन्तु पठेन्नामसहस्रकम्।।91।।
तस्य तुष्टा भवेद्देवि सर्वदा भुवनेश्वरी। धूपदीपादिभिश्चैव बलिदानादिभिस्तथा।।92।।
दत्वा नानाविधैर्देवि नैवेद्यैर्भुवनेश्वरीम्। संपूज्य विधिवज्जप्त्वा स्तुत्वा नामसहस्रकैः।।93।।
अचिरात् सिद्धिमाप्नोति साधको नात्र संशयः। भूर्जपत्रे समालिख्य कुंकुमारक्तचननैः।।94।।
तथा गोरोचनाभिश्च विलिखेत्साधकोत्तमः। सुतिथौ शुभनक्षत्रे लिखित्वा दक्षिणे भुजे।।95।।
धारयेत्परया भक्त्या देवीरूपेण पार्वति। तस्य सिद्धिर्महादेवि अचिराद्धि भविष्यति।।96।।
रणे राजकुले द्यूते सर्वत्र विजयी भवेत। देवाः सर्वे वशं यान्ति किं पुनःमानवादयः।।97।।
वाय्वादीनां गतिस्तम्भं करीत्येव न संशयः। पठेद्वा धारयेद्वापि देवीबुद्ध्या च पार्वति।।98।।
इह भुक्त्वा वरान् भोगान् कृत्वा काव्यान् सुविस्तरान्।
अन्ते देव्या गणत्वं च साधको मुक्तिमाप्नुयात्।।99।।
प्राप्नीति देवदेवेशि सर्वदा नात्र संशयः। न्यूनांगे चातिरिक्तांगे शठाय परशिष्यके।।100।।
न दातव्यं महादेवि प्राणन्तेपि कदाचन। शिष्याय भक्तियुक्ताय विनीताय महेश्वरि।।101।।
दातव्यं स्तवराजंच सर्वसिद्धिं समायुतम्। य इदं भुवनेश्वयर्याः स्तवराजं महेश्वरि।।102।।
लिखित्वा धारयेदृहे तस्य विघ्नो न जायते। इति प्रकथितमेतदृवि! नाम्नां सहस्रं, सुरतरुमिव कान्तं सिद्धिसंधैकसेव्यम्। यदि पठति मनुष्यो नान्यचेताः सदैव, ब्रजति तव समीपं लोकसंस्तूमानः।।103।।

।।इति श्रीरुद्रयामले भुवनेश्वरीसहस्रनाम स्तोत्रम्।।